本项目为上海市教委重点课题"基于语料库的现代汉语近义虚词对比研究"(项目编号:07ZS72)

本项研究得到上海市普通高校人文社会科学重点研究基地基金的资助(基地编号:SJ0705)

学思语言学丛书

基于语料库的现代汉语近义虚词对比研究

JIYU YULIAOKU DE XIANDAI HANYU JINYI XUCI DUIBI YANJIU

任海波等 著

学林出版社

图书在版编目(CIP)数据

基于语料库的现代汉语近义虚词对比研究/任海波
等著. —上海:学林出版社,2013.5
ISBN 978 - 7 - 5486 - 0512 - 6

Ⅰ.①基… Ⅱ.①任… Ⅲ.①现代汉语—近义—虚词
—对比研究 Ⅳ.①H146.2

中国版本图书馆 CIP 数据核字(2013)第 066047 号

基于语料库的现代汉语近义虚词对比研究

作　　者——任海波等
责任编辑——李晓梅
封面设计——周剑峰

出　　版——	上海世纪出版股份有限公司　学林出版社
	地址:上海钦州南路81号　电话/传真:64515005
发　　行——	中国图书进出口上海公司
	地址:上海市广中路88号　电话:36357888
字　　数——	26万
书　　号——	ISBN 978 - 7 - 5486 - 0512 - 6/H · 36

(如发生印刷、装订质量问题,读者可向工厂调换。)

目 录

"以前"、"之前"、"从前"的对比分析 …………………………………… 1

"原来"与"本来"的对比分析 ……………………………………………… 12

"从而"与"因而"的对比分析 ……………………………………………… 21

"一直"与"从来"的对比分析 ……………………………………………… 30

"逐渐"与"渐渐"的对比分析 ……………………………………………… 40

"轻易"与"容易"、"随便"的对比研究 …………………………………… 51

"亲自"与"亲身"的对比分析 ……………………………………………… 65

"一连"与"连续"的对比分析 ……………………………………………… 82

"看上去"与"看起来"的对比分析 ………………………………………… 95

"最后"与"最终"的对比分析 ……………………………………………… 103

"一律"与"一概"的对比分析 ……………………………………………… 110

"一向"与"一贯"的对比分析 ……………………………………………… 118

"时时"与"不时"的对比分析 ……………………………………………… 127

"常常"与"通常"的对比分析 ……………………………………………… 139

"依然"与"仍然"的对比分析 ……………………………………………… 146

"多亏"与"幸亏"的对比分析 ……………………………………………… 155

"不妨"与"姑且"的对比分析 ……………………………………………… 161

"自然"与"当然"的对比分析 ……………………………………………… 168

"经过"与"通过"的对比分析 ……………………………………………… 174

"现在"与"目前"的对比分析 ……………………………………………… 181

后 记 …………………………………………………………………………… 187

序　　言

　　本书收录的论文是本人负责承担的上海市教委创新课题"基于语料库的现代汉语近义虚词对比研究"的成果。

　　对虚词进行研究是中国语文学的传统,也是现代汉语语法研究的传统。虚词的研究成果十分丰富,如果把20世纪80年代以来关于虚词的研究论文搜集起来,至少有2000篇以上。其中大量的研究文章集中探讨虚词的来源、虚词的分类、某个或某些虚词具体的语法功能、语法意义及其语用特点。尤其是近些年来,张谊生等先生在现代汉语虚词研究方面做了大量深入细致的描写分析工作,出版了多部专著,为我们深入认识现代汉语虚词提供了丰富的材料和可供借鉴的观点;但是,也应该承认,过去的研究在对比研究方面着力较少,在分析方法上以定性分析为主,相对缺少定量分析的方法,这为我们留下了不少可以进一步拓展的研究空间。

　　就现有的虚词研究成果而言,在现代汉语虚词对比研究领域做得比较深入的是陆俭明、马真两位先生,他们的论文集《现代汉语虚词散论》为现代汉语虚词的对比研究做出了十分有意义的探索。他们的研究集中分析了一些重要的虚词,描写深入,分析细腻。但是在现代汉语中还有大量的近义或相关的虚词有待进一步去研究;另外,由于研究时代的限制,当时的研究还不可能有大规模真实文本语料库的支撑,因而,可能还会留下一些有待进一步验证的东西。

　　虚词的比较研究源自教学的需要。人们主要是在对外汉语的教学实践中感觉到问题所在,进而提出研究的课题。因而,撰写此类论文的学者也主要是从事对外汉语教学的教师和学者,包括在国外从事对外汉语教学的教师和学者。方绪军等著《HSK近义词区别与练习》(福建人民出版社,2003年)、彭小川等著《对外汉语教学语法释疑201例》(商务印书馆,2004年)、李晓琪著《现代汉语虚词讲义》(北京大学出版社,2005年)、金立鑫编《对外汉语教学虚词辨析》(北京大学出版社,2005年)都是在近十年里发表的,作者都是具有丰富的对外汉语教学实践经验的教师和学者。这些成果在一定程度上满足了教学实际的需要,也丰富了对外汉语的教学资源。只是在运用这些成果与资源的时候,人们有时还是会感到有这样或那样的不足,由此推动我们就现代汉语近义虚词作更多的思考。

　　几部大家熟知的现代汉语虚词词典,如:景士俊主编《现代汉语虚词》(内蒙古人民出版社,1980年)、北大中文系55、57级语言班编《现代汉语虚词例释》(商务印书馆,1982年)、侯学超主编《现代汉语虚词词典》(北京大学出版社,1998年)、吕叔湘主编《现代汉语八百词》(增订本)(商务印书馆,1999年)、张斌主编《现代汉语虚词词典》(商务印书馆,2001年)等,在对每一个虚词作语义和用法的解释时,都免不了要比较一些近义或相关的虚词,但通常也只是列出例句、并作简要说明而已。这些词典的编写,除了个别的之外,大都缺少大规模真实文本语料库的支撑。因此,当我们用大规模真实文本语料库中的语料来观照这些成果的时候就发现,其中的有些解释和分析,在客观性、准确性或全面性上均有进一步验证的必要。

纵观以往的现代汉语虚词研究,在肯定和借鉴的前提下,有两种倾向值得注意:

一种倾向是喜欢分化描写。一个虚词可能被分解为两个或更多来处理,即使是当作一个来研究,也喜欢罗列众多义项,而对各义项之间是否存在有机的联系,却缺少必要的分析和解释。这种研究成果呈现给读者,难免会给人以散乱无序的印象,在指导语言的学习和运用上面起到的积极作用不大,有时还会使学习者陷入对汉语学习的畏惧感之中。因此,我们觉得,在我们的研究中,应该着力于分析虚词在实际句子中的各种用法,然后抽象出潜藏于各种用法中的核心语义,进而概括出将这种核心意义实现为各种义项的具体的句法和语用条件。

另有一种倾向是容易在不知不觉中把虚词所处的句式或者格式的意义说成是虚词本身的意义。关于这一点,马真先生已经注意到(马真,2001)①。但是即使如此,至今能够对此加以较好运用的,还是比较少见。随文释义的现象依然比较普遍,这种做法的结果是让人感觉到虚词的词义纷繁复杂,难以把握,以至于有的辞书在对同一个词作解释时,在同一页的上下文中会出现完全矛盾的解释。我们认为,实际语言中的虚词犹如数学函数式中的变量,而其所处的句子犹如一个函数式,一个函数式可以包含若干个变量,而一个句子中也可包含若干个语法成分(包括虚词),函数式的意义并不等于某个变量的意义。我们应该用变量与函数的观念来对虚词进行对比研究。

总之,现代汉语的虚词研究,虽然成果丰硕,但是,描写过于细碎,缺少定量分析,释义中难以区分词义与句式(格式)义的情况还难免存在。能够做到以大规模真实文本语料库为支撑并且运用定量分析的方法来进行研究的还比较少见,在实际的分析中,能够较好避免零散细碎而着力抽取虚词核心语义的成果还不多见,用变量与函数的观念来进行虚词对比研究的应该说还没有引起普遍的重视。

本书的研究是把语料库语言学的方法运用于现代汉语语法研究的一种实践。我们把现代汉语近义虚词的对比分析作为我们的研究内容。我们在研究中着力探索虚词核心语义的抽取方法和描述方法。我们希望通过此项研究,能够探索一下汉语虚词研究的新方向,期望找到一种满足汉语教学实际需求的汉语虚词的研究方法。我们在研究中注重以下几个方面:

---

① 请参见马真著《现代汉语虚词研究方法》(商务印书馆,2004年)。

一、以大规模真实文本语料库为研究的基础

语料库语言学从其产生到现在已经走过了五十多年的历程,在其产生初期,由于计算机的硬件条件尚未十分成熟,语料库的发展相对比较缓慢,从20世纪80年代以来,随着计算机硬件条件的改善,大规模的语料库不断出现,用语料库的方法来研究语言越来越受到人们的重视,英国语言学家夸克(Randolph Quirk)等人的《英语惯用法词典》、《当代英语语法》、《综合英语语法》的问世以及伯明翰大学与柯林斯出版公司合作出版的《COBUILD英语词典》的问世,使人们越来越清楚地看到语料库在语言研究和词典编写中的作用。从20世纪90年代中期以来,随着互联网的普及,人们能够获取的电子文本形式的语言材料以几何级数增长,用语料库的方法研究语言已经具备了现实的可能性。语料库能够为语言研究提供丰富而充足的证据,借此我们可以证明语言中的许多现象。这些现象,以往靠研究者个人内省的理性主义研究方法来分析常常有捉襟见肘之虞。语言研究者的使命应该是面对语言实际、把握语言规律。用语料库的方法来研究语言,可以对理性主义研究成果进行一种验证,是语言研究者恢复其应有使命感的探索之路。

汉语语料库从20世纪80年代初期开始出现,如今最大的纯文本语料库已经超过了十亿汉字的容量,汉语的语料库在20世纪90年代更多地用于汉语信息处理的研究,而在现代汉语语法研究上,人们在近十年才越来越注意利用现有的语料库来进行研究,但是,常见的做法是用语料库中的例句来举例说明,这其实与传统的研究方法没有本质上的区别。我们在本课题的研究中,注重应用相对穷尽的统计和分析方法。针对特定的对比分析目标,我们选取一定数量的语料,建立一个专用的语料库。在这个语料库的范围里,我们穷尽地抽取所有相关的例句,并对每个例句做分析和处理,在此基础上获取相关的统计数据,用以描述和说明所论述的问题。

从1998年到2003年期间,我们陆续积累了大量可供研究的现代汉语语料,这些语料主要包括报纸、杂志、小说、传记、散文、公文等等载体,字数达到五亿字以上。为方便使用这些语料,我们还设计制作了语料处理加工所需要的各种软件,为对汉语语言现象作定量分析奠定了坚实的基础。

二、以互相联系与对比分析为探索的视角

在现代汉语中,有许多虚词的语义互相联系而又互相区别,朱德熙先生在《语法讲义》中曾经分析过现代汉语虚词"还"、"再"、"又"、"重新"这些词之间的互相联系与互相区别的语义关系。说清楚这种联系和区别对于汉语教学(尤其是对外汉语教学)是十分需要的。我们在上文中提到的有关现代汉语虚词研究的专著或工具书,都或多或少地涉及这种词语的比较,只是在有些比较分析中,有时做得过于

细碎和繁琐,有时又有画蛇添足之感,常常给学习者带来加重学习负担的负面效应,由此还会产生畏惧感。

索绪尔(Ferdinand de Saussure)在《普通语言学教程》中指出:语言中的每一个成分,总是与别的成分处在相互联系与相互对立的关系之中,而且这种相互联系与相互对立的关系总是会体现在语言的组合轴和聚合轴上,由此形成了语言的系统。我们认为,在对现代汉语近义虚词进行对比研究的时候,我们不能忘记系统性这个重要的准则。在选择语言成分(单位)进行对比的时候,首先应以互相之间的联系作为出发点。联系可以多角度多因素,只要能够选定一个角度或者一种因素,就可以进行对比分析。从语言的系统性观点出发,语言成分(单位)之间的语义关系不仅是相互联系的而且是相互区别或者对立的,我们要对比研究某两个词的时候,我们既要考虑它们之间的联系又要考虑它们之间的区别,与此相关,在对某个具体词的多个意义进行分析的时候,既要考虑多个意义之间的区别,更要考虑多个意义互相之间的联系。

成分之间的互相联系,可以因为某个因素而建立起来,那么成分之间的对立常常也只是体现在一个或者几个方面,有时仅有一个因素就能区分两者的不同,而恰如其分地说清这种区别是能够有效帮助学习者的关键。为此,我们在研究中,不追求面面俱到,只追求抓住关键。像"本来"与"原来",两者的联系表现在语义上,是显而易见的。有人常常是不加区分地来使用,甚至把两个合起来说成"原本"。可是在真实文本语料中,两者还是有所区别的,区别的关键不在两个词的基本语义上,而是在两个词的适用环境上。当句子的表义功能有明显差异的时候,对这两个词的选择就有了区分。"逐渐"与"渐渐"两者的相同性更是显而易见,而涉及两者的区别,常常很难说清楚。可是,认真分析真实文本语料可以发现两者在用法和语义上都有所区别:从用法上看,"逐渐"所处的句子更多地用于陈述,而"渐渐"所处的句子更多地用于描述;从语义上看,两者所处的句子都是表示变化,但是"逐渐"所处的句子表示的变化有间断性,而"渐渐"所处的句子表示的变化有持续性。

在系统分析基础上,获得对虚词用法和语义的系统认识,这是我们所追求的目标。

三、以从定量分析到定性分析为描述的方法

语料库语言学使语言研究从理性主义回归到经验主义。当然,这种回归不是简单的,在充分借鉴理性主义所提出的各种理论的基础上,语料库语言学用在真实文本语料中所统计的数据说话,证明理论是否能够经受事实的检验。所以,定量分析是运用语料库语言学方法的基本手段。在定量分析的基础上,对语言现象进行定性分析,就能做到言之有据,可以尽量避免因为个人的语感偏差或者个人的主观臆断而带来的误断,使研究所得的语言规律更加符合大多数人的语感和使用习惯。

我们的研究坚持把定量分析作为分析问题的基础。针对特定的研究对象,主要根据其呈现的频率特征和语体特征,我们从备用语料中选取一定数量的语料,确定研究所用的语料范围。在这确定的语料范围里穷尽地搜取所有包含所研究的词语的句子,对每个句子中的词语进行句法和语义甚至语用的分析和标注。把搜取的每个句子都导入一个数据表中,对每个分析的属性都设置一个字段,在每个字段中填入相应分析结果的标记符号。等到分析标记完成以后,就可以方便地提取每个分析属性的相关参数。在定量分析的基础上,我们才可以得出一些结论。

例如,在研究"一直"与"从来"的时候,根据人们的语感,"从来"经常与否定形式一起使用,但是这种频度有多高?不进行语料库的数据分析,则很难说清楚,有人可能会误认为"从来"一定要与否定词语一起使用。我们通过对每个句子的实际标注,然后获取统计数据,发现在使用"从来"的句子中否定词的使用频率高达90.4%,还有9.6%使用"从来"的句子中并不出现否定词。由此,我们知道,不能简单地说"从来"要跟否定词语一起使用。

再如,在进行"亲自"与"亲身"的对比研究时,我们考察分析了"亲自"与其他"亲×"类词("亲身"、"亲手"、"亲眼"、"亲口"、"亲耳"、"亲笔")之间的语义关系。我们把跟"亲自"一起配合使用的动词都提取出来,然后把它们与跟"亲×"搭配使用的动词进行比较,获取通用的概率。发现跟各个"亲×"搭配使用的动词,都有一些可以与"亲自"搭配使用的动词一起搭配使用,而各个"亲×"搭配使用的动词,互相之间一般不能通用(除了"亲笔"跟"亲手"有相互通用的动词)。由此统计数据,我们可以有一种定性分析:"亲自"的地位非常独特,它一方面与"亲笔"、"亲耳"、"亲口"、"亲眼"、"亲手"、"亲身"处于同一个语义场中,各自都有自己经常搭配的动词;另一方面,它又是"亲笔"、"亲耳"、"亲口"、"亲眼"、"亲手"、"亲身"的上坐标词。

从定量分析到定性分析,这是实证研究(Empirical Study)的风格。我们在本项研究中探索了把实证研究应用于语言分析的方法。

四、以把握"变量与函数"关系为分析的原则

如果简单的数学方程式中包含两个变量 X 和 Y,如:"3X−2Y=1",为此我们不能简单就判定 X 为几。因为这里还有其他变量 Y 和常量。如果有更多的方程式,如:"X+9=2Y"等等,那么我们就可以通过计算求得 X 为几。变量在函数式中实现自己的价值,我们就得在函数式中去求证它。语言中的词语,特别是虚词,就好像是函数式中的变量,我们对此的研究就犹如求函数式中的变量值。为此,我们不能简单地根据个别的句子就轻易给词语下结论,我们需要尽可能多地考察词语所处的句子,在对大量句子的综合考察中来描述和确定每个词语的句法语义语用特征。

例如,上面第二点中,我们提到了对"逐渐"与"渐渐"两个语义差异的分析,这

两者之间的差异是十分细微的,仅凭一两个句子很难看出两者的区别,即使感觉到两者有所区别,也很难证明两者究竟区别在哪儿。我们选取了两种语料,一种是《人民日报》2000年全年的语料,共计24181518个汉字,另一种是来自于网上书库的当代小说101本,共计20442473个汉字。在以上这两种语料范围内,我们穷尽性地抽取了含有"逐渐"和"渐渐"的句子,共获得例句2938句,其中包含"逐渐"的例句为1334句,952句来自2000年《人民日报》,382句来自当代小说;其中包含"渐渐"的例句为1604句,235句来自2000年《人民日报》,1369句来自当代小说。"逐渐"与"渐渐"是两个变量,在这2938个句子中,我们对它们进行了分析标注,最后在数据统计的基础上,经过综合分析,获得了前文所述的结论。

把握"变量与函数"关系是进行虚词核心语义抽取的基本原则,也是分析工作的基础,近期我们关注到现代汉语中的程度副词"太"。之前,有不少人研究过"太",有人觉得"太"可以分成几个,而有人觉得"太"应该只有一个。两种不同的观点是两种不同的研究理念所导致的。"太"可以用于贬义的句子中,如:"今天的天气真是太糟糕了";"太"也可以用于褒义的句子中,如:"你能这么看问题真是太好了"。拘泥局限于某个具体的句子,似乎是应该把"太"分成若干个。但是如果用"变量与函数"的关系来把握它,那么"太"在句子中仅表示"超过某个限度"而已。至于褒义或者贬义,那是函数式中的另外一些变量或者常量带来的,不应该归于"太"的语义,"超过某个限度"应该可以说是在把握"变量与函数"关系的前提下从句子中抽取的"太"的核心语义。我们如果能把核心语义与核心语义实现为具体句中语义的实现条件(句法环境)描述清楚,对教学是十分有益的。

五、以区分虚词语义与句式语义为追求的目标

把握"变量与函数"关系,我们就应该区分虚词语义与句式语义。虚词语义就是虚词本身的意义,它应该是抽象概括得到的,在所有它出现的句子中都能得到解释。句式语义主要是句子在表达功能上所体现出来的语义特征。上面说到的对"太"的分析是一个例子。包含"太"的句子可以表达褒义也可以表达贬义。另外,包含"太"的句子还可以表达程度很高,这些意义是"太"本身的语义还是包含"太"的句子的句式语义,应该在研究中加以区分。

我们在进行"一直"与"从来"的对比研究时,遇到同样的问题。在之前的研究中,有人认为"一直"的语义之一是"表示动作或状态持续的时间"。这么说,应该是没有区分词本身的语义与句式语义。其实,"一直"本身并不表示时间,虽然"一直"可以用在"这几个月他一直很忙"这样的句子中,但是也可以用在"你一直往前走,到十字路口往左拐"这样的句子中。"一直"跟时间有关也跟空间有关,但是这并不等于"一直"就是表示时间或者空间,"一直"应该是表示延伸和延续。"一直"句的句式语义是表示动作、行为、事件在一定的方向和处所中延伸和延续。因为延伸和

延续是与空间和时间密切联系的,使用"一直"的句子中包含着空间或者时间意义,那是句式语义所带来的,我们不能因此就把它归为虚词"一直"本身的意义。

出于同样的原因,在以往的研究中,人们对"从来"的解释是"从过去到现在一直保持某种情况或状态",或者认为它"表示从过去到现在情形一直如此,没有变化"。我们觉得这两种解释各不相同,但是并没有指明"从来"本身的语义,上述的语义应该还是句式语义带来的。我们通过对大量句子的定量分析考察抽取了它的核心语义,认为"从来"表示的是一个历程,也就是从以前到现在的时间过程。"从来"所在句的句式语义用来说明动作、行为、事件在一个历程中的出现概率,它有很强的判断性。具体的句法条件不同,其判断的内容就有所不同,以上两种对"从来"的解释,其实是对句子所表示的判断内容的说明,所以它不是"从来"本身的语义。

六、以深化聚合关系的考察来推进语言系统性观念的发展

索绪尔之所以成为现代语言学之父,最重要的贡献是他把系统性观念引入了语言研究。在《普通语言学教程》中,他用组合关系(Syntagmatic Relation)与聚合关系(Paradigmatic Relation)阐明了语言具有系统性特征这个问题。这两种关系存在于音系、词法、句法、语义等各要素之中,组合关系在一个具体的语言片断中,可以比较容易地观察到;而聚合关系是一种联想关系,需要靠人脑的联想把处于相同组合位置上的相关的成分汇聚在一起。如果没有语料库的帮助,人们只能凭着记忆去进行这种联想,如今我们以语料库为基础,可以通过关键词居中(Key Word in Context)的方法把语料库中所有的相关词放在同一个位置上进行考察分析。

仅凭人脑的联想,能够在即时想到的聚合成分是非常有限的,更不可能想出成千上万个来。而用语料库的搜索工具搜取的聚合成分就可以做到成千上万,做到相对穷尽。在这种条件之下,我们对聚合关系的认识就可以比以往任何时候都更加深刻,深化对聚合关系的认识,同时也可以更好地认识组合关系。在英语的语料库语言学研究成果中有大量英语词语的搭配(collocation)和共现(concordance)研究,这其实是深化聚合关系研究和组合关系研究的一种成果。

在本项研究中,我们坚持对语料的分析做到相对穷尽,就是把在选定语料库中搜取的例句进行穷尽的考察和分析。期待出现的例句要分析,表现意外现象的例句也要分析。例如,我们在上面提到,在对"从来"与否定词语搭配用法的考察中,我们期待的是它与否定词语一起使用的句子,但是我们的真实文本语料中却有9.6%的句子中并不使用否定词语。通过对这9.6%的意外现象句子的考察分析,我们发现,这样的句子,"从来"后面基本上不能只用一个单纯的动词,而是常常用一个复杂的形式。于是,我们也可以认为:使用"从来"的句子需要有完句要素,使用否定词语应该是"从来"句的一个主要的完句要素。此外,复杂动词形式或在谓语中使用"就"等副词也可以帮助完句。

深化聚合关系的考察分析,同时带动了组合关系的考察分析。由此,可以使语言的系统性特征更为彰显,我们也因此可以更好地认识语言的系统性。

总之,我们在研究中充分注意以上所述的几个方面。但是由于我们是初步尝试基于语料库来对现代汉语近义虚词进行对比研究,而且参与研究的人员不只是项目负责人一个人,所以,在运用语料库语言学的方法进行研究的过程中对相关尺度的把握并不能做到整齐划一,这样或那样的不足之处是在所难免的。我们期望在今后的研究中继续坚持以上所述的六个方面,通过不断改进来克服已有的缺陷或弥补暴露出来的不足,不断完善基于语料库的研究方法。努力提高研究成果的应用价值,使语言研究的成果能切实为教学所用、为社会所用。

任海波

2013 年 1 月

"以前"、"之前"、"从前"的对比分析*

提　要：本文通过在一定范围的语料内穷尽性地抽取现代汉语时间词"以前"、"之前"和"从前"的所有例句，着重在句法和语义上对它们进行分析，并比较它们之间的异同，发现它们作为同义词，是互相区别又互相联系，呈现出很强的系统性。

关键词：时间词，"以前"，"之前"，"从前"，辨析

1　引　　言

表示时间的词"以前"由"以"加方位词"前"构成，在目前通用的高等学校现代汉语教材中对它关注很少，通常是在讲到方位词的时候把它当作一个成员列出来，除了对方位词的特点作概括的说明外，并没有对"以前"的用法作具体说明。然而，我们拿教材中所说的方位词的语法特点来看"以前"，情况似乎不像概括的那么简单。例如，《新编现代汉语》(张斌，2002)在把"以前"归入合成方位词之后说到："方位词具有黏着、定位、封闭的特点。"但是在真实的语料中，"以前"单独作句子成分来使用还是比较常见的，例如：

(1) 以前，财产部拿佣金，而联邦政府拿总收入的83%。(《作家文摘报》2001年1月19日)

(2) 以前，张国焘与中央的矛盾没有这么暴露，我从来没有敢说过。(陈宇《草地龙虎》)

(3) 以前她那晒得微黑的丰满俊秀的脸儿，总是红扑扑的。(雪克《战斗的青春》)

在以上这些例句中，"以前"都被单独用作句首的状语，"黏着"在这里并不适用，请看以下的例句：

(4) 总之，正月初七日以前，要保证再不让匪徒们有新的来往。(曲波《林海雪原》)

(5) 他知道，失火以前，长江兵工总厂各分厂，早已出现了许多不祥的迹象。(罗广斌等《红岩》)

---

*　本文曾载于《上海师范大学学报》(哲学社会科学版)2003年12月增刊，原文题目为《"以前"及相关词的用法考察》。作者：任海波。本次收录，修改了题目，正文也略有修改。

(6) 以前的邮递员年轻毛躁，下枫林路的路坡时急如流星，有一次恰恰就把路上一个拄着拐杖的老人撞倒了。（苏童《末代爱情》）

(7) 往后，我以前的那段生活，连想都不该再想！……（柳溪《战争启示录（下）》）

以上这些句子中，有的"以前"与前面的成分直接组成一个短语，有的"以前"则与后面的成分直接组成一个短语，"定位"在这里也并不适用。

由此可见，"以前"如果是方位词的话，那么它绝不是一般的方位词，赵元任先生曾指出："'以前'和'以后'只用作时间词。"（赵元任，1979）

与"以前"相关，另有两个词"之前"和"从前"也表示与"以前"相同的意思。它们的用法有同有异，在专门解释现代汉语虚词用法的书中，有的未对它们的用法作分析；有的则对它们的用法作了粗略的分析，如《现代汉语八百词》（吕叔湘，1999）和《现代汉语虚词词典》（张斌，2001）。但在他们的分析中，有些说法有失观察。

如："'以前'不能用在单音节词后边，只能说'开会以前'、'午饭以前'，不能说'会以前'、'饭以前'。"（张斌，2001）但是，我们在真实语料中发现以下的句子：

(8) 来以前她的不满情绪，现在完全消逝了。（周而复《上海的早晨（下）》）

(9) 走以前，把这边的工作安排安排，到时候就放心会合去好了！（冯志《敌后武工队》）

(10) 去以前，他看了有关的文件和名叫《怎样进行调查研究》的小册子……（王蒙《王蒙小说精选》）

以上这些例句中，"以前"都用在单音节词的后边，只不过这些单音节的词是动词罢了。

再如："之前同'以前'2、3项用法。用于书面。有时可指处所。"（吕叔湘，1999）这样说，似乎把"之前"与"以前"的差异区分开了，"之前"没有"以前"1、4项用法，但是，我们发现在真实文本中有这样的句子：

(11) 之前，老头子在演艺圈已经有许多这样的干女儿，她们相互争宠。（《作家文摘报》2001年10月9日）

(12) 之前，他本人和手下人员遭到严密的监视，甚至有两次不得不动手抵挡袭击。（《作家文摘报》2001年10月23日）

"之前"的这种用法属于《现代汉语八百词》中所说的"以前"的第1项用法。以上引文中的说法显然是忽略了这些事实的存在。

"以前"的用法究竟有多少种，"之前"和"从前"的用法又如何，它们之间又有什么异同，这是本文致力探索的问题。在此我们使用了《作家文摘报》160期（1999年底至2002年4月初）作为基本研究语料，共计1052万字。在这一语料范围内，我们穷尽性地抽取了包含这三个词的所有例句，并对这些例句进行计量分析。

2 "以前"的用法

2.1 我们在这 160 期的《作家文摘报》中得到的包含"以前"的例句共计 1035 句,分析发现,"以前"作为一个词,它与其他成分直接组合成句法结构的组合方向有两种:向前或者向后,如:

(13) 90 年代以前,国际社会对中国拥有黄岩岛主权从未提出任何异议,不存在对该岛的主权之争。(《作家文摘报》2001 年 4 月 6 日)

(14) 动筷子以前,夏公先将桌上的菜看了一遍,然后交代沈宁,哪几样菜先夹出一点,好带回家喂猫。(《作家文摘报》2001 年 1 月 2 日)

(15) 我们对他们的政治制度一直深恶痛绝,在德国人对他们大动干戈以前,他们一直漠然地坐视我们被德国消灭,企盼与希特勒分享我们的东方帝国。(《作家文摘报》2001 年 8 月 4 日)

(16) 吕斯百以前那种善良与纯真的品德,已逐渐蒙上了尘垢。(《作家文摘报》2001 年 10 月 12 日)

(17) 我以前并不认识他,我的一个朋友告诉我,如果在青海遇到什么困难,可以去找这个人。(《作家文摘报》2002 年 1 月 22 日)

(18) 以前,人们对曹雪芹创作这部小说的原稿面貌可以说一无所知,更不知道还有一位化名脂砚斋的曹雪芹的红颜知己和著书助手伴随左右。(《作家文摘报》2001 年 2 月 6 日)

在例(13)、(14)、(15)中,"以前"与前面的成分直接组合成一个表示时间的短语,在句子中作状语;而例(16)、(17)、(18)中,"以前"与后面的成分直接组合,例(16)中是定语,例(17)中是句中状语,而例(18)中则是句首状语。考察 1035 个例句,我们发现"以前"直接向前组合的有 394 句,约占总例句的 38%,而直接向后组合的有 641 句,约占总例句的 62%。由此可见,"以前"虽然有许多向前组合的用法,但是却以向后组合用法为主。

2.2 在向后组合的句子中,"以前"可以直接作主语,如:

(19) "以前是以前,现在是现在。"老康解释道,"以前是带学生画习作,而我现在是要以你为模特搞创作,性质完全不一样。"(《作家文摘报》2001 年 9 月 25 日)

但是,这样的用例在我们的语料库里只有这一例。"以前"在很多情况下可以作定语,有时候是直接作定语,如例(16),再如:

(20) 最大的动作是"分权制约",打破以前出入境管理处的科室设置。(《作家文摘报》2002 年 2 月 8)

(21) 为了摆谱明星带保姆,这一现象在以前内地的影视圈内是不存在的。(《作家文摘报》2001年2月6日)

这里,例(20)中的"以前"作"……设置"的定语,例(21)中的"以前"作"内地的影视圈"的定语;有时候"以前"带上结构助词"的"之后作定语,如:

(22) 有一天下午,我开车经过城里的工业区,或者应该说是以前的工业区。(《作家文摘报》2002年1月29日)

(23) 这18年来,你爸爸以前的恋人一直没有忘了他,她给他写了很多信。(《作家文摘报》2002年3月26日)

这里,"以前"与"的"组成助词结构后,在例(22)中作"工业区"的定语,在例(23)中作"恋人"的定语。以上两种情况的例句在我们的语料库中分别是41句(约占直接向后组合例句的6.4%)和93句(约占直接向后组合例句的14.5%)。直接向后组合的"以前"大量是作状语,例(17)和(18)就是如此,再如:

(24) 他没想到这次这么难,以前载假烟在江苏徐州市、浙江永康市被查扣,都是他前往"摆平"的。(《作家文摘报》2001年2月9日)

(25) 她以前没有受过音乐训练,全凭自己刻苦努力才取得了成功……(《作家文摘报》2001年3月16日)

(26) 以前,他是把那些歪斜的道轨揪直、捣正。(《作家文摘报》2000年9月5日)

(27) 以前潘虹出过一本《潘虹日记》,一直到现在,她写日记的习惯还保持着。(《作家文摘报》2001年9月25日)

这类例句我们一共有506句(约占直接向后组合例句的78.9%)。"以前"直接向后组合,自然就没有了表示时间参照点的前置成分,所以,从语义上分析,在这样的例句中,"以前"以说话人说话的时间为参照点,它表示早于说话时间的时间。

2.3 在向前组合的句子中,"以前"可以直接作动词的宾语,如:

(28) 聂卫平忙说,那是以前,那是以前,现在我下得少了。(《作家文摘报》2000年5月16)

(29) 晚上他给医院打分:59分,接着就发脾气,批评医院不如以前。(《作家文摘报》2001年11月13日)

这样的句子不是很多,只有20个,约占直接向前组合句子的5%。然而,有一些句子中的"以前"直接用作介词的宾语,如:

(30) 于是,我们的关系变得比以前更敌对、更紧张。(《作家文摘报》2001年8月21日)

(31) 几日后,她从海宁老家返沪,跟以前一样住在茅盾夫人孔德芷家(此时茅盾在日本)。(《作家文摘报》2001年10月23日)

(32) 在以前,北京人称此为"点子",自"点子大王何阳"犯事后,改叫"策

划"和"创意"了。(《作家文摘报》2001年8月10日)

以上的例句中,"以前"与前面的介词直接组合成介词短语,在更大的句法结构中用作状语,或者表示比较,或者表示事件发生的时间,这样的例句一共有67个,约占直接向前组合句子的17%。"以前"还可以作联合短语的直接成分,如:

(33) 长沙的新型工业除了在20年代和以前兴建的发电厂,在岳麓山的第一纱厂和上述特种金属炼厂之外,在30年代无丝毫的增进。(《作家文摘报》2001年5月29日)

这里,"20年代"与"以前"先组成联合短语,然后这个联合短语作介词的宾语。这样的用例只发现一例。合计以上这些,都还是少数现象。这里的"以前"前面都没有表示时间参照点的成分,它以说话人当前的时间为参照点,表示早于说话时间的时间。"以前"向前组合的大多数情况是跟前面表示时间参照点的成分结合在一起,在我们的语料中有306句,约占直接向前组合句子的77.7%。我们在此称之为时间短语,它表达一个早于特定时间的时间。如:

(34) 在此以前,毛森早在1989年就从美国寄钱给浙江江山县办学,以表达他关心故乡建设的拳拳之心。(《作家文摘报》2002年1月8日)

(35) 老冯问我住在哪个宿舍:"8点以前你能赶到吗?"(《作家文摘报》2001年8月10日)

(36) 1943年4月以前,史迪威将援华租借物资的八分之五用于陆军,八分之三用于空军。(《作家文摘报》2000年8月1日)

(37) 二十多年以前,正是如火如荼的阶级斗争年代,那时的我,还是个孩子。(《作家文摘报》2001年7月24日)

(38) 在父亲被抓走以前,12岁小建的生活和其他孩子一样,幸福而快乐。(《作家文摘报》2001年12月14日)

(39) 动筷子以前,夏公先将桌上的菜看了一遍……(《作家文摘报》2001年1月2日)

(40) 在蒋介石以前,这个问题甚至还没有被国人所了解。(《作家文摘报》2002年2月22日)

在以上的例句中,时间短语的前置成分,有的是代词(例34),有的是表示时间的数量短语(例35、例36、例37),有的是主谓短语(例38),有的是述宾短语(例39),有的甚至是人名(例40)。其实,可出现在此的句法形式不止这些,还可以是单个的动词,如:例(8)—(10),还可以是"很久"、"不久"等。不管是什么形式,从语义上分析,这些成分在这里都表示了一个时间的参照点。这可以分为两类:A. 有些成分,表达的是一个时点的概念,如例(34)、(35)、(36)、(38)、(39)、(40),这个时间短语表达的是一个早于这一个时点的时间。例(34),代词"此"指明上文中表达的一个时点,具体的就是"1992年5月,毛森在夫人胡德珍、长子毛建光陪同下,自美国回大陆观光探亲、祭祖扫墓"这个时点；例(40),"蒋介石"可能是一个主谓短语"蒋介石掌权"简省的结果,我们可以从它的下文"在毛泽东掌权后数年,中国人口还是只能约略概算管理……"这句话来得知。B. 有些成分表达的是一个时段的概念,如例(37),这时这个时间短语表达的是一个早于距离说话时间有(前置成分所表示的)一定时段的这个时间点的时间。

　　这类时间短语,可以作定语(9句),或与"的"组合后作定语(34句),可以作主语、宾语、补语(各1句),也可以作联合成分(4句),更多的是作状语(140句),或者再进一步与介词组成介宾短语之后作状语(116句)。综合以上这些现象,我们发现,在我们的语料库中有829个句子中的"以前"直接与其他成分组合以后间接地作状语,这占了总例句数的80%。因此,我们可以说,"以前"不管是单独用还是跟别的成分组成时间短语,其主要功能是在句子中作状语。

3　"之前"的用法

　　3.1　"之前"的例句数在我们的语料库中超过了"以前"的数量,我们共计获取了1053个例句。"之前"的组合倾向,前后差别很大,有1023句中的"之前"是向前组合,占了总例句数的近97.2%,剩下的30句中,"之前"都是向后组合。

　　向后组合分两种情况,一种是跟助词"的"组合以后作定语,如：

　　(41) 曾经有人就此书批评王蒙：长篇的"季节"不如他之前的《活动变人形》好看。(《作家文摘报》2001年5月8日)

　　(42) 但是之前的各个程序与枪决则全然不同,这种不同是更文明、更人道。(《作家文摘报》2002年1月1日)

从这两个句子中,"之前"是限定《活动变人形》(例41)和"各个程序",从语义上看,"之前"所表达的是早于某一个事件所表示的时点的时间,而这个事件是在上文中可以找到的。例(41)的这个事件就是其上文中提到的出版"季节"系列长篇；而例(42)的这个事件是在上文中提到的用注射的方法执行死刑。

　　另一种向后组合的情况是"之前"作状语(27句),如：

　　(43) 之前,我们曾多次派员参加此类国际比赛,但均未拿到名次。(《作家文摘报》2001年5月29日)

　　(44) 之前关之琳的好友吴倩莲曾经告诉过她,年前跟冯小刚、葛优拍的《没完没了》很有意思,合作得很愉快。(《作家文摘报》2001年11月6日)

　　(45) 1991年我进公司的时候已经30岁了,之前我在检察院工作。(《作家文摘报》2002年3月22日)

从语义上分析,这三个句子中的"之前",表达的也是早于某一个事件所表示的时点的时间。这个事件也同样是在上文或上句中。通过看上文,我们知道,例(43)的事件就是指"毛阿敏在1987年以一曲《绿叶对根的情意》而轰动国际音乐节"这个事件;而例(44)的事件是指"2001年3月,关之琳来上海,有天同几个好友在一家高雅的酒吧闲谈,有人推崇冯小刚"这个事件;例(45)句的事件就是上句中说的"进公司"这个事件。

3.2 作"之前"的前置成分,直接与它组成短语的句法成分十分多样,根据出现频率的高低,依次有主谓短语、述宾短语、代词、定中短语、状中短语、动词、时间词、名词、数量短语、连谓短语、指人名词、联合短语、述补短语、复句结构、引语等,例如:

(46) 上海解放之前的最后一次会面是在1948年的秋天,那时我家已经搬到虹口。(《作家文摘报》2000年6月13日)

(47) 做烙饼之前,先让新娘快速将炉火点燃,然后再快速和面、烙饼。(《作家文摘报》2002年1月8日)

(48) 这之前,她曾担任过国务院农村发展研究中心国际部主任。(《作家文摘报》2000年5月16日)

(49) 瓦窑堡会议之前,林彪正式向中央提出了到陕南打游击的意见。(《作家文摘报》2000年10月10日)

(50) 从拉萨出发之前,肖先高偶尔在街上看到一个杂耍的人在表演自己的绝技……(《作家文摘报》2001年7月20日)

(51) 来之前,通过省里面,向省医院借了一张医用铁床。(《作家文摘报》2000年8月15日)

(52) 去之前,刘延陵告诉他,叶圣陶也在那里。(《作家文摘报》2000年8月8日)

以上例句(46)—(50)中,"之前"的前置成分依次是主谓短语、述宾短语、代词、定中短语和状中短语,例(51)和(52)中的则是单音节动词。不管是什么句法形式,从语义上分析,"之前"前面的成分都是为了给"之前"表示的时间一个参照点,这跟我们前面所分析的"以前"的情况是一样的。虽然在"之前"前面的成分大量地表达的是时点的概念,但是也有表达时段概念的,如:

(53) ……可是几天之前戈尔巴乔夫打电话给他说,有一件更重要的事要办……(《作家文摘报》2000年11月28日)

(54) 不久之前,当我把这个看法告诉三毛的母亲缪进兰女士,缪女士跟我的想法完全一样。(《作家文摘报》2001年9月28日)

理解这两个例句中"时间"的方法,与我们在上文2.3中对例(37)的理解相同。

3.3 "之前"在与前置成分组合以后,常常作介词(主要是"在")的宾语,在1023个例句中,有660个句子的情况是如此,其概率近65%。不管是作介词的宾语还是不作介词的宾语,"之前"与前置成分组合后,常常作状语,如:

(55)你来之前,这栋房子里只有一个电话。(《作家文摘报》2001年11月16日)

(56)在兑现或者幻灭之前,我们同时也拥有置疑的权利。(《作家文摘报》2001年1月12日)

(57)在我抵达之前已有两位尚未递交国书的大使在等候着。(《作家文摘报》2002年2月22日)

这样的句子一共有943个,占向前组合例句总数的92%。此外,还有一些直接作定语或者与助词"的"组合以后作定语(61句),少数作补语(13句),极少数作宾语(6),如:

(58)但他还在断断续续地与友人通信,发表他对于第二次世界大战一些重大问题的意见,直到他去世之前两周。(《作家文摘报》2001年1月12日)

(59)迟到的中国城市化专家指出,1978年之前的30年,中国走的是一条重工业化的道路……(《作家文摘报》2001年9月28日)

(60)你们总不会要我死在逊位之前吧?(《作家文摘报》2001年1月19日)

(61)林志扬说:"这个概念很模糊,大约就是冒烟之前吧。"(《作家文摘报》2001年12月14日)

以上例(58)、(59)时间短语修饰的是"两周"和"30年",这是两个时段概念,从语义上分析,整个定中短语表达的是一个早于一个时间参照点的时段。这种表达方法在我们所搜集"以前"的用例中尚未发现。例(60)"在逊位之前"是动词"死"的时间补语,而例(61)的"冒烟之前"则是动词"是"的时间宾语。综合以上的分析,我们不难看出,"之前"也跟"以前"一样,不管是单独使用还是与前置成分组成时间短语,其主要功能是作状语。像以上的例(59),我们把它当作时间短语的定语用法,但是在它组成更大的短语之后,还是在句中用作状语。

4 "从前"的用法

4.1 在我们的语料库中"从前"的用法很少,我们一共获取了189个例句。它向前直接组合的概率很低,只有44个句子,占总例句数的23%,而且,它与前面的成分组合时主要作宾语或者作介词宾语,如:

(62)那是让人高兴的时候,仿佛他们又回到了从前,回到了学生时代。(《作家文摘报》2001年1月5日)

(63)后来当我看到博雅尔卡那已尘封多年的奥斯特洛夫斯基纪念馆才清晰地感受到独立后的乌克兰意识形态已与从前大相径庭。(《作家文摘报》

2000年1月4日)

例(62)是宾语,而例(63)是介词宾语。我们只发现两例有限定"从前"的成分,但是都是通过结构助词"的"与它组合,再如:

(64)……用自己的从前作反面教材,以此来帮助更多的人回头。(《作家文摘报》2001年8月31日)

这里"自己"是限定"从前"的成分,但是,像在"以前",特别是"之前"前面出现的表示时间参照点的前置成分,我们在"从前"的前面没有发现。

4.2 "从前"主要是向后组合,这样的句子有143句,占总例句数的76%。有的直接作状语(97句),有的直接作定语(6句),有的与助词"的"组合以后作定语(40句),如:

(65)从前,东长街人选媳择妻的条件就是:貌中人,性温恭,识文字,善女红。(《作家文摘报》2001年10月26日)

(66)从前我太自信了,我以为我的真心、我的热情没有哪个男人能抵挡……(《作家文摘报》2001年1月5日)

(67)那一种客气的态度,使老会计顿时感到,他已不再是心腹了,他们从前的亲密关系已改变了。(《作家文摘报》2000年12月26日)

(68)而他得小心哄她,对她左解释右解释,这让他好几次觉得自己有点不是人,没有了从前那种大丈夫想干什么就干什么的快乐……(《作家文摘报》2000年7月11日)

以上例(65)和(66)中的"从前"作状语,而例(67)和(68)中的"从前"是间接或直接作定语。

4.3 在"从前"的用例中,有两个例句中的"从前"成分特殊,它们是:

(69)……于是,刘家猫园重新开张,光彩更甚从前,更多的精彩节目不断上演。(《作家文摘报》2001年5月22日)

(70)张学良心诚则灵,潜心研读《圣经》,收获见识大异从前。(《作家文摘报》2000年9月26日)

这两个例子中的"从前"都是比较的对象,在这里看似是宾语,实则是由介宾变化而来。不管怎么理解,都可以看作是向前组合的例子。但是,在我们前面的分析中可以看到,"从前"与前面的介词组成介宾短语,这个介宾短语还可以作状语,如例(63)。因此,作状语也是"从前"单独或与别的成分组合之后的主要功能。

5 结 语

通过以上描述,我们看到了"以前"、"之前"和"从前"这三个词的共同点,它们都可以表示时间,而且都表示早于某一个时点的时间。它们独自或者与其他成分组合之后常常在句中用作状语,换句话说,在句中作状语说明时间是它们的主要语法功能。然而,它们之间也存在着一些差异。

首先,从使用频率来看,"以前"的使用频率比较高,在书面语和口语两个方面表现得比较平衡。"之前"在偏重书面语的语料中出现频率较高,否则就很低;而"从前"在偏重口语的语料中出现频率较高,否则就极低。我们在《作家文摘报》160期(共1052万字)中搜索的结果是:"以前"1035句,"之前"1053句,"从前"189句;我们在建国以来当代小说(共1374万字)中搜索的结果是:"以前"1125句,"之前"507句,"从前"652句;我们在《人民日报》2000年下半年(共约1200万字)中搜索的结果是:"以前"487句,"之前"472句,"从前"59句。从总体上来说,"以前"的使用率最高,"之前"其次,而"从前"的使用率最低。

其次,从句法和语义上来看,"以前"在它与其他成分的组合上表现最为多样,在其所表达的时间意义的理解上,有两种时间的参照点:(1)如果其前面有前置性限制成分,那么参照点就根据这个限制成分来理解;(2)如果没有限制成分,那么以说话人的时间为参照点。"之前"以极大的概率与前面的成分组合(参看3.1),而与其组合的成分都为其指明一个时间的参照点,即使"之前"在句中单用,那么上文中也有一个句子或短语为其指明一个时间的参照点。而"从前"在句法形式上根本就不带表示时间参照点的限制性成分;从语义上看,"从前"与"以前"十分接近,表示的也是一个早于某一个时间参照点的时间,这个时间参照点的形式虽然不在"从前"的前面出现,但是有时候,我们通过上下文能感觉到这个时间参照点离我们说话的时间点有一个时段之隔,例如:

(70)久别重逢,我们都记起了从前的美好时光。(《作家文摘报》2001年12月18日)

这里,"久别重逢"告诉我们"从前"的时间参照点距离我们现在说话的时间有一个时段之隔。其实,在实际的表达中,这个时段因说话人的感觉不同可变得长也可变得短,当它变得十分短时,"从前"就几乎等同于"以前"了,于是我们也就觉得这两个词的意思就没有分别了。

总之,"以前"、"之前"和"从前"是三个同义词,但是它们在句法表现上却又各有特点,在语义的表达上虽十分相似,然而却不能完全替代。它们之间构成了一种互相联系又互相制约的句法和语义的关系,形成了一个小的系统。这种现象很好地体现了语言的系统性特点。

参考文献:

[1] 索绪尔著,高名凯译. 普通语言学教程[M]. 北京:商务印书馆,1980.

[2] 北京大学中文系1955、1957级语言班. 现代汉语虚词例释[M]. 北京:商务印书

馆,1982.
 [3] 刘月华等.实用现代汉语语法(增订本)[M].北京:商务印书馆,2001.
 [4] 吕叔湘.现代汉语八百词(增订本)[M].北京:商务印书馆,1999.
 [5] 张 斌.现代汉语虚词词典[M].北京:商务印书馆,2001.
 [6] 张 斌.新编现代汉语[M].上海:复旦大学出版社,2002.
 [7] 赵元任著,吕叔湘译.汉语口语语法[M].北京:商务印书馆,1979.

"原来"与"本来"的对比分析*

提　要：本文对同义词"原来"与"本来"进行辨析。在句法功能上，对其各种用法作了考察，在语义表达上，对其所处句子的句式语义进行了归纳分析。从中看出，"本来"比"原来"具有更强的副词特征；在语义表达的功能上有一种区别倾向，"原来"更强调时间顺序，而"本来"更强调事理顺序。

关键词：原来，本来，用法考察，句式语义，对比分析

1　引　　言

"原来"与"本来"是两个同义词，在 HSK 等级词表中分别为甲级词和乙级词。留学生在初级阶段学习了"原来"，进入中级阶段就会遇到"本来"，此时就需要对这两个词进行辨析。几部主要有关现代汉语虚词的词典（北京大学中文系，1982；吕叔湘，1999；张斌，2001）都收入了这两个词，对它们的分析也大致相同。有的认为"原来"和"本来"除了是副词外，还是形容词（吕叔湘，1999），有的认为"原来"和"本来"有时应该理解为实词（北京大学中文系，1982）。在把"原来"和"本来"当作副词分析时，有的对它们各列出两种解释（吕叔湘，1999），有的则各列出三种解释（张斌，2001），而有的则对"本来"列出两种解释，而对"原来"只列出一种（北京大学中文系，1982）。细究这些解释，发现解释并不针对词本身，而是针对词所处的句子所表示的含义，然而对它的解释也未必能概括所有"原来"或"本来"所处句子的含义。例如，对"原来"有这样的解释："1. 以前某一时期；当初。含有现在已经不是这样的意思……2. 发现从前不知道的情况，含有恍然醒悟的意思……"（吕叔湘，1999）可是我们在真实的语料中发现这样的句子：

　　（1）莉扎原来是没有信仰的，但她喜欢研究各种宗教问题。(1996 年 11 月 1 日)①

　　（2）劳伦斯原来也一直渴求有一位不同寻常的女人，看到弗丽达，他觉

---

* 本文曾载于齐沪扬主编《现代汉语虚词研究与对外汉语教学》（论文集），复旦大学出版社 2005 年 3 月，原文题目为"'原来'与'本来'的用法考察及其句式语义分析"。作者：任海波。本次收录，修改了题目，正文也略有修改。

① 本文所有例句都出自《作家文摘报》，例句后只注明日期。

得,她便是这么一个他心目中的人。(1997年7月25日)

从这两句中我们看不出原来的情况"现在已经不是这样"的意思。再看下面的例子:

(3) 老板上来笑嘻嘻说:"原来张老师来了,快请到里头坐坐,喝杯茶!"(1994年3月4日)

(4) 其主管单位以组织名义找到报社,说要追查这篇文章的背景,原来主管单位已内定要免去那位厂长的职务。(1993年11月19日)

以上两句虽然含有"以前不知道,现在知道了"或"以前不明白,现在明白了"的意思,但是离"恍然醒悟"似乎还是有点远。

再如,对"本来"的解释,有的认为"表示按道理就该这样"(吕叔湘,1999),但是从其所举的个别例子中我们却感觉不到有这样的意思,如:"本来就写不完,再催还是写不完。"在这个句子中并没有"按道理应该如此"的意思。类似这样的解释,在上述的另外两家中也都有。

《现代汉语虚词词典》(张斌,2001)对"原来"和"本来"的句子语义给出的解释较另两家多,但是多列所处句子语义并不意味着就更便于把握词本身的意思。而且,我们发现此书对"原来"的解释有前后不一致的情况。例如,在前面解释时说,"原来"是"说明情况一直如此,并没有变化,相当于'本来'……"但是在后面比较"原来"与"本来"时说:"'本来'可以表示事情和情况始终如此,相当于'一直',表示确切的语气,'原来'没有这种用法。"面对这样的解释,一个初学汉语的人,自然会感觉如坠五里雾中。

为了更好地辨析"原来"与"本来",我们以260期《作家文摘报》(1993—1997年,共计一千三百多万汉字)为研究语料。我们从其中穷尽性地抽取了所有包含"原来"和"本来"的句子,共计2906个句子,其中包含"原来"的句子1898个,包含"本来"的句子1008个。通过本文的研究,我们试图弄清"原来"和"本来"的各种用法和其所处句子的句式语义。

2 "原来"和"本来"的用法

2.1 "原来"和"本来"都可以作定语,可以直接作定语,也可以加"的"以后作定语,如:

(5) 只不过有关部门权衡再三,总算稍作让步,将原来900多平方米的建筑保留下新街巷30号399.7平方米。(1997年12月26日)

(6) 他建议打破原来的结构,重新剪辑,导演同意了。(1997年9月19日)

(7) 1979年,"秦癫子"才恢复本来姓名陈修飞,作品平反,右派改正,返回故里郴州……后任副馆长。(1994年6月10日)

(8) 无论和哪一种生活相比,它总是诚实地展现着自己本来的面目。(1993年1月15日)

以上列举中,例(5)、(7)都是直接作定语的例子,而例(6)、(8)都是加"的"以后作定语的情况。有的人认为"原来""修饰名词时要加'的'"(吕叔湘,1999),而真实语料显示不加"的"也行。下表说明"原来"和"本来"作定语的情况:

表一 "原来"和"本来"作定语

	作定语例句数	占总例句数的比例	直接作定语例句数	占定语例句数比例	加"的"作定语例句数	占定语例句数比例
原来	296句	约15.6%	66句	约22.3%	230句	约77.7%
本来	43句	约4.3%	31句	约72.1%	12句	约27.9%

注:这里的"总例句数"分别指:"原来"1898句,"本来"1008句。

以上数据显示,"原来"比"本来"更易于作定语,"本来"作定语的频率很小。"原来"作定语时带"的"比较常见,而"本来"作定语则以不带"的"为常见。在43个"本来"作定语的例句中,有25句的被修饰成分是"面目",另有3句是跟"面目"同义的"面貌",合计占了其作定语例句的65.1%。如果把"本来面目"这样的常用搭配计算在外,那么,"本来"作定语的频率就更低了,大约只是占总例句数的1.5%。

另一方面,我们发现"原来"所修饰的成分,除了词,如上面的例(6),还有一些短语,如上面的例(5)。再如:

(9) 春红走了之后,也还要再找一个人到母亲房里来做事,这时,母亲就想起了原来她的陪房丫头,我们叫做小刘妈的那个人。(1995年11月10日)

(10) 伊利英原来的战友和领导都证明伊利英平时表现不正常。(1997年9月12日)

以上的两个例句中,"原来"修饰的是偏正短语"她的陪房丫头"和联合短语"战友和领导",而"本来"在作定语时,被修饰成分几乎都是词,我们只找到一例被修饰成分为短语的句子。这些现象说明,"本来"在作定语方面不是很自由,而"原来"作定语的自由度就要大一点。

2.2 "原来"除了作定语,还能够作介词的宾语。例如:

(11) 娶了刘桂英后,家里的开销比原来大了不少。(1996年7月19日)

(12) 两次整容手术使她与原来判若两人。(1997年10月3日)

这里,"原来"作介词"比"和"与"的宾语,虽然出现的频率很低,一共有11句,但是却显示了"原来"的一种句法特性。而"本来"在我们所收到的例句中则没有这样的用法。此外,"原来"偶尔可以加"的"构成"的"字短语,单独充当句法成分,而在"本来"的例句中却没有发现这种情况。

2.3 "原来"和"本来"在句法结构中的主要用法是充当状语,它们可以位于主语之前,也可以位于主语之后,而具体的频率表现却有所不同。请看下面的例子:

(13) 突然,右手掌疼得直钻心,他顾不上了,坚持做完,起身一看,手心一片血,原来,一个图钉扎进了手掌。(1997年8月15日)

(14) 华尔希原来是副总统约翰逊的保镖,1961年之后,开始报效肯尼迪家,当时小约翰才一岁。(1994年10月28日)

(15) 本来,他可以干些更好的工作,可他却挺身而出,与刘德林一道开始了艰苦的创业。(1994年1月14日)

(16) 他的父母本来不是爱管闲事的老人,这一下抓住他就不放了,对林珠的踪迹穷追不舍。(1997年12月5日)

以上例句显示,"原来"和"本来"都可以出现在主语的前面作状语,如上面的例(13)、(15),也可以在主语的后面作状语,如上面的例(14)、(16)。在主语前作状语,后面可以加逗号,如例(13)和(15)。有的教材在辨析"原来"与"本来"时称:"'原来'用在主语的前边时,可以用逗号分开。"(方绪军等,2003),其实,"本来"跟"原来"一样,在主语前作状语,后面照样可以带逗号。"原来"和"本来"作状语的表现可以用下表来说明:

表二 "原来"和"本来"作状语

	作状语例句数	占总例句数的比例	主语前作状语		主语后作状语例句数及比例
			例句数及比例	其中加逗号	
原来	1581句	约83.3%	892句,约56.4%	399句,约25.2%	689句,约43.6%
本来	959句	约95.1%	200句,约20.9%	83句,约8.7%	759句,约79.1%

从上表我们可以发现,"原来"作状语的频率没有"本来"高。需要指出的是,这里统计的主语后作状语,包括那些不直接作句子成分,而是直接作一个偏正短语状语的例子。如:

(17) 想到这儿,原来十分愉快的心境竟在一瞬间荡然无存了……(1993年6月18日)

(18) 本来就很削瘦的身体,此时似乎更加虚弱。(1996年8月2日)

这样的例句,"原来"有121句,"本来"有163句。

2.4 在分析"本来"的用法时,几乎大家都注意到了"本来"后可加语气词"嘛"的情况,如:

(19) 她想,本来嘛,人生就是舞台,人人都在演自己的戏,我不仅在舞台上要当主角,在人生的舞台上也要争它一争!(1993年6月18日)

并且认为这种用法的"本来"具有"按理就该如此"(吕叔湘,1999)或"按道理应该如此"(北京大学中文系,1982)的意思,但是我们认为这种意思并不是"本来"所具有的,这种意思是它后续的句子或它的语境所具有的。语气词"嘛"或"么"或"吗"在其后所起的作用跟逗号差不多。实际上,"本来"后面的语气词还可以是"呢",例如:

　　(20) 本来呢,到了此时,我爷爷也就该往院里走了,可是,就在我抬头向我爷爷望去的时候,我就看见他的一双眼睛里几乎就要涌出了泪珠。(1996年6月21日)

"本来"后的语气词除了表示停顿,还传达一定的语气,但它并不等于"本来"的意义。在例(19)、(20)中,不用语气词,句子依然顺畅,"本来"的意义仍然存在。在我们的语料中,"本来"后用"嘛"只有两例,"本来"后用"呢"只有四例,其所占比例微乎其微。

"本来"在主语后作状语时,后面常用副词"就",如:

　　(21) 我也"套牢"了,但我并不慌,我本来就不是以盈利为目的,投入的资金数字也不大。(1997年1月24日)

这种句子在我们的语料中有239句,约占主语后作状语总数的31.5%,频率较高,而"原来"与"就"连用则只有37句,不能与它相比。为此,有人专门把"本来就"作为一种格式加以研究,认为这一格式包含了"前后对比,顺承递进"的语义关系(范淑云,2001)。这与我们的考察结果基本相同,但偶尔也有例外。

"原来"有一种特殊的用法,它可以跟代词"如此"连用,构成一个独立的句子,表示以前不明白而现在明白了。有时候还可以加后续句,例如:

　　(22) 原来如此,我有点想笑,但丝毫笑不出来。(1997年8月29日)

在我们的语料中,这样的句子有10句,频率也很低。

3　"原来"和"本来"的句式语义

3.1　"原来"和"本来"的句式语义是指包含"原来"或"本来"的句子格式所表现出来的语义。我们认为前人对"原来"和"本来"这两个词的解释,其实是对包含这两个词的句式语义的解释。虽然包含这两个词的句式的主要语义特征人们已经注意到,但是还缺乏全面的了解,特别是对这两个词在表现不同句式语义时的使用分工和相互关系缺乏了解,以至于出现了我们在绪论中提到的在解释叙述上的前后矛盾。我们对2906个包含"原来"和"本来"的句子的句式语义进行了逐句分析,把不同句式表现的语义进行了分类和统计,通过分析我们发现"原来"和"本来"在句式语义的表达上,有一种较为明显的用法分工。

3.2 包含"原来"的句式可以表示以前不知道而现在知道了或以前不明白而现在明白了的意思,这一点,前人已经注意到。在真实文本的语料中这样的句式占优势,如:

(23) 等天亮醒来,她吓得差一点叫起来,原来,一个小男孩把她紧紧抱在怀里,热乎乎的小脸蛋儿,歪在她的身上……(1996年6月14日)

(24) 此后,运城张戈事件很快如笋剥肉露,真相大白,原来案情正与刘丽英分析判断的不差毫厘。(1994年6月10日)

(25) 他翻看自己上次交来的译稿,不禁火冒三丈,原来,钱姓编辑在王实味的译稿上做了一些改动。(1996年10月25日)

(26) 我们婚后妈才明白,原来这十几年来,她心里除了我和姐姐以外,再也盛不下其他女性了。(1993年3月12日)

上面例(23)、(25),"原来"前句子表达一个动作或事件,"原来"后的句子是对其前面动作或事件原因的解释,通过解释表示以前不明白或不知道而现在明白或知道了;例(24)、(26),"原来"前说明事情已经明白,常含有"知道"、"明白"、"了解到"、"真相大白"、"发现"、"觉得"、"恍然大悟"等义,而"原来"后说明现在明白了的内容。在表示这种语义的句子中,"原来"一般总是用在主语前,在我们的语料中有868句,约占"原来"在主语前作状语句子的97.3%,而用在主语后则较少,有321句,约占"原来"在主语后作状语句子的46.6%。从这里我们可以看出,"原来"被用在主语前面时,所处的句子常用来表达"以前不明白而现在明白了"的意思,而用在主语之后,那么所处句子表达这种意思的可能性就要小得多。

3.3 包含"原来"作状语的句子除了可以表示上述这种语义之外,还表示人物、事情等有了变化。例如:

(27) 很少有人想到,这位38岁的女导演原来是一位建筑师,只是9年前到异国留学才开始改变她的职业。(1996年4月12日)

(28) "文革"开始后,田华原来每月自动交100元党费,后来改为每月交50元党费。(1994年3月11日)

以上各例句叙述人物或事情前后都有了变化,这类句子的后面常有"现在"、"后来"等词语一起使用。在表达这种语义的句子中,作状语的"原来"主要用在主语之后,在我们的语料中,用在主语前的是20句,而用在主语后的是284句,其悬殊相差很大。在表示变化的句子中,有些句子转折语义明显,常用一些表示转折的连词,如:

(29) 秉建性格内向,原来不怎么爱说话,可她这会儿却一反常态,话语像涓涓的溪水不停地流淌。(1997年7月18日)

这类句子常有一些表示转折的词语"可"、"可是"、"但"、"但是"、"谁知"、"没想到"等,在我们的语料中,这样明显带转折语义的句子有 40 句,"原来"都是用作主语后的状语。在这样的句子中,"原来"完全可以用"本来"替换。

3.4　此外,包含"原来"的句子本身并不表示变化,有时是一般的叙事,有时说明一种原因,如:

(30) 原来俄罗斯青年结婚时要向红场上的无名英雄纪念碑献花,现在这一传统仍然保留了下来,同时又增加了一项内容——去教堂。(1995 年 9 月 1 日)

(31) 因为编著者原来都是战地记者和摄影记者、画报编辑,搜集到许多第一手材料,二书是用新闻纪事体裁写的,态度客观,笔调生动,图文并茂。(1993 年 11 月 19 日)

在这里,例(30)句子本身就说了"这一传统仍然保留了下来",例(31)并不是说这些记者编辑做了编著者就不做记者编辑了。这个句子使用"原来"说明一个情况是为了说明后面情况的原因。这类本身并不表示变化的句子在我们的语料里一共有 88 句,其中明显表示因果关系的句子,有 6 例。"原来"在主语前作状语的为 3 句,而其余 85 句则是"原来"在主语后作状语。

3.5　包含"本来"作状语句子的句式语义以表示变化为主,这主要包括两种情况,一是表示转折,二是表示递进。如:

(32) 他出身小业主,一心只想跟党走,本来,他爱的是自己的表妹,但最终还是娶了城市贫民出身的宋月盈……(1997 年 4 月 18 日)

(33) 孟朱本来是搞声乐的,可为了支持丈夫的事业,改行做了编剧。(1993 年 12 月 24 日)

(34) 她的身体本来就比较虚弱,工作又繁忙,还要照料孩子,她怎么也挺不住了,今天就在教室里昏倒了。(1997 年 12 月 5 日)

以上例(32)、(33)是转折句,表示事理上的一种变化;例(34)是递进句,表示以前事情到现在或后来在程度上有了加深。这种转折义通常以转折句(505 句)的形式来表达,而且在后面的分句中常用连词"可是"、"但是"等作为显性标记。

3.6　包含"本来"作状语的句子,有时候并不用来说明变化,而是用于因果叙述,例如:

(35) 他更不会去跟她喷口水,讲什么与命运抗争的豪言壮语,人生本来就是一个无理可讲、无理可循的过程,你说你战胜了命运,命运承认吗?(1995 年 9 月 15 日)

(36) 苏兰本来就是个舞迷,进了舞厅,她就脱去外套,跳进舞池,融进美妙的旋律里……(1997 年 6 月 27 日)

以上例句,"本来"所在的小句是表示原因的,例(35)被说明的部分是前面的小句,而例(36)被说明的部分是后面的小句。在这两句中本来是什么现在还是什么,并没有变化的意思。

3.7 综上所述,包含"原来"和"本来"作状语句子的句式语义类型和频率情况可以用下表表示:

表三 "原来"和"本来"句子的句式语义类型和频率情况

词语	句式语义类型	知道了或明白了	事物有了变化					事物没有变化	
			一般变化		递进		转折	含因果义等	
原来	主语前	868	占总数	20	占总数		占总数	3	占总数
	主语后	321	75.2%	244	16.7%		2.5%	85	5.6%
							40		
本来	主语前			15	占总数	180	占总数	5	占总数
	主语后			166	18.9%	426	63.2%	167	17.9%

注:这里的"总数"是指"原来"和"本来"作状语的总数,分别是1581句和959句。表中数字单位是"句",百分数都是近似值。

从上表不难看出"原来"与"本来"所处的句子在句式语义上的差异。这些差异表现了"原来"与"本来"在使用上的分工。"原来"主要表示"知道了"或"明白了",而"本来"主要表示转折和递进。在表达变化意思的时候,"原来"所处的句子可能包含递进义,但是递进义不明显。所以,我们在考察时也没有把它与一般的变化义区分开来。在因果句中,"原来"与"本来"出现的频率有很大的不同,但是,两者还是可以互换使用。

4 结 语

通过用法的考察,我们发现,充当定语的频率,"原来"要比"本来"高很多,而且被"原来"修饰的成分类型多样、结构复杂,而被"本来"修饰的成分基本上只是词。这些都显示"原来"比"本来"更易于作定语;充当状语的频率,"本来"要比"原来"高,而且"本来"作状语以在主语后出现为主,"原来"则大部分情况是出现在主语前,而且后面加逗号停顿的频率也比"本来"高。应该说"本来"比"原来"更易于作状语。"原来"可以作介词宾语,这是非副词特征,而"本来"尚未发现有这种用法。综合这些,我们可以说,"本来"的副词性要比"原来"强。

"原来"和"本来"作为同义词,在基本语义上是相同的。它们都表示"处于较早的时间"。它们的主要区别是在用法上,它们所处的句子句式语义的不同表现了它们在语义表达上的互补性。通过对句式语义的考察分析,我们大致可以看出它们在语义表达上有一种区别的倾向:"原来"更倾向于在句子中帮助说明人物或事件变化发展的时间顺序,而"本来"更倾向于帮助说明人物或事件变化发展的事理顺序。

与"原来"和"本来"相关,"原本"使用的频率很低,在我们的语料中只有 269 句。其用法和语义表达功能,相当于"本来"。至于它与"本来"的异同,限于时间和篇幅只能留待以后考察。

参考文献:

[1] 北京大学中文系 1955、1957 级语言班. 现代汉语虚词例释[M]. 北京:商务印书馆,1982.

[2] 吕叔湘. 现代汉语八百词(增订本)[M]. 北京:商务印书馆,1999.

[3] 张　斌. 现代汉语虚词词典[M]. 北京:商务印书馆,2001.

[4] 张谊生. 现代汉语副词研究[M]. 上海:学林出版社,2000.

[5] 方绪军等. HSK 近义词区别与练习[M]. 福州:福建人民出版社,2003.

[6] 范淑云. 现代汉语"……本来就……"格式探究[J]. 南京师大学报(社科版),2001,(1).

"从而"与"因而"的对比分析*

提　要：本文对连词"从而"与"因而"进行辨析。从用法上看，考察了其所处的位置、前后分句中主语的异同与省略等，发现"从而"与"因而"各自所处的句子在句法结构上有较大的差异；从语义上看，两者在表达各自独特的语义时不能替换使用，但在大多数情况下可以替换。由此我们判断，两者的主要差别在语义的立足点上，"从而"是从现有条件展示它将导致或已导致的行为，而"因而"是从得到的结果追溯其产生的原因。

关键词：从而，因而，用法，语义，对比

1　引　　言

　　现代汉语连词"从而"和"因而"在 HSK 等级词表中都被归入了乙级词的范围，留学生在初、中级阶段就会遇到这两个词，如何正确使用它们，需要作适当的分析。赵新的论文(赵新,2003)在分析"因此"、"于是"和"从而"的异同时已经涉及这个问题。该论文从句法、语义、语用三个大的方面出发，根据七个要素分析了这几个词的异同。其中有些部分说得有道理，但是观察一下真实的语料，有些部分的说法还不能令人赞同。

　　《现代汉语八百词》(吕叔湘,1999)对"从而"的解释是："表示结果或进一步的行动。用于后一小句开头，沿用前一小句的主语。用于书面。"①这里"沿用前一小句的主语"这样的说法在赵新的论文中得到了强调。赵新指出："'从而'前后的分句，叙述说明评论的主体必须一致，即前后句主语必须相同，且主语一般在前一分句，后一分句的主语承前省略。"②观察真实的语料，我们发现了以下这样的句子：

　　(1) 也许汪精卫当时命不该绝，汪氏的黑轿车过桥后，陈恭澍的福特车却被桥头的红灯拦在桥头，<u>从而</u>错过了刺汪的良机。(ZJWZ525)③

　　(2) 这个问题提出以后，集训队干部中立刻引起了激烈的争论。这批集训干部回到单位后，又把分歧带到各自的部队中去了，<u>从而</u>引起了更激烈的反响。(ZJWZ510)

---

* 本文曾载于《上海师范大学学报》(哲学社会科学版)2005 年 2 月增刊。作者：任海波。本次收录，正文略有修改。

① 参见该书，第 131—132 页。
② 参见《语文研究》2003 年第 1 期，第 29 页。
③ 本文所用例句都来自《作家文摘报》，例句后面的数字是它的总期号。

以上的例(1)中,后面分句省略的主语应该是"陈恭澍",但是前一个分句的主语却是"陈恭澍的福特车",可见并不相同;例(2)中,后面分句省略的主语应该理解为前面分句所表达的事件,因此,很难补充出一个具体的名词或名词性短语。如果硬要把前面分句的主语"这批集训干部"理解成后面分句的主语,显然很难说得通。由此可见,这种强调是不太妥的。

《现代汉语虚词例释》(北京大学中文系 1955、1957 级语言班,1982)认为:"'从而'的作用是引出表示结果的副句。一、表示产生某种结果是以已有结果为基础的。二、表示某种结果是在某种条件下产生的。这时候跟'因而、因此'的用法类似。"①其实,某一个事件的结果可以成为另一个事件产生的条件,所以,似乎没有必要分得那么细。而对"从而"与"因而"的区别,此书却忽略了。表示在某种条件下产生结果的句子,可以用"从而",但是未必可以用"因而"。如:

(3) 加入 WTO 后,将取消出口配额限制,劳动密集型产业无疑将受惠最大,出口困难的状况将大为改善,从而增加新的就业岗位。(ZJWZ480)

(4) 作为导演,他特别想把每一位女演员最有吸引力的东西提取出来,从而塑造新鲜、完美的银幕形象。(ZJWZ386)

以上两个句子中的"从而"表示的都是由条件而产生结果,应该不能用"因而"来替换。

《现代汉语虚词词典》(张斌,2001)在分析"从而"时指出它在语义上可表示"因果关系"和"目的关系",同时指出需要注意的是:"'从而'所表示的结果或目的通常是好的、积极的,不用来表示不好的、消极的。"而在下文的比较中又紧接着指出,"用'从而'有强调结果重要或后果严重的意味",否则就不能用。并举例:"他杀了人,因而/从而被法院判了重刑。"②显然这种说法本身前后矛盾,事实上,能用"从而"的句子所表示的结果并不都是好的、积极的,如:

(5) 事实上,他已经被剥夺了工资,解除了合同,从而切断了家庭的一切物质来源。(ZJWZ395)

(6) 而如果科研成果得不到企业的支持,就不能转化为商品,从而造成更大的浪费。(ZJWZ387)

以上两句所表示的结果可都不怎么好,但是使用的连词都是"从而"。

如上所述,我们可以看出,各书对"从而"的认识不尽一致,所作的解释也有与事实不符之处,而对"因而"的解释则相对比较一致,都认为"因而"与"因此"基本相同。有的特别指出:"'因而'基本上等同'因此',但不连接句子,即不用于句号后。"(吕叔湘,1999)我们观察真实语料发现这种说法并不确切。如:

---

① 参见该书,第 130 页。
② 参见该书,第 110—111 页。

(7) 于飞的父亲是个混血儿,在美国人办的教会孤儿院长大。因而于飞也是淡棕色头发,凹眼窝,高鼻梁……(ZJWZ458)

在这一个句子中,"因而"就用在句号的后面。

为了更好地辨析"从而"与"因而",我们以 260 期《作家文摘报》(1993—1997年,共计一千三百多万汉字)为研究语料。我们从其中穷尽性地抽取了所有包含"从而"和"因而"的句子,共计 688 个句子,其中包含"从而"的句子 348 个,包含"因而"的句子 340 个。通过本文的研究,我们试图弄清"从而"和"因而"的用法和其在语义表达上的特点。

2 "从而"与"因而"的用法

2.1 "从而"和"因而"都是连词,因此它们的主要句法功能是连接复句中的分句(或者小句),它们通常出现在逗号的后面。例如:

(8) 考虑敦煌摹本的色彩价值,我希望出彩色片,因而当原上海建业银行经理黄肇兴提出他愿意出资出版全部彩色版时,我同意了。(ZJWZ407)

这种用法是这两个词的主要用法,在我们的真实语料中,"从而"有 335 例,占总数例句的 96%;而"因而"有 265 例,约占总例句数的 78%。

赵新认为:"'因此'和'于是'可用于句群中,连接句子;或用于语篇中,连接两个或两个以上段落。而'从而'不具备这个能力。从结构上看,'因此、于是'可用在逗号后,也可用在句号后或段落开头,'从而'一般用在逗号后。"①他对"从而"的这种分析基本正确,但是也有一些例外。"从而"有时也被用在句号后面,而且连接的是复句。例如:

(9) 最后,转入机修厂,和工人一起,根据需要设计制造了一台八百吨水压机和大型的两千平方米的热处理车间及其设备。从而建成了水压机车间和热处理车间,满足了该厂日益扩大生产的需要。(ZJWZ441)

"从而"用在句号后的句子在真实语料中非常少,我们仅发现了 6 句,仅占总例句数的 1.7%。而且,其中有些"从而"虽然用在了句号后面,但是其后续部分还只是一个分句,如:

(10) 以创造新生活为"己任"的广告激发了我们永无止境的潜在欲望。从而使我们心甘情愿地被广告牵着鼻子漂泊在茫茫无边的欲望之海。(ZJWZ452)

除了上述用法之外,有时候"从而"连接两个分句时并不用标点分开。如:

(11) "安乐死"一旦立法,会不会遭到滥用从而给社会带来一些意想不到

---

① 参见《语文研究》2003 年第 1 期,第 28 页。

的危害,也是一个备受关注的话题。(ZJWZ521)

在这个句子中,"从而"连接的是划线部分,这部分是两个分句紧缩为一个句子成分处在"会不会"的语义辖域中,如果用逗号在"从而"前分开,会使"会不会"的语义辖域受到割裂。这样的句子也仅有6句。与这种用法相类似,我们发现有以下这样的用例:

(12) 本案孙某在肖婧没有受到任何损失的情况下,仍答应付1000元保密费,实质上是怕<u>受到肖婧告发、自己从而会没有面子</u>这一外界力量的影响或强制,并非真实意思表示。(ZJWZ513)

这个句子中"从而"连接的两个部分中间使用了一个顿号分隔,但"从而"连接的两个部分也是作为一个句子成分出现的。

"因而"有时也用在句号或者近似句号(感叹号、问号)的点号后。前面的例(7)就是。再如:

(13) 德化青瓷在明代已烧制,这次沉船上打捞出来的瓷器纹饰就带有典型的明代青花的风格。因而<u>这35万件瓷器的价值更加珍贵</u>。(ZJWZ476)

这类例子在我们的真实语料中有67句,约占总数的19.7%。虽然用于句号后面由"因而"连接的后续句子并不都是复句,但是与"从而"的情况相比,从中我们也可以看出"因而"连接分句以上单位的频率比"从而"要高。"因而"有时候连接的两部分之间也有不用标点分开的。如:

(14) 武术套路比赛,一般观众难以看懂;散打比赛则与<u>容易造成头破血流因而有争议</u>的拳击类似,和奥运会注重的"点到为止"有些矛盾。(ZJWZ500)

(15) 陈染一直在力图说服自己,一个平易的、宁静的、令人愉快的陈染在苦口婆心地说服那个<u>桀骜不驯、孤僻敏感因而令人不自在</u>的陈染。(ZJWZ398)

在以上两个句子中,"因而"连接的是划线的部分,而划线的部分在句子中是作一个句子成分——定语,所以,如果在"因而"的前面用逗号或者句号,就会割裂作为定语的语义。这样的句子在我们的真实语料中并不多,只有6句,约占总数的1.8%。另有两个句子,因为其后的成分十分短,"因而"之前也不使用标点。

"因而"在使用时,除了前面有逗号或句号等之外,它的后面也可以加上逗号。如:

(16) 小说从生活出发,多侧面地刻画人物,因而,你很难用一个简单的好或是不好来给作品中的主要人物下一个结论。(ZJWZ421)

这样的用法,有44例。而"从而"却几乎没有这样的用法,在348句中我们仅发现了一例。这从一个侧面反映出"从而"与其后的成分结合更紧密,而"因而"则相对松散,但是它的语义辖域就相对更广一些。

2.2 在以往的研究中,"从而"与"因而"在句子中的位置也曾受到关注。我们考察真实语料发现两者有不同的特点。"从而"一般用在后面分句的句首，而后面的分句常常没有主语成分出现。这可以从上面列举的"从而"的例句中看出。再如：

(17) 当时这关于词人别号的掌故让我觉得好玩，从而在幼小的心灵里留下了深刻印象。(ZJWZ399)

(18) 当年搞建设把北京的城墙拆除了，北京水平的轮廓线没有了，从而使北京失去了一个重要标志。(ZJWZ461)

例(17)，后面分句的主语可以理解成承前省略了"……的掌故"，而例(18)很难说承前省略了哪个词语，实际上后面分句的主语(称主体可能更合适)应该是前面分句所表示的事件，所以很难再补充出主语成分。这种现象在"从而"的用例中占大多数。

此外，在"从而"的用例中，后面的分句中也有出现主语成分的，这时候"从而"一般在主语成分之前。如：

(19) 夏娃受了蛇的诱惑，偷吃了伊甸园中的禁果，并将禁果分给了丈夫亚当，从而<u>两人</u>对赤身裸体生出羞耻之心，被神赶出了伊甸园。(ZJWZ404)

(20) 这些飞机的机身被漆成耀眼的银白色，机舱与外界全部密封隔开，从而<u>舱内的电子通讯设备</u>不会受到核爆炸造成的巨大电磁脉冲的干扰。(ZJWZ493)

在上面两例中，"从而"后面的划线部分就是后面分句的主语成分。后面分句中有主语成分的句子在总的例句中一共有8句，占总例句数的2%。其中一句主语成分在"从而"前。

与"从而"不同，使用"因而"的句子，后面的分句包含主语比例则比较高，一共有149句，约占总例句数的44%。例如：

(21) 对这种"左"的做法，蒋光慈一直持不同意见，加之身体有病，因而<u>他</u>常常不积极或不参加。(ZJWZ499)

(22) 通道口的门居然是一捆高粱秆，它四周的缝隙间夹上了枯草，往那通道口一挡，与四周的枯草混为一体，<u>李辉</u>因而难以发现入口。(ZJWZ457)

以上例句中，划线部分都有主语成分，例(21)的主语在"因而"后面，而例(22)的主语则在它的前面。有时候"因而"处于兼语句中的兼语之后。例如：

(23) ……但章子怡的演艺实力也不负大导演的青睐，《卧虎藏龙》里她的戏份最吃重、最亮眼，也让<u>国际媒体</u>因而注意到中国女星"后继有人"啦。(ZJWZ438)

例(23)中的划线部分是兼语，"因而"实际上也可以移到"也让"的前面。这种用法很罕见，只有一例。在有主语成分的句子中，"因而"处于主语前的为多数，在我们的语料中有126例，约占总数的85%。

虽然"因而"的句子中后面分句有主语成分出现的只有近一半，但是在没有主语成分出现的句子中，后面分句的主语常常可以理解为省略了，因为一般都可以从前面的分句中找到这个省略的主语。例如：

（24）据称,用犀牛角做成酒杯,如果有毒药掺入酒中,<u>犀牛角杯</u>中就会泛起异样的泡沫,因而成为皇朝权贵的护身之物。(ZJWZ385)

（25）<u>我和丈夫</u>都是中年得子,因而格外珍视这个迟到的小生命。(ZJWZ494)

在这两个句子中,我们都可以在前面的分句中找到划线的部分,把它理解为后面分句承前省略的主语。而在"从而"的句子中,这种情况却比较少,前面的例(18)就是如此,再如：

（26）在感光材料行业,<u>美国柯达</u>由于能够提供在30年中累积的全部技术,从而在3年前取得中方承诺,到2001年底以前我国不再批准这个行业新的合资项目,从而使得富士痛失扩大中国市场的最佳机遇。(ZJWZ521)

在这个句子中,前一个"从而"所在的分句可以理解为省略了主语"美国柯达",而后一个分句的主语就很难说是哪一个词语了,应该理解为前面分句所表示的事件。这种句法结构上的不同表现反映了两者在语义表达功能上的差异。

3 "从而"与"因而"的语义

3.1 在以往的研究中,使用"从而"的句子所表达的语义大致涉及因果义、连贯义、目的义。赵新认为"从而"像"因此"、"于是"这样具有"因果连贯"义。这是一种模糊的解释。连贯义应该主要是指在一定的时间序列上先后发生的动作或行为。我们观察真实语料,发现使用"从而"的句子,真正单纯表示这种连贯义的很少,我们只发现了少数几例在表现连贯义上还比较清楚。如：

（27）通过分析梦境可以<u>找到困扰病人的心理内因</u>,从而<u>对症下药</u>。(ZJWZ446)

在上面的这个例句中,划线的部分表示了两个先后出现的动作行为,可以说有连贯的意义。但是,这不是非常典型的连贯意义,而且它也包含因果意义。我们在所有的例句中发现类似例(27)这样的句子大约只有10句①。所以,通过全面观察,我们发现表达连贯义并不是"从而"句的主要语义功能,或者说,是否有连贯义,对这样的句子来说并不重要。有时,这类句子中也有递进意义,但是它也不是这类句子的主要意义。

全面分析"从而"的句子,我们发现这种句子含有表示目的的意义。例如：

（28）就养生而言,我们同样要在日常生活中实现"和",协调各种事物的关系,保持其间的统一平衡,从而<u>达到益寿延年的目的</u>。(ZJWZ520)

---

① 我们说大约,是因为有时候很难判断一个句子是否有连贯意义。

(29) 只有这样,家长才会及时发现孩子成长过程中的心理疾病,如偏执人格、孤独症、抑郁症等,并针对孩子的情况给予积极的健康引导,从而避免孩子出现心理偏差。(ZJWZ446)

(30) 据有关报道称,俄有合并联邦安全局、联邦政府通讯和信息署、联邦保卫局三大机关的设想,从而把保障国家内部安全的职能集中到一个机构手中。(ZJWZ428)

(31) 如果他们在 14 日开始后撤,到 17 日他们就能回到他们的旧防线,从而获得一个突围的好机会。(ZJWZ469)

在以上的例句中,例(28)和例(29)句子中的划线部分是表示目的的形式标志,因此它们明显是目的句。在这样的句子中,"从而"不能替换成"因而"。这一点在以往的研究中,人们已经注意到了(赵新,2003)。除了有明显目的标志的句子外,例(30)和(31)这样的句子没有明确表示目的的形式标志,我们很难说它就是目的句,但是我们却能感觉到"从而"后面的分句有一定的目的意义。问题是我们怎么能从形式上把握它？我们发现,例(30)中前面的分句有"有……的设想",例(31)中前面的分句有"如果……就能……"这些形式标志说明前面的分句的行为或事件尚未完成或尚未有结果,这样,后面分句所表示的动作行为也不可能是完成的,因而它常常表示为目的。在这样的句子中"从而"也不能用"因而"来替换。在我们的真实语料中,不能被"因而"替换的"从而"句子有 72 句,约占总数的 21%,其中有明确目的标志的句子只有 10 句,而其他的句子虽然都可以理解出"目的"义,但是句子的形式却是多样的。不过这些不同的句子有个共同的特点就是,在前面分句中的含有一些表示未完成或未有结果的词语。这些词语主要是:"会、便会、才会、就会、就能、能、可能、可以、但愿、还要、想、要、想要、将、希望、应该、让、使、令、争取"等等。此外,另有一些句子,前面分句中的谓语有一些表示未完成或未有结果的状语。如:

(32) 通过医生循序渐进的诱导,慢慢揭开心结,揭示谜底,缓解压抑的紧张心情,从而"短平快"地诊治心理疾病。(ZJWZ446)

(33) 早在"文化大革命"前,他们就如何对待关梦龄,多次请教战犯管理所和有关部门,从而把他与其他"四类"区别开来,没有给他更多的难堪。(ZJWZ398)

例(32)中的"通过……慢慢……"和例(33)中的"多次"都描述了一种动作和行为的状态。在这样的句子中,"从而"不能替换成"因而"。做这种描述的状语还有:"正、进行、继续、立即、慢慢、竭力、……地、向……、以……、从……、彻底、到处、多次、再次"等等。前面分句的行为或事件未完成,保证了后面分句的动作行为处于未完成状态,所以在这种情况下,"从而"不能用"因而"来替换。但是,有的时候,前面分句的行为或事件已经完成,而"从而"也不能用"因而"替换。如:

(34) 法国政府接受了他的建议,由当时的法国外长舒曼提出了著名的

"舒曼计划",从而迈开欧洲一体化的步伐。(ZJWZ410)
在这个句子中,如果"迈开"后面用"了",那么"从而"就可以用"因而"替换。

在"从而"的例句中有276句可以用"因而"来替换,约占总数的79%。这些可以被替换的句子虽然都可以理解为有因果义,但是它们主要的意思是前面分句表示的行为或事件导致后面分句表示的动作行为发生。如上面的例(5)、(17)、(18),再如:

(35) 但在动身来苏联前夕,霍瓦尔德与上司吵了一架,从而使他与本部门的关系彻底恶化了。(ZJWZ395)

在这样的句子中,"从而"可以替换成"因而"。在这些可被替换的句子中,后面分句谓语动词用"使"或"使得"的就达46句之多,另外有"引起"、"造成"等表示致使导致意义的词语。在能被替换的276个句子中,后面分句的动作行为常常是完成的或有结果出现的。谓语核心动词后用"了"的句子达到111句,约占总数的40%。值得指出的是,在所有"从而"句的后面分句中,没有一个谓语动词使用了判断动词"是",同时也找不到表示心理活动的动词。这说明后面分句表示的都是动作行为。

3.2 在使用"因而"的句子中,前面分句与后面分句的关系都可以理解为原因与结果的关系。这可从上文所有"因而"的用例中看出。再如:

(36) 停战协定的签订是以和平方式解决朝鲜问题的第一步,因而是有利于远东及世界和平的。(ZJWZ387)

(37) 兄妹们凭自己的学识和能力闯天下,因而可以说我们的人生道路是靠自己走出来的。(ZJWZ465)

(38) 当时,他既没有朋友,语言又不通,所以在8月的某一天,他开着跑车、穿过隧道,花了4小时的时间,到日内瓦一游,因而结识了当时在联合国的汪德官。(ZJWZ383)

在以上这些句子中,前后分句之间都有因果义存在,但是前面两个句子中"因而"不能用"从而"来替换,而后面一个则可以替换。对它们作比较我们可以发现,前面两个句子后面的分句都是评判说明性的,而后一个句子后面的分句是动作行为性的。在上面的分析中我们已经看到,后面的分句具有动作行为意义是"从而"句在语义表达上的特点。这种动作行为又是前面的分句所表示的行为或事件所导致的。所以,在"因而"的句子中,如果分句之间既具有因果意义又具有致使或导致意义的句子都可以用"从而"来替换,否则,虽然有因果意义,但是没有这种致使或导致意义。仅有评判或说明意义的句子则不能用"从而"来替换。我们对此作了粗略统计,能够用"从而"来替换的句子大约有214句,约占总数的63%。在"因而"的句子中,谓语核心成分由"是"充当至少有15例。把前面的分句与后面的分句合起来计算,用了"是"的句子有40例,它们中的"因而"是不能被"从而"替换的。在使用"因而"的句子中,有些句子也同时包含连贯或递进的意义,但是这样的用例极少,也不是主导的语义特征。从以上这些分析,我们可以认为,"因而"句的基本语义特征是表示因果,当它的前后分句包含致使义的时候,"因而"可以用"从而"替换,否则包含评判或说明义的时候就不能替换。

4 结 语

综上所述,我们发现,"从而"比"因而"更少用在句号后面。"因而"有时候可以用逗号与其后面的分句分开,而"从而"几乎不可能。这显示"因而"与其后面的分句结合不是非常紧密,而"因而"的连接范围也会相应宽广一些;"从而"与其后面的分句结合紧密,同时它所辖的语义范围也会相应小一些。在"从而"的句子中,"从而"所在的分句极少有主语形式出现,虽然有时候可以在前面的分句中找到省略的主语形式,但是在很多句子中,"从而"所处的分句很难在前面的分句中找到主语形式,而是需要把前面分句所表达的行为或事件作为后面分句所表示的动作行为的主体。而"因而"的句子中,"因而"所在的分句有近一半的概率会出现主语形式,"因而"较多地位于主语前。在后面分句没有主语的句子里,人们也常可以从前面的分句中找出省略了的主语。

从语义上看,"从而"句的语义主要是表示后面分句的行为事件由前面分句的行为事件导致。如果,导致的行为事件尚未实现,那么这一行为事件就表现为前面分句行为事件的目的,如果这一行为事件实现了,那么就表现为前面分句行为事件的结果。前者不能用"因而"来替换,而后者就可以替换。"因而"句的语义主要是表示原因与结果的关系,如果后面分句是对前面分句所表示的行为事件进行说明或者评判,"因而"就不能用"从而"替换,而如果后面分句表示的是由前面分句的行为事件所导致的行为事件,那么"因而"也可以替换为"从而"。

在"从而"的句子中有79%可被"因而"替换,而在"因而"的句子中有63%可被"从而"替换,两者可以互相换用的情况是大多数。既然如此,它们的区别又在哪儿呢?《现代汉语虚词例释》认为"从而"的作用是引出表示结果的副句,这一点值得注意。通过上面的分析,我们可以设想,虽然两者在表因果时可以互换使用,但是语义的立足点应该是不同的。"从而"是从现有条件展示它将导致或已导致的行为,而"因而"是从得到的结果追溯其产生的原因。

参考文献:

[1] 赵 新."因此、于是、从而"的多角度分析[J].语文研究,2003,(1).
[2] 北京大学中文系 1955、1957 级语言班.现代汉语虚词例释[M].北京:商务印书馆,1982.
[3] 吕叔湘.现代汉语八百词(增订本)[M].北京:商务印书馆,1999.
[4] 张 斌.现代汉语虚词词典[M].北京:商务印书馆,2001.

"一直"与"从来"的对比分析[*]

提　要：本文在大规模语料的基础上，比较分析现代汉语副词"一直"与"从来"在句法特征和语义特征上的差异，同时也说明两者所处句子的句式语义的差异。通过分析，认为"一直"表示持续，而"从来"表示历程；"一直"所处的句子表示对行为在空间的延伸或在时间上延续的描述，"从来"所处的句子表示对行为在一个历程中出现概率的陈述。

关键词：一直，从来，比较，分析

0　引　　言

现代汉语副词"一直"和"从来"一般被归入"表时间"的小类。在以往的研究中，有人把"一直"与"总"、"老"进行比较（关键，2002），也有人把"一直"与"一向"进行比较（邓小宁，2002）。前者对"一直"的解释基本承袭《现代汉语八百词》（吕叔湘，1999）的说法，该文对"总"和"老"不同于"一直"的地方作了较多的分析。后者从语义特征、句法特征两个大的方面多角度地对"一直"和"一向"作了比较分析。从语义上考察了四个方面，从句法上考察了十一个方面。从其在语义上的分析看，主要是为说明"一向"的语义特征。这两项研究对本文都有一定的借鉴作用，但是并不十分直接。

直接对"一直"和"从来"进行比较的见于《现代汉语八百词》（吕叔湘，1999）和《现代汉语虚词词典》（张斌，2001）。前者对这两个词的比较有如下三点说明：

1) 表示从过去持续到现在时，两者可以通用，但"从来"的语气更重。
2) "从来"用于否定句为多，用于肯定句较少，"一直"无此分别。
3) 其他用法两者都不相同。

后者的比较也有三点说明：

a) "一直"可以表示距今较近的时间，如"这几天他一直生病"，不能改用"从来"。
b) "从来"多用于否定句，"一直"常用于肯定句。

---

[*]　本文曾载于《广播电视大学学报》（哲学社会科学版）2005年第1期，原文题目为《"一直"与"从来"的比较分析》。作者：任海波。本次收录，修改了题目，正文也略有修改。

c)"一直"可以表示从过去到将来的情况,如"你必须一直等到明年才能离职",不能改用"从来"。

以上各自的第二点说明基本相同,也是大家都基本认同的。而前者的第一点说法"语气更重",表述非常模糊,对于分辨两者的差异没有什么作用。所以,在后者的比较分析中就没有这么说。而后者的第一点说法我们觉得不妥,如果把上面的这个例句改为"*那几年他从来生病",也不能被接受,这个句子不能用"从来"的原因主要还不是时间词的问题,因为"他从来生病"本来就不能说。"距今较近的时间"这也是一个比较模糊的概念,读者很难把握。在真实语料中,我们发现有这样的例子:

(1) 近来比往常好些,从来不顶嘴。(周立波《暴风骤雨》)

(2) 好像他们结婚两年多来,小日子从来没过得这么滋润。(李国文《李国文小说自选集》)

以上例(1)中的"近来"应该是距今较近的时间吧？例(2)的"两年多来"可以说较近也可以说不近,是很模糊的,这种解释即使正确也很难叫人把握。考察上述两者以及《现代汉语虚词例释》(北京大学中文系 1955、1957 级语言班,1982)对"一直"和"从来"的解释主要是语义上的,但是这些解释由于上述问题的存在使人不得不对"一直"和"从来"的语义再做分析。同时,要说明两者在用法上的不同,需要更多地考察它们在句法上的特点。为此,我们以一千三百多万字的当代小说作为我们的研究语料,从中穷尽性地抽取到了 2377 句包含"一直"的例句、1223 句包含"从来"的例句。我们试图通过对这些例句的统计分析来认清"一直"和"从来"在句法特征和语义特征上的异同。在我们的真实文本语料中,"一直"和"从来"所充当的句法成分总是状语①,所以,这两个词的副词特征表现得十分充分。因此,我们考察这两者的句法特征,不再需要考察它们充当各种句法成分的情况,而主要考察它们与其他词语一起使用的情况。

1 "一直"的句法特征和句式语义

1.1 "一直"的基本表义特点

在以往的研究中,有人认为"一直"的语义之一是"表示动作或状态持续的时

---

① "一直"有时候有如下的用法:
他把双腿一并,胸一挺,脖颈一直:"敬礼!"(冯志《敌后武工队》)
这里的"一直"是一个短语而不是一个词。在我们一千多万字的语料中有 7 例这样的用法。本文把这种短语的"一直"排除在外。

间"(张斌,2001)。其实,"一直"本身并不表示时间,当然它的使用与时间关系密切。"一直"原初的意义是表示方向,因此它首先与空间有联系。例如:

(3) 李日基抱头缩成一团,从山上一直滚到山下,才得以溜走。(陈宇《草地龙虎》)

(4) 这个装置从他家一直通向警察局。(曹桂林《北京人在纽约》)

在这两句中,"从……"表示了方向和处所,"一直"则表示延伸和延续。方向和处所是空间的概念,动作、行为、事件在空间中的延伸必然伴随着在时间过程中的延续。所以,"一直"句的句式语义是表示动作、行为、事件在一定的方向和处所中延伸和延续。在"一直"的句子中,"一直"含有动作、行为、事件在空间中延伸和延续意义的句子有433句,约占总数的18.2%。在这433个句子中,有约97%以上的句子既有延伸义又有延续义,有的句子中,动作、行为在空间的延伸意义和在时间的延续意义同时存在。例如:

(5) 从这个院里一直挖到村外,能进能出,能躲能跑……(李晓明《平原枪声》)

(6) 有一次听说你到了化龙桥,大清早就悄悄地跑出去,从化龙桥街上一直问到河边的每一条船……(林雪《双枪老太婆》)

这里,"挖"的动作从"院里"延伸到"村外",而同时动作也在这个时间过程中延续。"问"的行为从"化龙桥街上"延伸到"河边的每一条船",而同时行为也在这个时间过程中延续。

有的句子中,动作、行为涉及的事物在空间中延伸,而同时动作、行为本身则在这个时间过程中延续。例如:

(7) 水从小姑娘的头一直浇到脚跟,把她过年才穿上的新衣裳湿得透透的。(冯德英《苦菜花》)

(8) 我的目光扫过他的身子,从头开始一直移到他的脚。(苏童《世界两侧》)

这里,"水"在空间延伸,而"浇"的动作则在这个时间过程中延续。"目光"在空间延伸,而"移"的动作则在这个时间过程中延续。

在以上的例句中,表示空间的词语用在"一直"的前面,但它也可以用在"一直"的后面。例如:

(9) 入了庄稼地,一直往西跑,八十里外就是保阳山。(梁斌《红旗谱》)

(10) 他立刻悄悄离开了餐厅……一直从楼梯跑出马路外面。(欧阳山《三家巷》)

在433句中,有大约不到3%的句子,"一直"被直接用在介词前。例如:

(11) 你们瞧,从这山脚下一直到那片树林子,都是咱们农场的庄稼。(欧阳山《苦斗》)

在这里,"一直"仅表示事物在空间的延伸或空间本身的延伸(伸展)。有人认为例(11)中这样的"一直"强调范围(吕叔湘,1999)或表示范围(张斌,2001),其实"一直"本身在这里并不表示范围,它只是表示空间的延伸,范围的意思是由"从……到……"来表示。这里,如果不用"一直",范围的意思仍然存在。在"从……到……"之间插入动词,用在"一直"之后,那么延伸和延续的意义可以同时存在。如:

(12)他带着郭鹏亲自下了车间,从清花间一直看到细纱间,发现生产上有些混乱……(周而复《上海的早晨》)

如果把动词"看"移出,说成"从清花间一直到细纱间,不停地看",意思也没有改变,但是却不够简洁。在真实语料中有这样一个句子:

(13)水面上,同样是这边轻轻一晃,那边微微一动的,只是范围更大了,从六婶门口台阶一直到巷子中心,一直晃动不停。(欧阳山《苦斗》)

这里,第一个"一直"是空间的延伸,而第二个"一直"是在时间中的延续,其实两者也可以合二为一,改说成"从六婶门口台阶一直不停地晃到巷子中心"。由此可见,在空间的延伸和在时间的延续其实是可以合起来的。

1.2 "一直"与"从……到……"的时空义

空间的延伸总在一定的空间范围中,而在时间中的延续也需要有一个时间过程(时间范围),"从……到……"除表示空间范围之外,同样可以表示时间过程。例如:

(14)许多日子从夜晚10点一直写到凌晨5点。(周励《曼哈顿的中国女人》)

(15)在根据地……,唢呐和锣鼓,从夜晚一直吹响到天明。(孙犁《风云初记》)

这里"从……到……"是指明一个动作、行为延续的时间过程。如果不说明空间范围和时间过程的开始点,那么"从……"可以不用。例如:

(16)……前进不得,只好步步退却,一直退到三八线。(周而复《上海的早晨》)

(17)记得那个夜晚……我们相偎在床上一直谈到天亮……(林雪《双枪老太婆》)

在这两个例句中,我们看到空间范围和时间过程是通过动词后面的补语"到……"来表示,在我们的语料中有976句是动词后有补语的,而在其中有514句的补语中用"到"。除了"到"以外,还有"向"(22句)、"往"(1句),此外大多为趋向动词,它们是"上(来)"(11句)、"下(来/去)"(30句)、"来"(7句)、"去"(39句)、"进"(28句)、"回(来)"(6句)、"过(去)"(7句)、"出(来/去)"(26句),另外主要是"在"(131句)、

"于"(7句),剩下的一些是结果补语和表示时间与空间的时量补语。由此,我们也可以看出大多数补语是帮助"一直"表示句中动作、行为、事件在空间的延伸和在时间上的延续。

1.3 "一直"与表时间词语

除了"从……到……"可以表示时间过程外,使用"一直"的句子也可以有其他时间词语表示时间过程。例如:

(18) 战斗猛烈地进行的时候,彭德怀将军一直站在沙家店北面五六里的一个山头上。(杜鹏程《保卫延安》)

(19) 在以后的几十年里,彭士禄一直把这三条作为他做人的准绳。(贾芝《延河儿女》)

(20) 那天夜里下雨,汝平一直没有听见外面的雨声。(苏童《世界两侧》)

以上的每个例句中,都有表示时间的词语(句子中加点的部分),这些词语表明了句子所表示的动作、行为、事件发生的时间过程,这种时间过程可长可短。例(19)的时间过程可以说相对较长,而例(18)、(20)的时间过程应该说相对较短。常用在"一直"句中的时间词语在表示一个时间过程时,有如下一些类型:1.直接用一个表时段词语表示,如:"那一天"、"这些天"、"这些年"、"二十多年"等;2.用不确定时间长度的时间词表示,如:"刚才"、"后来"、"过去"等;3.用时段词语+"来"/"以来"等表示,如:"多年来"、"几天来"、"……以来";4.直接表示一个时间过程,如:"……的时候"、"从……到……"、"在……中";5.以某个开始的时点表示,如:"从此"、"……之后"、"……以后"、"从……"、"在……后"等;6.以某个结束的时点表示,如:"……以前"等。

1.4 "一直"与动态助词"着"

另外有些句子,虽然没有用状语或补语表示空间的延伸和时间的延续,但是在动词后使用了动态助词"着",例如:

(21) 他认为萧的邀请有所企图,所以一直等着萧的实质性话题。(苏童《末代爱情》)

(22) 道静的眼睛一直看着窗户和门外……(杨沫《青春之歌》)

虽然,动词后用"着",已经有动作、行为、状态的延续意义,但是这里用了"一直",增加或凸显了这种延续的意义。这种句子在我们的语料中有283句,其中少数句子中的"着"与表示时间和空间义的词语一起与"一直"配合使用。其余227句中,"着"则独自与"一直"配合使用。

在"一直"的句子中,并不是所有的句子同时使用表示时间和空间意义的词语(作状语或补语)或"着",还有大部分句子(约879句)没有这些词语。例如:

(23)……她一直很沉闷,精神也很压抑……(柳溪《战争启示录》)

(24)我对这些资料一直很重视,锁在保险箱里。(周而复《上海的早晨》)

以上两句,如果没有"一直",行为的延续意义就显示不出来,而用了它,延续的意义就显示出来了。延续是在时间之中的,用了"一直",句中自然少不了时间意义。但是,句中动作、行为、事件究竟延续多长时间,需要在上下文中寻找信息,"一直"本身无法告诉我们。所以,我们不能简单地说"一直"是表示时间的。

2 "从来"的句法特征和句式语义

2.1 "从来"的基本表义特点

在以往的研究中,有的认为"从来""表示从过去持续到现在"(吕叔湘,1999);有的认为它"从过去到现在一直保持某种情况或状态"(北京大学中文系1955、1957级语言班,1982);有的认为它"表示从过去到现在情形一直如此,没有变化"(张斌,2001)。这里虽然用了不同的词,但是意思基本相同。其实,"从来"这个词本身的语义没有以上说得这么复杂。

在"从来"的句子中,时间词语的使用很少,在我们的语料中只有54句。约占总例句数的4.4%,不过这少量的句子却给了我们把握"从来"的词义与其所在句句式语义的一些提示。我们先看如下的句子:

(25)他卖鸡蛋的时候从来不自己动手,而叫老婆拿给顾客看。(张贤亮《张贤亮小说自选集》)

(26)珍珍礼拜六晚上从来不做功课的,不是出去白相,就是在家里休息。(周而复《上海的早晨》)

(27)……多年来,他从来没有注意过自己的腿。(王蒙《王蒙小说精选》)

(28)8年来我从来没有拉起过他的手,我只是在梦里吻他。(周励《曼哈顿的中国女人》)

在以上的例句中,例(25)和(26)的表时间词语分别是"卖鸡蛋的时候"和"礼拜六晚上",句中表示的行为(情况)是"自己动手"和"做功课"。"从来"+"不"表示在一定时间过程中,每当出现上述的时间,这种行为(情况)就不出现。"从来"说明的是一个历程,也就是从以前到现在的时间过程。而例(27)和(28)的表时间词语分别是"多年来"和"8年来",它们都表示了一个具体的历程,"从来"+"没有"说明在由时间词语表示的时间过程中没有出现句中所表示的行为,"从来"在句子中仍然表示一个从以前到说话前的某一个时间的历程。如果例(27)和(28)中的时间词语不用,那么"从来"表示的这个历程的长度就不明确。由此,我们可以看出,例(25)、(26)中的时间词语与例(27)、(28)中的时间词语的作用不同。前者是指明行为产

生或不产生概率的具体时间,而后者是说明考察行为产生或不产生概率的具体历程。这两者有时可以同时出现,例如:

  (29)夏亚宾说:"过去每月从来没有发过全工资。"(周而复《上海的早晨》)

在上面的这个句子中,"过去"说明"从来"所表示的历程离现在较远,而"每月"表示在这个历程中没有概率产生的具体时间。

2.2 "从来"与概率表达

  通过上面的分析,我们可以看出,"从来"这个词本身的语义并不复杂,它仅表示一个历程,也就是说这个时间过程总是在说话以前的,是一个过去的时间过程。在我们的语料中,用动态助词"过"的句子有 557 句,约占总例句数的 45.5%。"过"凸显了它与过去时间联系的紧密性,我们没有找到任何"从来"表示将来时间过程的句子。"从来"的这一语义特点让使用它的句子具备一种句式语义,这种句式语义就是对动作、行为、事件在一个历程中产生的概率进行陈述。在句末使用表示判断的语气词"的",如例(26),它凸显了这种陈述的语义。在我们的语料中有 132 句(约占总例句数的 10.8%)。

  对产生概率的具体时间可以在句子中指明,如上面的例(25)、(26),但是这种句子出现的频率十分低,在我们的语料中仅有 10 句,约占总例句数的 0.8%。其实这符合生活的实际,因为概率的出现绝大多数总是随机的,因此,一般不需说明它出现的具体时间。"从来"说明概率产生的历程,必要的时候可以用时间词语说明这个历程的长度或者它距离说话时间的远近,如上面的例(27)、(28)、(29)。但是这样使用的频率也很低,在我们的语料中仅有 45 句,约占总例句数的 3.7%。大量含"从来"的句子(1168 句)并不在其本句中使用时间词语,例如:

  (30)妇女们低了头,她们从来也没摸过这个玩艺儿。(孙犁《风云初记》)
  (31)他从来也不为个人的得失焦思苦虑。(雪克《战斗的青春》)
  (32)她说,你从来都在怜悯别人,唯独不懂为自己庆幸……(苏童《后宫》)

以上例句中"从来"都表示一个历程,例(30)和(31)表示在这个历程中完全没有产生过"摸过这个玩艺儿"和"为个人的得失焦思苦虑"这种行为的概率。而例(32)则与此相反,不但有概率产生,而且产生的概率达到百分之百。完全没有产生的概率和产生的概率达到百分之百都表现为一种状态的持续,这就是为什么以往的研究都认为"从来"(实际上应该是"从来"句的句式语义)表示"持续"、"保持"、"一直如此"。

  除了以上两种情况,还有一些句子在"从来"之后使用"少"或"很少",例如:
  (33)周明脸上从来少见地微笑着说……(雪克《战斗的青春》)

(34) 这个孩子,从来很少买零食。(孙犁《风云初记》)

在这两个句子中,虽然没有说明概率产生的具体时间,但是,"少"和"很少"说明其后面的词语表示的行为在"从来"表示的这个历程中产生的概率低或很低。这样的句子在我们的语料中有13句。

2.3 "从来"与否定表达

使用"从来"的句子以否定的形式表示概率不存在的占绝对优势,在我们的语料中有1106句,"从来"的后面带有各种不同的否定形式,但是主要是用"不"和"没有"来否定。例如:

(35) 每次她总对我们笑笑,从来不生气。(贾芝主编《延河儿女》)

(36) 他从来看不起宋其文,宋其文那点企业算啥……(周而复《上海的早晨》)

(37) 她从来没看见他这么慷慨激昂、深恶痛绝地说过话。(欧阳山《三家巷》)

(38) 他双手撕扯着那张草席对我说:"我从来没有忘记过灵虹。"(苏童《世界两侧》)

(39) ……同时又感到从来未有的兴奋和满足。(李英儒《野火春风斗古城》)

在我们的语料中,用"不"否定的一共有365句,其中349句的"不"直接用在"从来"之后,有16句的"不"用在动词后面的位置上,如补语等;用"没"或"没有"否定的一共有736句,其中单独用"没"的是314句,比用"没有"的少一点。其余的用"未"等。

在"从来"的句子中否定词的使用频率高达90.4%,这说明对动作、行为、事件在某个历程中的产生概率进行否定是"从来"句句式语义的主要特征。使用否定词语也成为"从来"句的一个主要的完句要素。在引言中我们提到"*那几年他从来生病"不能说,但是如果用了否定词,"那几年他从来不生病"就可以说。在"从来"的句子中有不到9.6%的句子没有使用否定词,它们大都表示行为产生的概率是百分之百,如例(32)。这样的句子,"从来"后面基本上不能只用一个单纯的动词,而是常常用一个复杂的形式。如:

(40) 他说话从来面露笑容,挺能给人留下好感。(李国文《李国文小说自选集》)

(41) 你从来善待下人,怎么今天对一个小婢女大动干戈了?(苏童《后宫》)

复杂的动词形式可以说明动作、行为、事件的具体形式,而这正是概率判断的对象。在否定句中,概率判断说明某种概率不存在,那么简单的动词形式就可以使用。因为既然某种行为的出现概率不存在,那么它的具体表现形式也就不用提了。

在肯定句中,"从来"后可以单独出现一个形容词,如:

(42) 朱延年……慢吞吞地说下去,"我个人办事从来谨慎。"(周而复《上海的早晨》)

这虽然是一个形容词,但是已经说明了行为的具体特点,因此也就可以单独使用,但是这种句子频率极低。

2.4 "从来"与"这么"、"这样"

如上所说,在使用否定的"从来"句中,动作、行为在历程中出现的概率为零。一般来说到、说话时还是没有这种动作、行为或者没有某种程度的动作、行为产生。但是,如果句子中用了"这么"、"这样",那么就明确指明,到说话时,或者到由上下文中明确指明的一个具体时间,动作、行为或者某种程度的动作、行为就产生了。如:

(43) 我从来没有这么高兴过,我找到了我要找的东西。(雪克《战斗的青春》)

(44) 从来没有这样关心过我,最近这样关心,你说怪不怪?(周而复《上海的早晨》)

例(43)句中没有明确的时间词,应该理解为:现在我这么高兴是以前所没有过的。而例(44)句中有明确的时间词"最近",那么"最近"以前是没有"这样关心"的概率产生的。这一点在以往的研究中有人已经注意到(张斌,2001),但是这样的用法在我们的语料中频率较低,分别是6句("这么")和23句("这样"),合计约占总例句数的2.4%。在这种情况下,"从来"还是表示历程,只不过由于"这么"、"这样"的使用,这个历程把现在或者由句中时间词明确指明的时间排除在外了。

3 结　语

通过上面的分析,我们可以看出"一直"与"从来"有较大的差异:

第一,"一直"表示延伸和延续,概括起来,我们也可以说,"一直"的语义是表示持续。"一直"所在句的句式语义是表示动作、行为、事件在空间和时间中的持续,它有很强的描述性;"从来"表示从过去到现在的一个时间过程,也就是历程。"从来"所在句的句式语义是说明动作、行为、事件在一个历程中的出现概率,它有很强的判断性。

第二,"一直"句中会有否定形式出现,共333句(约占总数的14%);而"从来"句中则主要是否定形式,共1106句(约占总数的90.4%),否定形式成为其完句的一种要素。

第三,时间词较多地出现在"一直"句中,共359句(约占总数的15.1%),表达的时间长度可长可短、可远可近,可以是过去也可以是将来;而"从来"句中很少使用时间词,仅有54句(约占总数的4.4%),而且表示的时间一定是过去的。是否可用距今较近的时间,与句中表示的动作行为的概率表现特点有关,不能说"*这几天从来没生病",但是可以说"这几天从来没迟到"。

第四,动态助词"了"、"着"、"过"都可以出现在两种句子中,但是出现频次有差异,"一直"句中较多使用"着"(283句,占总数的11.9%)和"了"(140句,占总数的5.9%),较少使用"过"(28句,占总数的0.3%);而"从来"句中仅有"着"9句(占总数的0.7%)和"了"1句,但是有"过"557句(占总数的45.5%)。这显示了描述性与判断性的差异。

尽管有时候"一直"与"从来"可以在同样的句子中替换使用,如:

(45)算盘声,说话声,一直没有断过。(贾芝《延河儿女》)

可替换成:

(45a)算盘声,说话声,从来没有断过。

但是两者在语义上有所差异,前者可以理解成在一个较短时间内的行为(持续)状态,而后者则可以理解为在一个较长时间内的行为(概率)状态。

我们主张把对词义的解释和对该词所在句子的句式语义的解释分开来。本文所做的工作是其中的一个尝试。

参考文献:

[1] 北京大学中文系1955、1957级语言班.现代汉语虚词例释[M].北京:商务印书馆,1982.

[2] 吕叔湘.现代汉语八百词(增订本)[M].北京:商务印书馆,1999.

[3] 张　斌.现代汉语虚词词典[M].北京:商务印书馆,2001.

[4] 关　键."一直"、"总"、"老"的比较研究[J].汉语学习,2002,(3).

[5] 邓小宁."一直"与"一向"的多角度分析[J].汉语学习,2002,(6).

"逐渐"与"渐渐"的对比分析*

提　要：本文对副词"逐渐"与"渐渐"进行辨析。从用法上看，"逐渐"所处的句子更多地用于陈述，而"渐渐"所处的句子更多地用于描述；从语义上看，两者所处的句子都是表示变化，但是"逐渐"所处的句子表示的变化有间断性，而"渐渐"所处的句子表示的变化有持续性。由于这一语义上的差异，两者所处的句子反映出的变化延续时间的长度有不同的倾向。"逐渐"句倾向于长时间，而"渐渐"句倾向于短时间。

关键词：逐渐，渐渐，用法，语义，比较

1　引　　言

在对新疆学员进行 HSK 辅导时，我们在模拟试题中见到以下有关"逐渐"和"渐渐"的题目。如：

(1) 既没有春天的风吹，也没有夏天的暴晒，秋天是最让人感到舒服的季节。入秋140，气温141下降，湿度明显减小，在142了炎夏的酷暑和湿闷后，运动专家指出，秋天也是锻炼身体的黄金季节……（李研，《HSK中国汉语水平考试仿真预测试卷（初、中等）三》，北京大学出版社，2005年1月）

上面的第141题，可选的答案是：A. 逐步；B. 逐渐；C. 渐渐；D. 缓缓，提供的正确答案是：B. 逐渐。

(2) 北京钢琴厂正在155极申办钢琴演奏考级点，这将极大地方156星海钢琴的广大用户。至此，集买琴、学琴、修琴、考级的"一条龙"服务网络将157渐形成。（梁德慧，《HSK汉语水平考试（初、中等）全真模拟活页题集/模拟完整题》，北京大学出版社，2002年4月）

上面的第157题，要求在"渐"前面写出正确的汉字，提供的正确答案是："逐"。

对以上考题，学员们答对的比例并不高，很多人把应该用"逐渐"的地方用了"渐渐"。当很多人得知标准答案之后，还是不明白自己为什么做错了。为

＊ 本文曾载于《对外汉语研究》总第3期，商务印书馆，2007年10月出版，原文题目为《现代汉语虚词"逐渐"与"渐渐"的比较分析》。作者：任海波。本次收录，修改了题目，正文也略有修改。

此，我们查阅了有关辞书。《现代汉语虚词词典》(张斌，2001)解释："逐渐"有两个义项：1.表示缓慢的变化；2.表示阶段性的变化。而"渐渐"只有"逐渐"的第一项用法。《现代汉语八百词》(吕叔湘，1999)解释：渐渐：表示程度或数量随时间缓慢地增减。用于书面。逐渐：表示缓慢而有秩序地进行。用于书面。《现代汉语虚词例释》(北京大学中文系1955、1957级语言班，1982)解释："渐渐"是"慢慢地"的意思，表示变化的过程是缓慢的、连续的。"逐渐"表示行为或状态的变化、发展是依次缓慢地进行的。并对两者进行了辨析："逐渐"强调动作的变化是依次缓慢进行的，这种变化是一层推一层的。"渐渐"则主要表明变化是缓慢的，一点一点的意思，不表明动作依次变化。我们觉得，在以上几家的解释中，包含了一些可资比较的说法。如"逐渐"表示的变化具有"阶段性"、"一层推一层"；"渐渐"表示连续的。但是怎样在具体的句子中把握这些抽象的说法呢？这是有待研究的。以上有一些过度的解释也不可取，如"渐渐"不表明动作依次变化。好像"渐渐"所在句子表示的变化是紊乱的。《现代汉语虚词讲义》(李晓琪，2005)对"逐渐"和"渐渐"的解释基本采用以上几家有过的说法，但对两者进行辨析时指出："逐渐"侧重在一定基础上出现的慢慢变化；"渐渐"侧重于新产生的、从无到有的变化。这样的解释在实际的句子中很难让人把握，如：

(3) 边亚军稍微回了一下头，发现那两条黑影已经逐渐逼近了。(王山《血色青春之二：天祭》)

(4) 进入20世纪90年代，祖国统一大业进程发展到关键阶段，香港回归的指针正渐渐逼近。(《人民日报》2000年12月6日)

从以上两句中看，我们很难发现所谓的"基础"在这里起什么作用，"从无到有"又怎么理解。

前人的说法虽然有一些合理的因素存在，然而把握起来却并不容易。为了能更好地指导教学，我们认为有必要在大规模语料的基础上对这两个词的实际用法作一个较为深入的考察。我们选取了两种语料，一种是《人民日报》2000年全年的语料，共计24181518个汉字，另一种是来自网上书库的当代小说101本，共计20442473个汉字。在以上这两种语料范围内，我们穷尽性地抽取了含有"逐渐"和"渐渐"的句子，共获得例句2938句，其中包含"逐渐"的例句为1334句，952句来自2000年《人民日报》，382句来自当代小说；其中包含"渐渐"的例句为1604句，235句来自2000年《人民日报》，1369句来自当代小说。

我们对这些例句在以下几个方面进行了标注：1."逐渐"或"渐渐"的句法位置以及与结构助词的结合使用情况；2.句中核心谓词形式；3.句中谓语所表示行为的延续时间。在标注的基础上，我们进行统计分析。

2 "逐渐"与"渐渐"的句法特征

2.1 句法成分

"逐渐"与"渐渐"在句子中基本都是作状语,在我们的近三千个例句中只有一个句子中的"逐渐"是作定语。如:

(5) 而我,会把这一切放在逐渐的遗忘中。(麦子《漂泊的美丽》)

这应该是一种变异的用法,我们没有发现"渐渐"有这样的变异用例。我们似乎可以从中感觉到这两个词用法的不同,但是单凭此一例,我们也很难做出恰当的判断。除此一例以外,在我们搜到的例句中,"逐渐"和"渐渐"两个词在句子中全都作状语。我们重点要考察的是作状语的"逐渐"和"渐渐"的差异。

2.2 句法位置

在1334句"逐渐"的例句中,仅有3句中的"逐渐"是在主语前作状语,占总数的0.2%。例如:

(6) 逐渐地,我的言辞也灵动起来,如夏日午后振动着翅膀在绿树丛中自由穿梭的小鸟。(麦子《漂泊的美丽》)

(7) 哭一声,挪一小步;逐渐地,脚步变结实、稳定。(王山《血色青春之三:天爵》)

与此不同,在1604句"渐渐"的例句中,有166句中的"渐渐"是在主语前作状语,占总数的10.3%。例如:

(8) 渐渐地,白光黯淡下去了,变成了一团乳白色的蠕动的物体,轮廓线条清晰可辨。(王山《血色青春·天祭》)

(9) 渐渐地,他不再出声音,绝望已经彻底包裹住他。他想死!(夏宛《玻璃鱼之恋》)

这种句法位置的差异,显示出"渐渐地"经常能在句首得到强调,而"逐渐地"几乎没有这种得以强调的机会。实际上,在例(6)和(7)中,"逐渐"可以用"渐渐"替换,也许用"渐渐"更好。把状语的位置前移,突出强调状语的语义,可以使句子的描述性特点突出。由此,我们可以看出,"渐渐"的用法更具有描述性特点,而"逐渐"缺少这样的特征,我们可以认为"逐渐"的句子更具有陈述性特点。

2.3 句法形式

"逐渐"与"渐渐"在句中作状语都可以带上"地",但是两者的使用频率差异较大,在1334句"逐渐"的例句中,仅有28句中的"逐渐"带地,仅占总数的2%。如:

(10) 这时他们两人都不说话,心里却在相互滋润中逐渐地产生了共鸣。(秦无衣《罂粟花香》)

(11) 江心洲农民在做足"城市"文章的同时,自己也得到了不断发展,逐渐地富裕起来了。(《人民日报》2000 年 8 月 14 日)

而在 1604 句"渐渐"的例句中,有 382 句中的"渐渐"带"地",占总数的 23.8%。如:

(12) 天色渐渐地暗下来了,满天的彩云已经被越来越浓的夜色覆盖。(李秀青《魂断蒙山》)

(13) 他被这凄婉悠扬的琴声深深地吸引住了,渐渐地淡忘了身心的痛苦。(张雅文《盖世太保枪口下的中国女人》)

"地"是状语的形式标记,不少词语作状语时,可以带"地",也可以不带"地"。如:

(14) 林育华轻轻吹了一声口哨,重新把瞄准镜装进密封袋里,然后把它们塞进双人床垫里。(洪峰《苦界》)

(15) 王老虎持着枪,站在雨地里,轻轻地吹着口哨,像是觉得淋雨是挺痛快的事。(杜鹏程《保卫延安》)

(16) 馆长刚要告诉我,让我慢慢吃,他要把饭拿回去喂他的一个老婆、两个孩子。(白桦《远方有个女儿国》)

(17) 韩太太坐在女儿的床上,手里捏着一只嫩黄的香蕉苹果,熟练地削了皮……才送到自己嘴里,慢慢地吃着,和女儿说话儿。(霍达《穆斯林的葬礼》)

以上例(14)和(15)形成对照;例(16)和(17)也形成对照。例(15)和(17)中,"轻轻"和"慢慢"带"地"之后,核心动词后就有"着"配合使用,可见句子的描述性更强。由此,我们可以进一步认为,"渐渐"更多地被用于描述,而"逐渐"则极少被用于描述,而是较多地被用于陈述。在"逐渐"带"地"的 28 个例句中,"逐渐"基本上可以用"渐渐"替换。如:

(18) 老庞的心逐渐地沉重起来,走得也就缓慢,老庞甚至想停下来,转身离开这条街。(村人《北京时间》)

(19) 也许花花绿绿的钞票有一天会逐渐地从人们的钱包里消失。(《人民日报》2000 年 4 月 19 日)

在这样的句子中,我们如果用"渐渐"来替换"逐渐"也未尝不可,也许更好。

3 "逐渐"与"渐渐"所在句中的谓语特征

3.1 谓语形式及语义

我们对"逐渐"和"渐渐"所在句的谓语形式进行了逐句分析和标注,发现两者

所在句的谓语形式基本以变化动词和述补形式的动词或短语构成,补语成分主要是结果补语、趋向补语和情态补语。如:

(20) 随着彩票市场的不断发展,实物兑奖的弊端逐渐显露。(《人民日报》2000年4月25日)

(21) 虎子脸上的喜悦渐渐消失了,目光怀疑地问:"在哪儿打工一天能挣一千块?"(林海鸥《青春的童话》)

(22) 近年来,导游员队伍逐渐扩大。(《人民日报》2000年9月22日)

(23) 尤二姐渐渐长大了,虽是如同初升的太阳,却隐没着那灿烂的光艳……(老鬼《龙种大酒店》)

(24) 思怡注视着画面,神情逐渐严肃起来。(史晨风《背叛》)

(25) 现场渐渐安静下来,跪着的人都抬头看着市长……(蒋子龙《人气》)

(26) 肖向东眼神逐渐变得热辣辣的,嘴唇贴着她的脸轻轻说:"相比之下,我更在乎你的感觉。"(苗申、纪泓刘《落差》)

(27) 潘小瑜也没找到自己能插手的机会,她由不安渐渐变得不知所措。(苗申、纪泓刘《落差》)

这些谓语形式中,有时候也可以有宾语。如:

(28) 随着赛事逐渐接近最后阶段,比赛的激烈和精彩程度也有所增强。(《人民日报》2000年8月15日)

(29) 尽管手头富裕,但她却渐渐爱上这种精打细算的主妇生活。(夏宛《玻璃鱼之恋》)

看起来,这种句子中的谓语形式多样多变,但是总的来看都是表示变化。在这类句子中,谓语不表示判断,所以谓语形式中一般不会包含判断动词"是"。在我们的实际语料中,只有一个包含"是"的例句:

(30) 渐渐地,李长林的脑海里已经是一片真空了,手中的镰刀也只是机械地摆动着,像是一部打开了开关的机器。(万捷《叩拜黑土地》)

虽然,在例(30)句中谓语中包含了"是",但是它在这里并不表示判断,而是表示变化,在这里完全可以不用"是"。从谓语表示变化这一点上来说,我们看不出"逐渐"与"渐渐"所在的句子有什么差异。

3.2 谓语中核心谓词的异同

我们通过对每个例句中的核心谓词进行人工标注,然后用程序统计"逐渐"与"渐渐"所在句中的核心谓词形式,获取"逐渐"所在句的核心谓词形式562个,获取"渐渐"所在句的核心谓词形式734个。经过比较,发现两者有共同的核心谓词172条:

爱上,安静,暗淡,摆脱,暴露,逼近,变,变成,变得,变化,变为,剥离,产生,超过,撤退,成,成长,成熟,成为,呈现,出现,传遍,传到,打开,淡出,淡化,淡去,淡忘,到,得到,多,发生,发现,发展,放松,浮现,复苏,改变,改善,感到,感觉,感染,感受,高涨,好,好转,缓,缓和,缓慢,患上,恢复,回到,回过神来,加大,加快,加深,减弱,僵硬,接近,接受,揭开,进入,浸润,聚焦,看到,靠近,控制,扩大,拉开,冷静,冷却,离去,理清,凉,了解,隆起,露出,落后,慢,忙碌,蒙上,明白,明朗,明确,明晰,摸索,模糊,膨胀,偏离,平静,平稳,平息,普及,亲近,清晰,清醒,取代,热,融入,散去,丧失,上升,剩下,失去,适应,疏远,熟悉,松弛,淘汰,提升,体会,替代,贴近,停止,投入,退去,蜕化,吞噬,忘记,微弱,围拢,稳定,悟出,习惯,袭上,喜欢,下沉,显出,显得,显露,显示,显现,陷入,消除,消失,消退,兴奋,形成,醒悟,学会,压,淹没,延伸,严肃,衍生,养成,移到,移动,遗忘,意识,引起,赢得,影响,有,远去,长大,增多,增加,增强,展开,占,知道,转变,转凉,转移,壮大,滋生,走出,走近,走进,走上,走向

这些核心谓词形式,在"逐渐"句中,占所有核心谓词形式(562个)的比例是:30.6%;在"渐渐"句中,占所有核心谓词形式(734个)的比例是:23.4%。这是就词形的比例来说,实际上这些相同词形在两者例句中出现的频率比较高,因此就频率来说,在"逐渐"句中的比例是:725/1334=54.3%;在"渐渐"句中的比例是:772/1604=48.1%。因此,在实际使用中,"逐渐"句与"渐渐"句中有一半左右的句子,其中的核心谓词可以互相替换使用。

以下的例句中"逐渐"与"渐渐"完全可以自由替换:

(31) 后来,女儿渐渐长大了,她再把女儿带在身边不方便了……(沈家和《孽生缘》)

(32) 翠儿逐渐长大,对肖剑南也是越来越依恋,他明白翠儿的心意,只好假作不知,一方面积极为翠儿寻找婆家。(景旭枫《天眼》)

(33) 随着时间的推移,祖父去世的阴影逐渐在我心头淡去,生活又渐渐恢复了以往的样子。(景旭枫《天眼》)

(34) 经过医生检查、用药以后,刘小男的高烧退去并逐渐恢复了神志。(许华忠《苦渡》)

例(31)中的"女儿长大"与例(32)中的"翠儿长大"语义上十分相似,而一个用了"渐渐",另一个用了"逐渐",如果把它们换一下用,没有任何问题。例(33)与(34)虽然没有像例(31)与(32)那么相近语义相似性,但是也非常接近。而其中的"渐渐"与"逐渐"互换也没有任何问题。

由此看来,单凭谓语中的核心谓词词形,要让学生清楚地区分"逐渐"与"渐渐"的差异并恰当使用,那是非常难的。为此,我们需要做进一步的考察。如前所述,"逐渐"与"渐渐"所在句中的谓语的语义都是表示变化,事物和行为的变化总要在一定的时间里进行,那么两者所在句子的谓语所表示的行为延续时间的长短是否

有差异呢？以下我们对此进行考察。

4 "逐渐"与"渐渐"所在句中谓语所表示行为延续时间的差异

4.1 两种句子表示变化的时间长度估算方法

我们观察了所有的例句，"逐渐"和"渐渐"所在的句子，其谓语部分所表示的变化基本上都可以在时间长度上做出一个估算。其中有一部分句子，句中本身就有指明事物和行为变化的时间范围。如：

(35) <u>近 10 年来</u>，旅游逐渐成为国内大众的基本需求之一，成为社会各阶层的消费热点之一。(《人民日报》2000 年 11 月 17 日)

(36) <u>这两天</u>，钱国庆渐渐适应了首长家里的生活。(乔萨《雪域情殇》)

在例(35)中，句首"近 10 年来"指明了"逐渐"变化的延续时间是将近 10 年而不到 10 年的时间；例(36)中，句首"这两天"指明了"渐渐"变化的延续时间是两天。据此，我们可以对这样的句子给出一个事物和行为变化的延续时间值。当然，大部分句子中并没有这样的时间词语来指明变化的延续时间，如：

(37) 随着生态环境逐渐改善，野生动物和鸟类已在当地出现。(《人民日报》2000 年 5 月 15 日)

(38) 大家纷纷积极响应，搂肩搭背地走进舞池，开始随着渐渐变快的音乐节奏扭动身体。(晨子《一见钟情》)

在例(37)和(38)中没有任何指明时间延续长度的词语，但是我们可以根据句子所表示的事件和常识来估算句子所表示的事物和行为变化的时间延续长度。例(37)所说的"生态环境变化"要得到改善不可能在几个月内实现，少说也要几年甚至十几年。据此，我们可以给定一个大致的估算值。例(38)所说"变快的音乐节奏"是在舞厅里，而根据常识，每个曲子的变化也就是五分钟到十分钟，不同类型曲子变换的时间，一般也就在半小时左右，因此，这种变化也就是在数分钟到数十分钟的范围内。据此，我们也可以给定一个估算值。

根据这样的原则，我们把估算的时间长度分为若干等级，并给予不同的值。见表一：

表一 时间长度等级与标记值

时间长度	数分钟	分钟/时	数小时	小时/天	数天	天/星期	数星期	星期/月	数月	月/年	数年	数十年	≥数百年
标记值	1	2	3	4	5	6	7	8	9	10	11	12	13

表一中,时间长度的等级是一个大概的值,并不要求准确,因为实际的句子中时间长度也不是确切的,而通常是一个大概的值。表一中的"数分钟"包括了以秒计算的时间长度,而"≥数百年"(大于等于数百年)则包括了数百年以上的数千年、数万年等。这种超长的时间长度,在实际的例句中并不是太多,所以我们就不去细分了。在对例句进行逐个标注时,我们遇到个别特殊的例子,如:

(39)从西门往东大约有半里路长短,地势逐渐隆起,是一片略斜的石板平场,这里不再修房盖屋,空荡荡一片开阔。(王一豪《瞵阳崮祭》)

(40)流水自出雁子坪附近的山谷后,河面渐渐宽阔,水势也缓和下来,他们终于在一处石砾滩上了岸。(皓岚《凝心妙算》)

例(39)和(40)中"地势逐渐隆起"和"河面渐渐宽阔"好像一下子很难确定"逐渐"变化和"渐渐"变化的时间长度,因为这里的"逐渐"变化和"渐渐"变化好像只是指空间的变化。但是,我们从整个句子来考虑,就可以知道例(39)的地势变化和例(40)中河面变化虽然是在空间中展开,但是这是人在对它的观察中感知到的,而这种观察是有时间长度可以估算的。这样的句子在"逐渐"的例句中有三个,而在"渐渐"的例句中有两个,十分少见。

4.2 两种句子表示变化的平均时间长度值

我们对所有例句进行了时间长度的估算和标注以后,把每个句子中的时间值相加,然后除以总例句数,这样就获得了一个平均时间长度。除了对"逐渐"与"渐渐"所在例句分别进行统计之外,我们还考虑"逐渐"与"渐渐"所在句中部分核心谓词可以通用的情况,对两者所在例句也进行分类统计,得到表二。

表二 "逐渐"与"渐渐"所在句的事物或行为变化时间长度估算表

例句类型 平均时间值	所有例句	含通用核心谓词例句	不含通用核心谓词例句
"逐渐"句	8.7374	8.7141	8.7796
"渐渐"句	3.6007	4.3268	2.9314

从表二显示的数据我们可以看出,"逐渐"所在句子与"渐渐"所在句子表示变化的时间长度平均值是有较大差异的,这反映了两类句子表示变化的时间长度是有不同的倾向的。"渐渐"句的变化时间要明显短于"逐渐"句的变化时间,虽然就某一个句子来说,"逐渐"句中变化的时间可以很短,而"渐渐"句中变化的时间可以很长,如:

(41)医生把长长的针管刺进周怡的静脉,周怡的目光逐渐变得木讷、顺从了。(周煜《花非花》)

(42) 在这 100 年间,白药的名声从遥远的边地云南渐渐传遍全中国,可以说,这一个世纪里,白药对中国人的健康作出了巨大贡献。(《人民日报》2000 年 1 月 27 日)

例(41)句中变化的时间是在针管刺进静脉之后,时间很短;而例(42)句中变化的时间是 100 年。可是,前者用了"逐渐",而后者用了"渐渐"。

尽管如此,从表二中的平均时间值看,两者的变化时间长度的倾向差异是客观存在的。"逐渐"句的平均时间值是 8.7374,也就是说,该类句子典型的变化时间长度是数星期到一年的范围;而"渐渐"句的平均时间值是 3.6007,也就是说,该类句子典型的变化时间长度是数分钟到一天的范围。

4.3 平均时间长度值反映出的两者差异

平均时间长度值的差异只是一种倾向,实际上这种倾向只是一种表象,但是透过表象我们可以把握两者的本质差异。两者的本质差异应该不在于时间的长度,而是在于表示变化的方式。"逐渐"句倾向于时间长,这说明其所在句的变化有间断的特点,而"渐渐"句倾向于时间短,这说明其所在句的变化有持续的特点。变化的反复间断需要有足够的时间,如果时间过短,间断性就无法表现出来。而持续的变化,一般都可以在较短的时间内完成,在很长的时间里也可以有持续变化,但是一般的事物和行为的持续变化不可能在一个很长的时间范围里,所以"渐渐"句变化的时间延续长度通常是很短的。由此可知,在什么样的句子中用"逐渐"还是"渐渐",是事物和行为变化性质与时间交互作用的结果。

在有些"渐渐"的句子中,用"逐渐"显然不太合适。如:

(43) 一缕阳光照射到宫天泽脸上,他眼皮动了动,渐渐醒了。(苗申、纪泓刘《落差》)

(44) 丽莎在她的足三里和涌泉穴再扎了几针,翠西的脸色就渐渐地泛出血色,不再丑陋地大张其嘴喘气了。(黎珍宇《走出婚嫁》)

在这里,变化是持续的,也是在短时间里进行的。所以,如果用"逐渐",在语义的表达上就不太合适。对有些事物和行为的变化如果既可以理解为有间断性也可以理解为有持续性,那么用哪个词就看表达者主观上的侧重了。像上面例(31)到(34)的句子中"逐渐"与"渐渐"的互换就是这个道理。

在有些"逐渐"的句子中,用"渐渐"也显然不太合适。如:

(45) 刘老根在用人的问题上是很清醒的,他知道要想成大事就得用高人,所以他老早就让韩冰在省城物色大学生,他想逐渐给峡谷山庄换血。(薛立业、万捷《刘老根》)

(46) 陈锦华指出,"西电东送",西部要把握好市场需求总量,东部要逐渐减少火电厂,东西部都要加快电力体制改革。(《人民日报》2000 年 3 月 11 日)

在这里,句中的行为带有很强的主观意图,谓语中的"想"和"要"表现了这一个特点。带有强烈主观意图的行为,通常有一定的实施步骤,间断性是其常伴随的特点。因此,在这里,用"渐渐"来替换"逐渐"就不太合适。不过,这样的句子在"逐渐"的例句中仅有这两例,而在"渐渐"的例句中就根本没有。为什么"逐渐"有此用例而其出现的概率却又那么小呢?《现代汉语八百词》在比较"逐渐"与"逐步"时指出:"自然而然的变化一般用'逐渐',有意识而又有步骤的变化用'逐步'。""逐渐"的这种用法可能也只是新出现的。

5 结　　语

根据以上的考察,我们看到,在字数大致相当的两种具有不同语体风格的语料中,我们获得两类例句的数量是明显不同的。在《人民日报》中,"逐渐"的例句约占"逐渐"总例句数的71%,而"渐渐"的例句约占"渐渐"总例句数的15%;在当代小说中,"逐渐"的例句约占"逐渐"总例句数的29%,而"渐渐"的例句约占"渐渐"总例句数的85%。《人民日报》是以大量的新闻报道为主,因此大量使用陈述性句子是其主要的特点,而当代小说需要描写和叙事,因此大量使用描写性句子是其主要的特点。在《人民日报》中,"逐渐"的句子占绝大多数,而在当代小说中,"渐渐"的句子占绝大多数。在2.2中我们知道,"逐渐地"用在句首的概率是0.2%,"渐渐地"用在句首的概率是10.3%;在2.3中我们知道,"逐渐"+"地"的概率是2%,而"渐渐"+"地"的概率是23.8%。因此,我们可以这么认为,"逐渐"句重在陈述,而"渐渐"句重在描述。

考察了两个词所处句子的谓语特征,我们发现两类句子的谓语结构形式基本相同,表义也基本相同,都是表示变化的。我们还列出了它们互相通用的核心谓词,占各自所用核心谓词形式的30.6%和23.4%,而且这些通用的核心谓词使用频率较高。所以,在"逐渐"句和"渐渐"句中有一半左右的句子是使用这些通用核心谓词的,要区分它们并不容易。

"逐渐"句和"渐渐"句表示变化的延续时间有各自不同的倾向。但是,就某个具体的句子来说,并没有单纯的时间长度限制,当时间长度与某种事物和行为的变化特征结合之后,两者的选择才有一定的限制。"逐渐"句表示的变化可以有间断性,没有足够长的时间不足以表示这一语义特点,因此变化的时间倾向于长;而"渐渐"句表示的变化有持续性,太长的时间,变化就较难持续,因此变化的时间倾向于短。

两者的差异主要是在语义上,两类句子语义上细微的差别主要体现在这两个词上。当这两个词缺失的情况下,句子的其他成分并不能很好地向人们提示句子表示的变化方式是哪一种。因此,在 HSK 的初中等考试中,让考生来对这两个词进行选择,难度太大了。这样的考题在效度和信度方面都不高。

参考文献:

[1] 北京大学中文系 1955、1957 级语言班. 现代汉语虚词例释[M]. 北京:商务印书馆,1982.

[2] 吕叔湘. 现代汉语八百词(增订本)[M]. 北京:商务印书馆,1999.

[3] 张　斌. 现代汉语虚词词典[M]. 北京:商务印书馆,2001.

[4] 李晓琪. 现代汉语虚词讲义[M]. 北京:北京大学出版社,2001.

"轻易"与"容易"、"随便"的对比研究*

提　要：本文研究现代汉语中"轻易"及与其相关的词"容易"和"随便"的句法和语义关系。"轻易"常常会被误认为是副词,那是因为它除了可以在句子中作诸多的句法成分之外,还以极高的频率在句子中充当状语。"容易"和"随便"虽然都是形容词,但是在句子中充当状语也都是它们主要的语法功能。因此,在状语位置上混用这三个词语成为语言学习中的一个实际问题。本文在大规模语料的基础上,通过对这三个词所处句子的各自句法特征的分析和它们之间的相互比较分析,来把握这三个词所处句子的基本语义表达功能。"轻易"作状语的句子有三种基本的语义表达功能：1. 表述主观态度；2. 表现客观状态；3. 融合前面两种。"容易"句的语义表达功能主要跟"轻易"句的第二种语义表达功能相联系,"随便"句的语义表达功能主要跟"轻易"句的第一种语义表达功能相联系。在"轻易"句中,第一种语义表达功能占绝对的优势,因此,"轻易"与"随便"的互换显得相对容易,而"轻易"与"容易"的互换显得相对困难。在语义表达功能一致的前提下,词语的互换还受到句法条件的制约。

关键词：轻易,容易,随便,比较研究

1　引　　言

现代汉语"轻易"一词被列在 HSK 词汇等级大纲的丙级词汇中,词性标注为形容词。把汉语作为外语学习的学生,进入中级阶段就会学到这个词。在初步接触这个词的时候,学生们常常不能正确地理解和使用这个词。课堂上,学生会问教师这个词是什么意思,教师通常会根据《现代汉语八百词》(吕叔湘,1999)的解释简单地说,这个词是"容易"或"随便"的意思。于是学生在用这个词进行造句练习时,常常会造出以下这样的句子：

(1) 来上海以后,我们常常吃油腻的菜,轻易变胖。
(2) 出去旅游的时候,如果吃得不小心,轻易拉肚子。
(3) 昨天我跟朋友去逛商店,轻易看了看,没有买东西。
(4) 我来上海后,看到有些人轻易吐痰。我不明白他们。

---

*　本文曾载于韩国中国言语学会主编《中国言语研究》第 24 辑,2007 年 6 月 30 日出刊,原文题目为《现代汉语形容词"轻易"与"容易"、"随便"的比较研究》。作者：任海波。本次收录,修改了题目。

对于以上的例(1)和(2),我在批改作业时,会把其中的"轻易"换成"容易",因为觉得这样才比较顺,对于以上例(3)和(4)中的"轻易",我会把它换成"随便",也觉得这样才比较顺。但是,学生们接着会问,为什么这里用"轻易"不好?不是"轻易"有"容易"或"随便"的意思吗?接下来的回答就比较难,人们通常会说习惯上如此。可是对于"习惯如此"的回答,学生们是不会感到满足的。做教师的心里也明白,这样的回答并不能真正解决问题,于是,有的教师就干脆什么也不解释,多给学生一些例句,如:

(5) 奥斯卡奖正如爱本身,没有人能轻易得到它。(《作家文摘报》1993年5月7日)

(6) 在印度,目前电子商务主要限于企业对企业之间的交易,这是因为买方与卖方之间相互了解,彼此信任,而在企业与顾客之间就不存在这种信任,原因在于没有相关立法,顾客不敢轻易信任网上企业。(《人民日报》2001年2月7日)

(7) 革命每一次的胜利都不是轻易得来的,经过无数次的斗争,失败;再斗争,失败,又继续斗争,最后取得胜利。(周而复《上海的早晨》(下))

(8) 老洪是个刚强如铁的人,不轻易流露自己悲痛的感情。(知侠《铁道游击队》)

以上这些例句给了学生们学习"轻易"的具体语境,但是学生还是不太明白,此处为什么要用"轻易"而不用别的词。虽然以上例(5)和(6)中的"轻易"不能用"容易"来替换,但是好像用"随便"替换也可以。可是,为什么可以说"随便"的地方用"轻易"来说就不行呢?例(7)和(8),好像用"容易"和"随便"都可以,但是好像都不怎么好。那么,"轻易"与"容易"和"随便"之间有什么样的关系呢?看来不做深入的分析,要说清它们之间的差异也不容易。

为了更好地辨析"轻易"与"容易"和"随便",我们从真实文本语料中提取例句来进行对比分析。由于"轻易"这个词在真实文本中的出现频率较低,我们使用了三种语料:1. 当代小说选(45本,13740383汉字);2. 人民日报 2001年(全年24172156汉字);3. 作家文摘报 1992—1997年(共260期,13084731汉字)。合计字数为50997270汉字,获取的例句数为:531句。"容易"和"随便"在HSK词汇等级大纲中分别属于甲级词和乙级词,在真实文本语料中出现的频率相对较高,我们对此就只使用了第一种语料。获取的例句数分别是:1640句和497句。在此基础上我们对例句进行了标注分析,借此来说明"轻易"与其他两个词的关系。

2　句法特征分析

2.1　"轻易"的句法特征

2.1.1　"轻易"的句法功能与词性

我们说"轻易"是形容词,也许有人会感到诧异,因为它在句子中几乎都是作状语,怎么会是形容词?《现代汉语虚词例释》(北京大学中文系1955、1957级语言班,1982)在对它做解释的时候就把它标注为"副词",不少人也常常会自然而然地认为它是副词。确实,"轻易"常见的句法功能是在句子中充当状语,例如:

(9) 然而没过多久,她却轻易地抛弃了自己历经奋斗方打开的局面,放弃了……嫁给了生活在遥远非洲的埃及人阿吉斯。(《作家文摘报》1996年1月5日)

(10) 这位读过很多也写过一些诗的朋友不轻易流泪。(《作家文摘报》1996年10月18日)

(11) 那时知青们普遍都很节俭,轻易不扔一双鞋一件衣服,何况是棉衣。(梁晓声《梁晓声作品自选集》)

在以上的三个例句中,"轻易"充当状语或者状语的中心语,这样的例句在我们的语料中有517句,约占总例句数的97.4%。然而,"轻易"还具有一般副词所不具有的功能,它能作谓语中心语,如:

(12) 明生,你喜欢迎春花,它开可不轻易。寒冬冰雪迎春它不死,春天一到它先开。(冯德英《迎春花》)

(13) 从惠安县和小岞镇对这一事件的处理来看,村民自治并没有被列入到严格考核之列,否则在处理这样的事件时,就不会如此轻易和草率了……(《人民日报》2001年7月25日)

在以上的两个例句中,"轻易"独自充当或者和别的词组成联合短语充当谓语中心语。"轻易"还可以充当补语,例如:

(14) 虽然失夫了的,不免惋惜,可终究来得轻易,所以也就不那么后悔。(李国文《李国文小说自选集》)

(15) 他觉得连长这个人真是一个农民干部,简单、爽快,的确像块硬邦邦的石头。任何严重复杂的事情一碰到他,就变得很轻易、很单纯。(吴强《红日》)

在例(14)和(15)中,"轻易"单独或者与别的词语组合构成补语。"轻易"也可以作宾语,例如:

(16) 你也用不着怎样为难,我自知这种事对一个有夫之妇实不算轻易。(《作家文摘报》1997年1月17日)

(17) 蓝毛多少有些担心,他问:"范主任,这样干,是不是太轻易啦?"(李英儒《野火春风斗古城》)

在以上的例句中,"轻易"作判断动词的宾语或宾语中心语。"轻易"还能作定语,例如:

(18) 他们下决心把这故事公之于众,对他们不是一件轻易的事。(《作家文摘报》1995年3月24日)

(19) 我们每个人都希望和呼吁生活在法制的天空下,每一个有这样想法的人都会为这种轻易的违法行为而感失望,甚至生出冷汗的!(《人民日报》2001年10月17日)

在以上的例句中,"轻易"都充当定语。由此我们可以看到,"轻易"的句法功能是多样的,充当状语、谓语、补语、判断动词的宾语和定语,这些都是形容词的句法功能。此外,我们知道形容词有个典型的句法功能就是能够受程度副词"很"等的修饰,"轻易"也同样可以。以上的例(15)和(17)就是如此。再如:

(20) 那实在是一次错误观念指导下的失败的婚姻,所以她很轻易地便抛弃了它。(《作家文摘报》1993年5月14日)

因此忽略"轻易"的这些用法,而认为它是副词,显然是不合适的。《现代汉语八百词》(吕叔湘,1999)和《汉语水平词汇与汉字等级大纲》(国家汉语水平考试委员会,2001)把它标注为形容词,是比较合适的。

虽然我们可以看到"轻易"的这些句法功能,但是它在真实文本中的出现频率是非常低的,以上这四种句法表现的例句加起来一共才只有14句,约占"轻易"总例句数(531句)的2.6%。正是因为它们出现的频度是如此之低,所以常常容易被人忽略。

2.1.2 "轻易"句中的否定词语及其位置

"轻易"在句中常常与否定词语用在一起,否定词语主要是"不"(如上面的例(10)和(11))和"不"加其他词的组合:

不便、不大、不得、不该、不敢、不好、不会、不可、不可能、不可以、不肯、不能、不是、不想、不许、不要、不宜、不应、不应该、不愿、不愿意……

例如:

(21) 要让守信者因守信而获得回报,让失信者因失信受到重创,不敢轻易以身试法。(《人民日报》2001年3月8日)

(22) 兰珍这孩子办事倒有分寸,不会轻易听信别人的话。你晓得,这孩子生性好强。(周而复《上海的早晨》(下))

(23) 其后20多年,丁大生因怕儿子会受委屈,再也不肯轻易接纳别的女人。(《作家文摘报》1996年4月12日)

(24) 不能轻易放她走,记下她是哪所大学的。一定要向她的学校反映这件事!(梁晓声《梁晓声作品自选集》)

(25) 这个时代是一个可以造就富人的时代。一不留神碰着个机会,也不要轻易放弃。毕竟,正当致富是每个人的心有所想。(《作家文摘报》1996年11月1日)

有时候也用否定词"没有"。例如:

(26) 对于这么一个严厉的问题,胡杏并没有轻易回答。她一句话不说,

夹起那本识字课本,缓缓地往家里走。(欧阳山《苦斗》)

以上这些例句中的否定词语也可以出现在"轻易"后面,例如:

(27) 他走进群众中去,发现许多群众轻易不敢打官司。(《人民日报》2001年4月11日)

(28) 孙柔嘉在订婚以前,常来看鸿渐;订了婚,只有鸿渐去看她,她轻易不肯来。(钱锺书《围城》)

在我们的语料中,以"不"和"不"与其他词语的组合为否定形式的例句一共有383句,约占总例句数的72.1%,其中,否定词语在"轻易"前出现的是320句,约占这类有否定形式句子的84%。由此可见,"轻易"句中否定词语以出现在"轻易"前面为主。

在我们的语料中,以"没有"为否定形式的例句一共有9句,约占总例句数的1.7%。另外剩下的25%多一点的句子中,"轻易"不受否定词语的修饰。

不过,其中又有不少句子,"轻易"前的词语是能愿动词或者是疑问词,或者是两者的相加,如:

会、哪会、哪能、能、能够、岂敢、岂肯、岂能、谁敢、谁会、谁肯、焉能、怎会、怎肯、怎么、怎么会、怎么能、怎能……

使用以上这些词语的句子实际上是反问句,它虽然是肯定的形式,但是传达的是否定的意思。例如:

(29) 苏小姐当然以为看中自己的人,哪能轻易赏识旁边的女人?(钱锺书《围城》)

(30) 我是他们家族的一分子,我怎么会轻易地离开?(《作家文摘报》1995年8月18日)

这样的例句在我们的语料中有41个,约占总数的7.7%。由此我们可以知道,在使用"轻易"的句子中,其中81%以上的句子,"轻易"被用于否定意味中。另有不到19%的句子,其中的"轻易"以肯定的形式出现。因此,"轻易"的使用给人的印象是常与否定形式相联系。

虽然"轻易"与否定形式的联系如此紧密,但是"轻易"的否定形式常常是"不"加其他词的组合形式,否定副词"不"单独与"轻易"一起出现的频率并不是很高,在我们的语料中一共只有122句,约占总例句数的23%。例如上面的例(10)、(11)、(12),再如:

(31) 辛劳是一个很有个性的人,他不轻易放弃自己的看法和主张。(《作家文摘报》1997年5月2日)

(32) 姐姐这个人,她轻易不答应别人的事的,要是答应了,她一定要千方百计地办到。(周而复《上海的早晨》(下))

(33) 大学校长分文科出身和理科出身两类。文科出身的人轻易做不到

这位子,做到了也不以为荣……(钱锺书《围城》)

这里的"不"都是单独与"轻易"一起出现,在例(31)中,"不"在"轻易"前,在例(32)中,"不"在"轻易"后,在例(33)中,"不"在"轻易"后的述补结构中。在我们的语料中它们出现的例句数分别是 82 句、33 句和 7 句。由此可见,单独的"不"用在"轻易"前的频率要大大高于其他位置。

2.2 "容易"的句法特征

"容易"是典型的形容词,它在句子中可以直接或者间接充当谓语、定语、补语、判断动词的宾语、状语。例如:

(34)"要我出钱容易,要我去说这桩事儿却难。家父的脾气,你们不是不知道的。"(欧阳山《三家巷》)

(35)目前要维持几百户工人的生活,不是容易的事情。(罗广斌等《红岩》)

(36)我隐隐地为金桥的胜利担忧,一般说来胜利假如来得这么容易,它就值得怀疑……(苏童《末代爱情》)

(37)迈出这一步是容易的,但为这一步所付出的代价,将是异常沉重的。(李国文《李国文小说自选集》)

(38)老洪说小滑子是个会耍嘴、怕事、胆怯的小买卖人,留下容易坏事。(知侠《铁道游击队》)

在以上的句子中,"容易"分别充当谓语、定语、补语、判断动词的宾语、状语。在我们的语料中,这些句子的数量分别是:473 句、51 句、22 句、105 句、989 句。分别约占总例句数(1640 句)的 28.8%、3.1%、1.3%、6.4%、60.3%。从这些数据我们可以看出,虽然形容词"容易"不像"轻易"那样有这么高的作状语的频率,但是,它在句子中作状语也成了主要的功能。因为有一大半的句子,"容易"在其中作状语的。

不过,需要注意的是,在"容易"作状语的句子中,"容易"常常受"好不"或者"好"的修饰。例如:

(39)这才一心一意要回老家,千里迢迢,好不容易赶回来,想不到志和又要走。(梁斌《红旗谱》)

(40)她好容易找着村口,进了静悄无人的村子,又不知校长是谁,家在哪儿。(杨沫《青春之歌》)

这样的句子在我们的语料里有 376 句,其中"好不容易"103 句,"好容易"273 句。这类句子约占"容易"作状语的句子的 38%。它使"容易"的状语功能充分显现。对"好不"和"好"修饰"容易",前人(吕叔湘,1999)曾经做过解释,认为:"好容易"和"好不容易"意思相同,都表示很不容易。修饰动词的时候,两种说法都行。

在考察"轻易"的句子时,我们没有发现"轻易"受"好不"或者"好"修饰的现象。"好不容易"与"好容易"之间的关系与本文所要分析的问题无关,所以,下面我们不将对此做特别的关注。

除了"好不"和"好"之外,"容易"作状语的时候还可以受以下词语的修饰:

比较、不、不大、不太、不再、多不、多么、非常、更、很、很不、极、极不、可不、那么、那样、十分、太、特别、这样、真、真太、最……

2.3 "随便"的句法特征

"随便"是个形容词,但是却可以像动词一样使用,例如:

(41) 你就让他去,随便他愿意怎么样就怎么样,那就对了。(欧阳山《苦斗》)

(42) 当有人问她的姓名,她只说一句:"随便你叫什么都可以。"(曲波《林海雪原》)

在这里,"随便"可以替换为"任"或者"任由"。"随便"其实已经被用为动词。不过,这样的句子在我们的语料中出现的频率不是很高,一共只有 15 句,约占总例句数的 3%。

"随便"可以作补语和定语,例如:

(43) 按照他的风格,一开始也还是讲得很随便:"前面就是夜郎国了。这是当年李白流放的地方。"(魏巍《地球的红飘带》)

(44) 别人提起……都是怀着虔诚的心情,低声说出嘴来的,没见过像他这么随便的态度。(欧阳山《苦斗》)

在以上的例句中,"随便"分别作补语中心语和定语中心语。这样的句子极少,在我们的语料中,前者有 3 例,后者只有 1 例。另外,"随便"有一种用法,看似是定语,但却不是一般的定语,比较特殊。例如:

(45) 青年人再没有那种随便什么事就会使他们冲动的情形了,也很少见那一提起国破家亡就流眼泪的人了。(贾芝主编《延河儿女》)

(46) 要聚餐那还不容易吗,随便哪位朋友请客,我一定到。(周而复《上海的早晨》(上))

在这里,"随便"不同于一般的定语,它和疑问词用在一起,可以理解为"任何"的意思。在这个位置上,"随便"也可以用"不管"来替换,它的形容词词性似乎已经失去。这样的用例在我们的语料中一共有 13 个,约占总例句数的 2.6%。

这些都是"随便"不多见的句法功能,"随便"较为多见的句法功能是作谓语中心语。例如:

(47) 杨子荣一看来了酒,内心完全轻松下来,这证明匪徒的进门槛子已经结束了,往下便可以随便些。(曲波《林海雪原》)

(48) 看样子他很随便,连瞄都没瞄,手起枪响。大家一瞧,右面的鸡蛋也被打穿了。(冯德英《苦菜花》)

在这两例中,"随便"都是作谓语中心语,这样的句子在我们的语料中有45个,约占总例句数的9%。

"随便"最常见的句法功能还是作状语,例如:

(49) 我们是被管制的,出入要报告,到远处去要请假。现在不比从前,不能随便走动了。(周而复《上海的早晨》(上))

(50) 江华随便地看了道静一眼,似笑非笑地点点头,就在椅子上坐下了。(杨沫《青春之歌》)

在我们的语料中,有420个句子中的"随便"是作状语(或者状语中心语),约占例句总数的84.5%。由此可见,"随便"虽然是个形容词,但它的主要功能还是作状语。像前面两个词一样,它作状语时常有一些相关的词与它同现在句子中:

别再、不、不大、不得、不该、不敢、不好、不会、不可、不肯、不能、不是、不许、不要、不应该、不愿意、不准、该、敢、好、很、还、还是、就、就是、可以、哪能、那样、能、应该、又、又要、愿意、再、怎么、怎么好、怎么能、这么、这样、这种……

3 语义特征分析

3.1 "轻易"句的语义特征

考察我们提取的所有"轻易"作状语的例句,我们发现"轻易"所处的句子大致有三种基本的语义表达功能。

第一,"轻易"句可以表述动作或行为主体对某种动作、某种行为所持的或可能持的主观态度。例如上文例(21)到例(26),再例如:

(51) 按规定,私营企业不得向国有企业拆借资金,但有的国企领导却因亲朋私情而置财经纪律于不顾,轻易将公款挪用给他人使用。(《人民日报》2001年1月3日)

(52) 自从闹了那会子事,她不轻易出门。一天到晚,钻在家里,懒得见人。(梁斌《红旗谱》)

(53) 在这个问题上,这些人是绝不会轻易罢手的,我们一定要保持高度的政治警觉,绝不可掉以轻心。(《人民日报》2001年3月11日)

(54) 仅凭一个电话,张耀明还不敢轻易定他的罪状。(《作家文摘报》1997年9月5日)

(55) 我的奶奶曾经告诫过我:没有足够的责任感和能力,就不要轻易结婚!(《作家文摘报》1997年8月8日)

在以上例句中,动作或行为主体对某种动作或某种行为所持的或可能持的主观态度是被凸显的。"轻易"是说明态度的"不谨慎"、"欠考虑"、"不讲条件"等,"轻易"前后使用了否定词语,表达的则是对此态度的否定。在这样的句子中,我们基本上可以用"随意"或者"随便"来替换"轻易"。观察这类句子的句法特征,我们发现:

1. 这类句子的动作或行为主体(施事)具有"人"的语义特征。动作或行为主体常常就是句子中的主语,但是主语也可以承前省略,也可以隐含在上下文中。例如:

(56) 以蒋殿人多年的世故经历,对人处事,谨小慎微,不轻易表露胸怀。(冯德英《迎春花》)

(57) 杨刚气得没办法,说:"拿着吧拿着吧!藏兜里,把气放掉,别轻易亮出来。"(《作家文摘报》1993年12月3日)

例(56)中的行为"表露胸怀"的主体应该是"蒋殿人",这里承前省略了主语;例(57)中的可能行为是"亮出来",它的主体应该是"你",这在上下文的对话中隐含着。

2. 这类句子中表达动作、行为的句法形式可以是一般单纯的动词,常见的则是简单的述宾结构,也可以是状中结构,述补结构若不在"是……的"判断结构中,而且前面有否定形式出现,也可以用于这类句子中。上面的例(51)中,表达动作或者行为的句法形式是状中结构,例(52)、(53)、(54)、(56)中是动宾结构,例(55)中是动词,例(57)中是述补结构,但是前面有否定形式"别"。

3. 这类句子中多用表达主观情态的词语。参见上面的例(21)到(26)。上面2.1.2节中所列的词语,主要的就是属于这类词语。

我们把从当代小说中抽取的224个例句,用"随意"或者"随便"对其中的"轻易"做替换测试,发现有155句是可以被替换的,其概率约为69.2%。可见,这种语义表达功能是"轻易"句的主要表达功能。

第二,"轻易"句也可以表现动作、行为产生或被实施的难易状态。"轻易"说明的是动作、行为的产生或被实施无需努力或无需代价或没有阻碍,也就是有"容易"的意思。如果"轻易"前后使用否定词语,则是对这种状态的否定。例如:

(58) 粟美仙很轻易地推开了平日封死的那道门,进入酱园黑漆漆的店堂,小心,千万别出声。(苏童《末代爱情》)

(59) 这种眼光,只能在朝夕相处、深深了解的可靠的同志之间才能得到。刘思扬没有想到他能这样轻易地在短短的时间里,就得到了解。成岗已经变成另外一个人了。(罗广斌等《红岩》)

(60) 他很奇怪,那些使他惶惶不安、提心吊胆的焦虑,竟然这样轻易消除,而且变得微妙有趣了!虽然还是吉凶难料,但绝不会大祸临头。(黎汝清《皖南事变》(上))

(61)"丧失立场",这个重如泰山的词,原来是这么轻易地落在自己头上了!可怕!(黎汝清《皖南事变》(上))

(62)国家版权局版权司副处长吴海涛说,彩电、冰箱这类实物财产只要锁在家里别人轻易拿不走,但知识产权只要一公开就可能被复制走,它比实物财产更需要法律保护。(《人民日报》2001年5月16日)

(63)广州显赫的资本家们在这里宴会、赌博、打弹子、商量大事,除了少数帮闲、跑腿的不三不四的角色以外,其他的人是轻易进不去的。(欧阳山《苦斗》)

(64)这个号码在电话里轻易不出现,特别是战斗当中,这个代号一在军长的耳朵里出现,就跟随着一个重大的事件……(吴强《红日》)

在以上的例句中,"轻易"句表现句中动作、行为产生或被实施的难易状态。从例(58)到例(61),表现的是动作、行为产生或被实施的容易状态,而例(62)、(63)、(64)表现的是动作、行为产生或被实施的不容易状态。在前面的四个例句中,"轻易"基本上都可以用"容易"来替换,但是在"轻易"句中,这类可被"容易"替换的句子很少,在我们从当代小说中抽取的 224 个例句中仅有 17 个句子中的"轻易"可以被直接替换,约占总例句数的 7.6%。这类句子在句法上的特征是:

1. 句中表达动作和行为的句法形式通常包含一个述补结构。在例(58)中是"推开了";在例(59)中是"得到";在例(60)中是"消除";在例(61)中是"落在……上"。

2. "轻易"更倾向于出现在"这么/这样……(地)"的结构中。如例(60)到(62)。

3. 如果主语的语义不具有"人"的语义特征,那么句子表现动作、行为的难易状态这一功能更加突显。

在例(62)、(63)、(64)中,"轻易"不能被"容易"直接替换,但是如果把句式作一些变化,则可以把"容易"代入。如:

(62a)……别人轻易拿不走→……别人要拿走不容易

(63a)其他的人是轻易进不去的→其他的人要进去是不容易的

(64a)这个号码在电话里轻易不出现→这个号码要在电话里出现不容易

例(62)、(63)、(64)代表着三种不同的句式:第一种,表达动作或行为的语法形式中包含一个可能补语的否定形式;第二种,不但有可能补语的否定形式,而且它处于"是……的"结构中;第三种,动作或行为的主体不具有"人"的语义特征。但是这三种句式在"轻易"的例句中也是非常少见的。

第三,"轻易"句的第三种语义表达功能就是把上述两种功能融合在一起,也就是在一个句子中既有表述主观态度的倾向,也有表现客观状态的倾向。例如:

(65)胡文玉这几个月轻易不到小鸾家来一趟,非来不可时,来了也总是

设法快点儿走掉,光怕被人发现他和小鸾的关系。(雪克《战斗的青春》)

(66)我家用一大块布帘遮挡卧室,墙后特制了一个高大木架,架上挤满我的大幅油画,油画踞高空,防潮。因取拿不便,轻易不让人看画。(《作家文摘报》1996年4月26日)

在这两个句子中,"轻易"既不能用"随意"或"随便"来直接替换,也不能用"容易"来直接替换。但是,前面所述的两种语义倾向似乎都有一些。比较起来,第一种语义倾向似乎更多一些。这种句子的句法特征是,否定副词"不"直接处于"轻易"之后,而且"轻易"前没有表达主观情态的词语。这样的句子在我们所有"轻易"的例句中有30个,约占总例句数(531句)的5.6%。

3.2 "容易"句的语义特征

在2.2节中,我们分析了"容易"的各种句法特征,为了便于跟"轻易"句作比较,我们这里说的"容易"句只指"容易"在句子中作状语的句子。在这类句子中,"容易"的语义指向句子中有主体参与的动作或行为。不像"轻易"句有多种语义表达功能,"容易"句的基本语义表达功能只有一种,即表现句子中动作或行为的难易状态。例如:

(67)当然孙小姐告诉过,一向叫辛楣"赵叔叔",可是现在的女孩子很容易忘掉尊卑之分。(钱锺书《围城》)

(68)我说我的寝宫离此太远了,官人们可能不容易看见那只凤凰。(苏童《后宫》)

以上两个句子中,前一句表达的是容易的状态,后一句表达的是不容易的状态。对于动作、行为的易难状态的表现,"容易"句中常使用一些表示程度的词语(参见2.2最后所列词语),这些词语与"容易"一起使用形成了"容易"句特定的句法形式,而这些句法形式与"轻易"句的主要句法形式有较大的不同,因此"容易"句中几乎不能用"轻易"来替换。我们在642句"容易"作状语的句子中随机选取了100个句子,用"轻易"做替换测试,结果发现几乎不能直接用"轻易"在句子中替换"容易",只有三句可以替换。如:

(69)因为我父亲过去在车站上下大力干脚行,以后当过脚行头,现在老了,不能干了,经他一说我很容易地就上去了。(知侠《铁道游击队》)

(70)这时他腾出右手,向右边伸去,猛力一跃,抓住了把手……这样,他就很容易地移过左手,也握住这个长长的把手,于是两只手支持身体,才感到轻快些了。(知侠《铁道游击队》)

在这两句中,可被"轻易"直接替换的"容易"处于一定的句法格式中,因为如此,替换后句子的语义表达功能只能与"轻易"句的第二种语义表达功能相同。

另外有8个句子,经过稍微的变化之后才能用"轻易"替换"容易",例如:

(71) 场外的人围了好几层,很不容易找到个缺口。(赵树理《三里湾》)

(72) 大家都说:"老汉不容易碰上这个! 让老汉好好看看!"(赵树理《三里湾》)

例(71)和(72)中的"容易"不能用"轻易"直接替换,但是可以做一定的句式变换来使用"轻易"表达与原句相同的意思。如:

(71a)很不容易找到个缺口→轻易找不到个缺口

(72a)老汉不容易碰上这个→老汉轻易碰不上这个

替换上"轻易"后的句子,其句法特征是"轻易"句中具有第二种语义表达功能的句子所具有的句法特征。其语义表达功能也与"轻易"句的第二种基本的语义表达功能相同。

3.3 "随便"句的语义特征

在2.3节中,我们知道"随便"在句中作状语的频率高达84.5%,同样是为了比较,我们这里所说的"随便"句只是指"随便"作状语的句子。"随便"句的语义表达功能大致有两种。

第一,"随便"句表述动作、行为主体的主观态度。

在使用"随便"作状语的句子中,我们随机选取了100个句子,然后用"轻易"进行替换测试,结果发现,超过一半的句子(55句)可以被"轻易"直接替换,例如:

(73) 他说:"你,你就爱犯群众纪律。为什么随便拿老乡的葫芦?"这一下,可把小成气炸了。(杜鹏程《保卫延安》)

(74) "你们别瞎想啦,"党支书平静地说,"我怎么能随便给你们粮食呀!""你这东西,那粮食是你的命!"(冯德英《迎春花》)

在这里,"轻易"直接替换"随便"之后,句子的意思基本不变。"随便"表述的是行为主体的主观态度:不谨慎、欠考虑。这种意思也是"随便"的主要意思。具有这种语义表达功能的"随便"句,其句法特征与具有第一种语义表达功能的"轻易"句的句法特征非常相似。这一点我们可以从2.1.2和2.3中各自所列出的与"轻易"或"随便"一起共现的词语的相似性上看出。因此在"随便"句中大部分都是可以用"轻易"来直接替换"随便"的。但是还是有一小部分"随便"句中的"随便"不能直接替换为"轻易",这是因为"随便"句还有第二种基本的语义表达功能。

第二,"随便"句表现动作、行为的状态。

在上面的2.3节中,我们已经知道,当"随便"作定语、后面跟随疑问代词时,"随便"就含有"任何"的意思。其实,这种"任何"的意思在"随便"作状语时还是存在的。例如:

(75) "请随便坐,刘区委,汪主任!"松田真像对待久别重逢的老友,笑吟吟地摊张着右手招呼刘文彬和汪霞。(冯志《敌后武工队》)

(76)"去！告诉炊事员,随便给点饭吃。要快!"(杜鹏程《保卫延安》)

这两句中的"随便"不能直接被"轻易"替换,这里的"随便"含有"任何"的意思,"随便坐"就是坐任何地方都可以,"随便给点饭吃"就是吃任何东西都可以。如果动词后面的宾语含有"什么"等疑问代词,那么"随便"的这种"任何"意思就更加突显出来。例如：

(77)我到中央去,随便分配什么工作都行,反正是能力有限,做点具体工作吧。(陈宇《草地龙虎》)

在这里"随便"也不能替换成"轻易",因为在这里,"随便"突显的意思不是"轻易"而是"任何"。

有"任何"的意思,也就意味着有"不讲究"、"不正式"的意思,谓语中的动词重叠同样可以突显这种意思。例如：

(78)"你的建议,我很欣赏,咱们今天随便谈谈。"(李人毅《平型关大捷》)

(79)她认为这人太轻放了点,姜永泉的夸奖更使她心里不痛快,但还是随便地点点头。(冯德英《苦菜花》)

这里的"随便"也都不能替换成"轻易",因为它在这里突显的是"任何"的意思。在这里,句子表现的动作、行为就显得"不讲究"或者"不正式"。

4 结 语

4.1 通过以上第二节的分析,我们可以看到：

1. 形容词"轻易"、"容易"、"随便"在真实文本的句子中主要是被用来充当状语。其频度的高低,依次是"轻易"(97.4%)、"随便"(84.5%)、"容易"(60.3%)。

2. 在形容词"轻易"作状语的句子中,常有否定词语与它左右相随。句子中直接或者间接包含否定形式的频度高达80%以上。而在"容易"和"随便"作状语的句子中则没有这样明显的相关性。

3. 在这三个形容词作状语的句子中,常有一些相关的词与它同现。对"轻易"来说,这些词可以出现在它前面也可以出现在它的后面,而对"容易"和"随便"来说,这些词则通常出现在它的前面。

4. 与"轻易"同现的词和与"容易"同现的词看起来差异较大。前者主要是一些表示能愿和情态的词语,而后者主要是一些表示程度的词语。与"随便"同现的词语更多地和与"轻易"同现的词相同,包含表示能愿和情态的词语大大多于包含表示程度的词语。这些差异是不同的语义表达功能在句法上的体现。

4.2 通过以上第三节的分析,我们可以看到：

"轻易"的语义较为复杂,它基本上是"轻率"、"随意"加上"容易"、"简单"的意思。使用"轻易"作状语的句子有三种基本语义表达功能：第一，是突显动作、行为主体的主观态度；第二，是突显动作、行为产生或被实施的客观状态；第三，是融合主观态度和客观状态。具有第一种语义表达功能的句子在"轻易"句中占优势，其出现频率是70%左右。而第二种的出现频率很低，只有13%左右。

"容易"的语义较为简单，其句子的基本语义表达功能也就比较单一，即表现动作、行为产生或被实施的客观状态。

"随便"有"随意"的意思也有"任何"的意思，前者语义指向动作、行为的主体，后者语义指向动作、行为本身，由此，"随便"句也具有表述动作、行为主体的主观态度和表现动作、行为的客观状态这两种基本的语义表达功能。第一种功能在"随便"句中占优势。

这三种句子各自不同的语义表达功能形成了"轻易"与"容易"之间和"轻易"与"随便"之间程度不同的词语互换关系。在语义表达功能一致的前提下，词语的互换还受到句法条件的制约。"轻易"与"容易"的互换制约较多，而"轻易"与"随便"的互换制约较少。

4.3 本文的研究是为了回答汉语教学中的具体问题，因此从特定词的句法功能出发，理清其所在句子的语义表达功能以及相互之间的关系，就能基本解决问题。但是如果面对汉语的信息处理，这样的研究就显得十分粗略。在2.1中，我们列出了与"轻易"在句子中同现的相关词语，每一个相关词语都可以与"轻易"构成特定的句式，这些句式与语义功能之间的关系值得深入研究。

参考文献：

[1] 北京大学中文系1955、1957级语言班. 现代汉语虚词例释[M]. 北京：商务印书馆，1982.

[2] 吕叔湘. 现代汉语八百词(增订本)[M]. 北京：商务印书馆，1999.

[3] 国家汉语水平考试委员会. 汉语水平词汇与汉字等级大纲(修订本)[M]. 经济科学出版社，2001.

"亲自"与"亲身"的对比分析*

提　要：本文辨析汉语中"亲自"与"亲身"的用法，同时讨论了与辨析这组词以及其他"亲×"用法有关的研究观点和研究方法。本文以八千万汉字的真实文本语料为研究基础，通过观察大量的事实发现：1."亲自"从古代的时候就已经作为副词使用，而"亲身"的大量使用开始于近代。2."亲身"在近代使用时，有一种与"亲自"抗衡的势头，与其搭配使用的动词虽然在数量上比"亲自"少，但是在特征上没有什么大的区别，都是表示动作行为的动词。3."亲自"从古至今都是在句子中作状语，而"亲身"在近代的时候都作状语，而到现当代已经有定语的用法，在《人民日报》语料中作定语的概率约为42%。在句法变化的同时，"亲身"能够搭配使用的动词数量也急剧减少，现在最常用的是"经历、体会、感受、体验"四个动词。4.与"亲×"搭配使用的动词，有些也都可以与"亲自"搭配，"亲×"≈"亲自用×"。"亲自"一方面与其他"亲×"处于同一个语义场中，另一方面又是这个语义场中各个词的上坐标词。

关键词："亲自"，"亲身"，"亲×"，用法，比较

1　问题的提出

在《汉语水平词汇与汉字等级大纲》中，"亲自"被列为乙级词，词性是副词；而"亲身"被列为丁级词，词性是形容词（国家汉语水平考试委员会，2001）。词级的不同应该是由这两个词的不同使用频率所决定的。"亲自"一词使用频度高，留学生们在初级阶段就会学到。查看《现代汉语八百词》等学习词典，可以知道它"表示强调动作、行为由自己直接进行"（吕叔湘，1999），这似乎没有什么疑惑，但是到了中高级阶段，留学生们又会学到"亲身"一词，而《现代汉语八百词》等学习词典并没有收入这个词，可能是由于认为它不是虚词而是形容词的原因吧。查看《现代汉语词典》（第5版）（中国社会科学院语言研究所词典编辑室，2005），"亲自"的意思是"自己直接（做）"，而"亲身"的意思是"亲自"，给它们标注的词性

---

*　本文曾载于《汉语教学与研究》第8辑（李安东主编，在韩中国教师联合会第八届汉语教学研讨会论文集），首尔出版社，2007年12月8日出版。原文题目为《汉语"亲自"与"亲身"的用法比较及相关问题研究》。作者：任海波。本次收录，修改了题目，正文也略有修改。

都是副词。从这里看不出有什么差别。然而,在做 HSK 的练习时,学生们会遇到以下这样的题目:

(一)……他们结婚时,著名数学家华罗庚先生_____到场向他们表示祝贺。
A. 亲身　　B. 亲自　　C. 自身　　D. 自己　　(本例选自倪明亮,1998)

(二)本书讲述的是作者_____经历的各种奇异故事。
A. 亲身　　B. 亲自　　C. 亲耳　　D. 亲手　　(本例选自梁德慧,2002)

(三)本书是由费曼_____讲述的关于自己的各种奇异故事,没有任何说教。
A. 亲身　　B. 亲耳　　C. 亲手　　D. 亲自　　(本例选自梁德慧,2002)

在以上的练习题中,第(一)题的答案是 B. 亲自;第(二)题的答案是 A. 亲身;第(三)题的答案是 D. 亲自。学生们自然会问,既然"亲自"和"亲身"意思相同,为什么非要选其中一个,而不选另一个呢? 在很多情况下,教师自然会说,这是习惯的搭配,学习的过程中必须记住它们各自经常搭配的动词。可是,这样说,疑问还是存在。上面第(二)题中,动词"经历"前用"亲身",但是在自然语言中,"经历"前也可以用"亲自",例如:

(1) 原来这所著名的医院里有好几位有名的美国留学的医生,出于抗日爱国,都被城工部的同志在卢沟桥事变一发生就动员他们到冀中根据地了,这些人亲自经历了八路军缺医少药的困难,都主动跟协和医院联系支援医药。(柳溪《战争启示录》(下))

(2) 因为你亲自经历过这个国家的一段历史,你常为这个国家的人在最佳历史时机却畏缩不前,而热衷于自己摧残自己扼腕叹息。(张贤亮《张贤亮小说自选集》)

对此,我们也可以解释说:这样的用法不常见,而"经历"前用"亲身"的用法比较常见。解释是可以如此解释,但是疑惑不因此而消除。不常见并不等于不能用,即使 HSK 考学生对词语的使用频度的感觉(能够感知常用与不常用的区别)是合理的,那么,"亲自"与"亲身"在不同动词前的常用与不常用的差异度有多大呢? 它们经常搭配的动词各自都有哪些? 分别又有什么特点? 对这些问题,我都还不能清楚地回答,若要在试题中保留以上这样的题目,我们有必要对它做进一步的研究。

为了更好地弄清"亲自"、"亲身"及相关词在自然语言中的具体用法,我们使用下列真实文本语料作为本文研究的基础:

1. 现当代小说 45 本(13740383 汉字);2.《人民日报》2001 年全年文章(24172156 汉字);3.《作家文摘报》260 期(13084731 汉字);4. 近代小说 130 本(29722654 汉字)。总计语料字数为 80719924 汉字,其中现当代语料是 50997270 汉字。本文将根据阐述问题的需要来不同程度地考察这些语料,其中重点使用的是第一种语料。

2 以往研究与本文研究的关系

曾有人撰文对"亲自"及其相关词的用法进行过分析。周筱娟的论文(周筱娟,2001)首先对"亲×"(包括"亲自"、"亲手"、"亲口"、"亲眼"、"亲耳"、"亲身"等,以下我们也用"亲×"指称这类词)的构成基础做了认知上的解释,而后根据"亲×"与句子中谓语核心动词的语义关系分析了"亲×"在句子中使用的条件以及不同的"亲×"与动词的配置能力,最后也从语用的角度对"亲×"能否在某个句子中使用作了简单的分析。乔秋颖的论文(乔秋颖,2003)和郑晓雷的论文(郑晓雷,2005)则主要从语用上分析"亲×"进入具体句子的条件,前者的分析较为简略,而后者的分析则较为详细。

这些研究为本文的研究提供了借鉴,然而我们所要考察的"亲自"与"亲身"的用法差异只有在周筱娟的论文中被简单提及,但未展开讨论,而其他两篇论文都未涉及这个问题。在着手进行"亲自"与"亲身"用法的辨析之前,我们觉得有必要综合以往研究情况讨论以下几个问题。

2.1 "亲×"句能说与不能说受制于句法还是语用?

在以往的研究中,"亲×"句能说与不能说都是问题展开讨论的基础,然而"亲×"句不能说或者不太能说,有的是受句法的限制,如:*"他亲自喜欢做菜"、*"爱珍亲自可能来拿书"、*"今天她亲自被老师批评了"。而有的是受语用的限制,如:?"他今天亲自洗脸"、?"小萌今天亲自穿衣服"、?"老师亲自给我们上课"。句法上受限制的句子不会因为语境的改变而被接受,但是语用上受限制的句子,在一定的语境中可以说。如以上打问号的句子进入到一定的语境就都可以说了:"他手术以后恢复得比较快,今天亲自洗脸了。""我们的女儿小萌真的已经长大了,今天她亲自穿衣服了。""前几周的课老师叫他的博士生给我们上,可是今天老师亲自给我们上课了。"在研究这个问题的时候,我们应该区分这两类不同的限制,如果是在句法上受到限制,那么解释它受限制的原因时应该保持在句法范围内查找限制因素,而如果是在语用上受到限制,那么解释它受限制的原因时应该寻求句法之外的语用因素。在以往的研究中,有的文章对于这两者的区分不太清楚,对于一些属于语用受限的句子,不考虑语境而对它进行孤立的分析,并过度地寻找句法因素来解释它在语用上不能说的原因。其实,当这些句子进入到一定的语境时,那些所谓不能说的原因也就不成立了。对这一点,以往的研究者最后也都有所感觉,但在分析时却未能较好地分清。不分句法受限和语用受限,把两者混在一起来讨论,可能会使人看了文章之后更加糊涂。

2.2 "亲×"在句中修饰的是动词还是动词短语?

《现代汉语八百词》在解释"亲自"时,除了说它"表示强调动作、行为由自己直接进行"之外,还说它"修饰动词"(吕叔湘,1999)。这给以往的研究者提供了一个研究的思路,他们的研究都关注"亲自"等"亲×"与句中动词的搭配关系,他们相信句中的动词是决定"亲×"能否进入句子的关键因素(周筱娟,2001;乔秋颖,2003;郑晓雷,2005)。有人把动词分成一些类,认为动词的类别特征可以决定"亲×"能否进入句子中(周筱娟,2001)。且不说那些动词的分类是否合理、是否容易被把握,我们现在需要考虑的是:"亲×"在句子中修饰的真的是某个动词吗?周筱娟认为,受动词的类别特征制约,"王明亲自睡觉"、"教练亲自游泳"等是不能说的(周筱娟,2001),诚然,在这些短语中,"亲自"与动词"睡觉"和"游泳"不能同时出现,但是我们把这些短语稍加变化,"亲自"与"睡觉"和"游泳"就能同时出现了:"为了体验韩国人的生活,王明亲自到24小时开放的桑拿浴室里睡觉。""为了能让我们更快地掌握游泳的要领,教练亲自下水游泳。"这种变化告诉我们,"亲自"在句子中所修饰的不只是一个动词而是谓语中表示动作行为的动词短语。通过对真实文本语料的观察,我们发现"亲自"和"亲身"后面仅出现动词的情况是少数,而在大多数情况下"亲自"和"亲身"后的成分是复杂的动词结构(状中短语、动宾短语、述补短语、连谓短语等)。例如:

(3)出山整训正式开始以后,张司令和王政委都亲自来给他们讲课……(知侠《铁道游击队》)

(4)由于恩特执柄后励精图治,深入下层,亲自观看了勃尔德的足球表演,并召见与之谈话四十七分钟,对其十分满意,便直接拟了给陛下的报告,要求破格接纳勃尔德入队。(王蒙《王蒙小说精选》)

(5)"威虎山,怀抱五福岭。"这是杨子荣从地图上已经看过的,又在他上山前,得知人们像神话一般流传着这样一个俗语。现在他亲眼看着,亲身住在这个神话的地方……(曲波《林海雪原》)

(6)现在大多数医院都把为患者服务当成头等大事来抓,通过自己亲身到几家医院就诊,突出的感受就是,医护人员惜话如金,懒得和患者多说一句话。(《人民日报》2001年8月10日)

以上例句中"亲自"或"亲身"修饰的不仅仅是一个动词而是整个动词短语。例(3)中是连谓短语(其中包含状中短语),例(4)中是述宾短语,例(5)中是述补短语,例(6)中是状中短语。

我们以现当代小说语料中所有包含的"亲自"和"亲身"的句子作为考察对象,对"亲自"或"亲身"作状语时在句子中所修饰的成分进行分析。得到如下的数据表:

表一 作状语的"亲自"和"亲身"所修饰的语法成分类型统计

作状语的"亲×"	被修饰成分						
	单一动词	复杂动词短语					
		状中	述宾	述补	连谓	联合	小计
亲自 986 个	259 个 (26.3%)	175 个 (17.7%)	278 个 (28.2%)	58 个 (5.9%)	203 个 (20.6%)	13 个 (1.3%)	727 个 (73.7%)
亲身 52 个	14 个 (26.9%)	2 个 (3.8%)	21 个 (40.4%)	11 个 (21.2%)	3 个 (5.8%)	1 个 (1.9%)	38 个 (73.1%)

注：在我们使用的现当代小说语料中，包含"亲身"的例句一共有 68 个，其中 16 个句子中的"亲身"是作定语，这里没有把它计算在内。

从上表中我们可以看到，包含"亲×"的句子，"亲×"在句子中修饰的不仅仅是单个动词，而更多的是复杂的动词短语，由于单个动词可以被看成是动词短语的一个简单类型，因此，确切地说，"亲×"在句子中修饰的是动词短语。这些动词短语表达的是一种行为。简单的行为可以由单独一个动词来表达，而复杂的行为通常是由复杂的动词短语来表达。

2.3 "亲×"彼此之间是一种什么样的关系？

根据我们的观察，"亲×"包括"亲自"、"亲手"、"亲眼"、"亲口"、"亲耳"、"亲身"、"亲笔"这些词，在上述的参考文章中，"亲笔"未曾被提及，而"亲身"也只是非常简单地被提到。周筱娟在其论文的结语部分认为："V"要受"×"制约，所以各"亲×"的配置对象"V"呈不均等状。"亲×"与"V"的配置情形大致如下：$V_{(亲耳)} < V_{(亲眼)} < V_{(亲口)} < V_{(亲手)} < V_{(亲自)}$，"亲自"和"亲身"还能与抽象动词组合，"亲身"的这种组合能力强于"亲自"（周筱娟，2001）。周筱娟想要说明的是，在句子中"亲自"能够搭配使用的动词最多，而"亲耳"能够搭配使用的动词最少，其他词根据"<"前后的次序呈现多少的差异。这样的排列依据是什么，我们很难知道。根据我们对现当代小说真实文本语料的统计，可以跟"亲眼"搭配使用的动词至少有 14 个，而能跟"亲口"搭配使用的动词只有 11 个。上面"$V_{(亲眼)} < V_{(亲口)}$"的排列跟我们观察到的事实正好相反。其实，"亲×"跟动词搭配，哪个多一点，哪个少一点，对我们学习和掌握它们来说，并不是重要的问题，重要的是要看它们各自搭配的动词有什么特点，以及各自不同的搭配说明了它们之间是一种什么样的关系。

郑晓雷在其论文中分析了"亲眼"、"亲耳"、"亲口"、"亲手"这些词之后认为：更主要的是，它们用于强调动作、事件的真实性与亲历性，而"亲自"则强调违反常规以示重视，它们与"亲自"组成一个连续统：

```
强调反常规以示重视
─────────────────────────────▶
亲眼、亲耳、亲口→亲手→亲自
◀─────────────────────────────
强调真实性、亲历性                                （郑晓雷，2005）
```

从使用"亲×"的句子表达特征上去分析这些词之间的关系，这是值得赞赏的，问题是作者提出这样的看法依据是什么？用"亲眼"、"亲手"或者"亲自"，句子表达特征真的在这两个方面有差异吗？我们在真实文本语料中发现这样的句子：

(7) 他对纪律抓得最紧。每次出发，一间间房子他都亲自检查，门板上起了没有，稻草捆起了没有，院子打扫了没有……（魏巍《地球的红飘带》）

(8) 少剑波没作声，拉着绳子亲手检查了每一个结，又伏下身向奶头山伸过来的树梢再测了一下距离。他的心情又是一阵紧张，一来怕他的战友坠入这万丈深谷，二来怕一旦飞不过去，整个任务就要落空。（曲波《林海雪原》）

(9) 如果我突然离开，怕我的未婚妻不能谅解，所以，我必须找到她，跟她商议展缓婚期的事，你看我是否能去亲自见她一面？（柳溪《战争启示录（上）》）

(10) 我不骗你，冬天就走了，我亲眼见他从山口过，他那汽车轮子打滑，我还帮他垫树棍来着，他亲口对我说，他要回北京啦。（苏童《末代爱情》）

在以上的例句中，例(7)中动词"检查"前用的是"亲自"，在这里我们看不出，这个"亲自"有什么强调反常规的，在上文中有"每次出发"，可见"他亲自检查"是很平常的事情；例(8)中动词"检查"前用的是"亲手"，可是我们也看不出例(7)中的"亲自"比这里的"亲手"在亲历性上有什么减弱。例(9)中动词"见"的前面是"亲自"，某个人要"亲自"见未婚妻，怎么能看出是强调反常规？而例(10)中动词"见"的前面是"亲眼"，它的亲历性跟例(9)中的"亲自"有差异吗？我们认为"亲×"用在句子中强调的是行为主体与行为之间关联的直接性，如果用"亲历性"来表示也可以，但是各个"亲×"之间并不存在"亲历性"的程度差异。至于"亲×"这类词"强调真实性"的问题，我们不知道该怎样理解，我们觉得"亲×"并不强调这一点。某些包含"亲自"的句子，由于其强调了行为主体与行为之间关联的直接性，从而在一定的语境中可以表示动作行为的反常规性，这一点只要看看符号的文章就会有所启发（符号，2005）。这样的语用效果是由语境的社会文化因素所带来的，但并不是所有的"亲自"句都强调反常规。

"亲×"有共同的语义特征（周筱娟，2001），当我们观察这类具有共同语义特征的词能否进入句子的时候,会发现它有来自两方面的限制:句法的和语用的。

句法上,我们观察发现,它修饰的是谓语中表示动作行为的动词短语,因此,只有能够表达动作行为的动词才能够进入它所修饰的动词短语中。另外,它修饰的动词短语没有任何被动形式出现,因此"被"字句中不能用"亲×"。

语用上,由于强调这种直接性和主动性,在一定的语境中,由于社会文化的因素,"亲×"句会产生表达动作行为反常规等等的效果。

这些是考察"亲×"共同用法特征时会涉及的问题,至于涉及"亲×"各个词之间用法的互相差异的时候,能够帮助观察它们之间差异的是它们所修饰的动词短语中的核心动词,因为核心动词负载着动作行为的主要信息,是决定某个"亲×"进入某个具体句子合适与否的重要因素。因此,本文接下来将重点关注这种核心动词的差异。

根据我们的观察,在句子中与"亲身"、"亲手"、"亲口"、"亲眼"、"亲耳"、"亲笔"这些词同时出现的动词,其中有一些也与"亲自"可以同时出现。而"亲手"、"亲口"、"亲眼"、"亲耳"各自同现的动词都不相同,"亲笔"与"亲手"的动词偶尔同现。由此可以看出,"亲自"与"亲身"、"亲手"、"亲口"、"亲眼"、"亲耳"、"亲笔"不但处在同一个语义场中,而且还是这个语义场的上坐标词(superordinate)。对此,我们将在后面的第6节中做更详细的分析。"亲身"是一个比较特殊的词,虽然它现在基本上与其他"亲×"词处于同一个语义场中,但是却经历了一个变化的过程。下面我们来详细分析"亲自"与"亲身"的异同。

3 "亲自"与"亲身"的使用频度

我们对出现在真实文本中的"亲自"和"亲身"做了统计,统计结果如下:

表二 "亲自"与"亲身"使用频度比较

语料类型及字数	近代小说 37544944 汉字	现当代小说 13740383 汉字	《作家文摘报》 13084731 汉字	《人民日报》 24172156 汉字
"亲自"出现次数	1711 次	986 次	1414 次	686 次
"亲身"出现次数	314 次	68 次	102 次	217 次
"亲自":"亲身"	1:0.18	1:0.07	1:0.07	1:0.32

从上表中,我们可以看到"亲自"出现的次数与"亲身"出现的次数悬殊很大,"亲身"在现当代的小说中很少出现,而与此有所不同的是,在近代小说中,"亲身"出现的比例却要较多地高于现当代的小说,《作家文摘报》是以刊登当代小说为主

的刊物,"亲身"在这里的出现比例跟它在现当代小说中出现的比例相同。由此,我们可以说,"亲身"在小说中的使用频度,从近代到现当代已经有了很大的萎缩,而这种萎缩意味着什么呢?是否可以认为"亲身"与"亲自"在它们所处的语义场中的地位有了改变?要证实这种改变,还需要观察它们各自与动词搭配使用情况的变化,这个问题我们将在第5节中来讨论。"亲身"使用频度相对较高的是在《人民日报》2001年的语料中,它与"亲自"使用频度的比例是0.32比1,要大大高于其他语料中的使用频度,但是,通过观察我们发现,"亲身"在《人民日报》语料中出现时,以超过40％的比例用作定语,这个比例要大大超过出现于别的语料中的"亲身",而在近代小说中,"亲身"没有一个是在句子中作定语的。由此我们可以推断,这种使用频度上的上升是由"亲身"在句法功能上产生的变化而带来的。如果我们单纯比较《人民日报》中作状语的"亲身"和"亲自",它们的比例是0.18比1,这个比例与近代小说的比例相同。由此,我们可以看到,"亲身"的使用频度始终不能与"亲自"相比。

其实,从历史上考察,"亲自"一词自古就有,例如:

(11) 名山三百,支川三千,小者无数。禹亲自操橐耜而九杂天下之川。腓无胈,胫无毛,沐甚雨,栉疾风,置万国。(《庄子》)

(12) 人主不能论此三材者,不知道此道,安值将卑执出劳,并耳目之乐,而亲自贯日而治详,一日而曲辨之,虑与臣下争小察而綦偏能,自古及今,未有如此而不乱者也。(《荀子》)

(13) 庄王曰:"君之不令臣交易为言,是以使寡人得见君之玉面,而微至乎此。"庄王亲自手旌,左右捻军退舍七里……(《春秋穀梁传》)

(14) 晋宣武讲武于宣武场,帝欲偃武修文,亲自临幸,悉召群臣。山公谓不宜尔,因与诸尚书言孙、吴用兵本意。(《世说新语》)

我们同样在古代语料中查找过"亲身",但是几乎没有什么所获。仅查到如下两例似是而非的例子:

(15) 余又欲杀甲而以其子为后,因自裂其亲身衣之,以示君而泣,曰:"余之得幸君之日久矣,甲非弗知也,今乃欲强戏余,余与争之,至裂余之衣,而此子之不孝,莫大于此矣。"君怒,而杀甲也。(《韩非子》)

(16) 封介子而为之禁兮,报大德之优游。思久故之亲身兮,因缟素而哭之。或忠信而死节兮,或訑谩而不疑。(《楚辞》)

在这两例中,"亲身"的意思都是"自己的身体"的意思,而不是我们现在通常所说的含有"亲自"意思的"亲身"。由此我们可以看出,"亲身"含有"亲自"的意思,具有跟"亲自"用法相同的出现是在较晚的时候,根据我们对真实文本语料的统计,"亲身"的大量出现是在近代小说中。在古代,零星出现的"亲身"是实义的用法,到了近代"亲身"才主要被用作副词,有了虚化之后的意义。在真实文本语料中可以找到这

种变化的痕迹,例如:

(17) 足下纵不念妻子,何忍于老亲哉?富贵可以再图,亲身不可复得。足下若能幡然而来,朕当待以故旧之礼,足下亦于天理人心,无不顺也。(《英烈传》)

(18) 你多拜上三位妹子:"吾悔不听云霄之言,反入罗网之厄。见吾道服,丝绦,如见我亲身一般!"言之痛心,说之酸鼻!(《封神演义》(下))

这两例虽然来自近代语料,但是这里的"亲身"依然是实义的用法,可见还没有完全虚化。"亲身"到了现当代才完全虚化。

4 "亲自"与"亲身"的句法功能

我们对出现在四种语料中的"亲自"和"亲身"的句法功能做了统计,列表如下:

表三 "亲自"与"亲身"的句法功能比较

语料类型及字数	近代小说 37544944汉字		现当代小说 13740383汉字		《作家文摘报》 13084731汉字		《人民日报》 24172156汉字	
句法功能	状语	定语	状语	定语	状语	定语	状语	定语
"亲自"的次数	1711	0	986	0	1414	0	682*	0
"亲身"的次数	309*	0	53	15	66	36	126	91

*注:在《人民日报》中,"亲自"的总例句数是686句,其中有4句活用,既非用作状语也非用作定语;在近代小说语料中,"亲身"的总例句数是314句,其中有5句中的"亲身"是实义的用法,既非用作状语也非用作定语。

从上表我们可以看到,"亲自"在句子中只是作状语,例如:

(19) 时年已49岁的总司令朱德亲自参加筹备粮秣的活动,挥动镰刀收割青稞,同战士们一起把割下的青稞从很远的地方担回来……(陈宇《草地龙虎》)

(20) 经过夏应图的同意,张嘉庆把武装购粮的计划,在会议上谈了,张嘉庆要亲自领导同学们武装购面。(梁斌《红旗谱》)

在《人民日报》2001年的语料中,我们发现"亲自"在句子中有被活用的情况,例如:

(21) 这些领导干部口头喊着"普法重要",却不重视自己学法……泡"会海",赴宴吃请,庆典剪彩,公费旅游,样样"亲自",唯有学法不"亲自"。长期如此,又怎能懂法?(《人民日报》2001年1月31日)

(22) 问题是,凡事都得分个主次,不该市长出面的事,市长被迫"亲自",累趴下不说,还惯坏了不少吃"闲饭"不干活的人。(《人民日报》2001年11月21日)

在这两例中,"亲自"都被用作动词,作者在使用它的时候都给它加上了引号,指明了这是超常的用法。这种超常的用法,在真实文本语料中并不多见。在以上四种语料中,我们仅在《人民日报》语料中发现4例。"亲自"的句法功能非常单一,它只是在句子中充当状语,不但在近代、现代和当代语料中是如此,在上面的例(11)到(14)的古代语料中也是如此,所以,"亲自"是一个真正的副词。

与"亲自"不同,"亲身"虽然在大多数情况下在句子中作状语,例如:

(23) 参加大生产,虽然累点苦点,但我们得到了锻炼……同时也亲身感受到劳动创造世界、创造幸福的真理,更加体会到革命的艰苦和伟大。(贾芝《延河儿女》)

(24) 通过亲身参加这些会议,我感到,顺应世界的进步潮流,不断推进和平与发展事业,是联合国的重要使命,联合国的一切决议都应充分反映广大发展中国家的呼声。(《人民日报》2001年9月13日)

可是有时候,"亲身"在句子中作定语。例如:

(25) "有些事,还是政府启发,我才想起来的。"从他亲身经历来看,马慕韩的话是对的……(周而复《上海的早晨》(上))

(26) 虽然在美、加两地考察的时间只有两周左右,但是,代表团所有成员尽可能深入地去了解美、加两地大学生体育的情况。现在看来,也许可能只是管中窥豹,但毕竟有了亲身感受,由此而产生了一些启发和思考。(《人民日报》2001年7月27日)

(27) 前大主教图图用自己的亲身体会告诉曼德拉,前列腺癌并不可怕,并鼓励和相信曼德拉一定能战胜病魔。图图还忠告自己的老战友:"遵从医生意见,放慢生活节奏,一定注意休息。"(《人民日报》2001年8月10日)

(28) 他擅长于根据自己的亲身观察与体会,根据国内读者需要,写出融叙述、议论、描写于一体的特写通讯,这是他从斯诺那里学来的。(《作家文摘报》1994年9月23日)

"亲身"作定语,在不同类型的语料中,其出现的概率也有所不同,根据概率从高到低排列,依次是《人民日报》语料(约占其总例句数的42%)、《作家文摘报》语料(约占其总例句数的35%)、现当代小说语料(约占其总例句数的22%)。《作家文摘报》除了刊登文学作品之外还有少量新闻报道的文章,"亲身"在这类语料例句中作定语的概率处在《人民日报》语料和现当代小说语料之间,由此,我们也许可以认为,"亲身"更易于在新闻语体语料的句子中作定语。不过要确认这种相关性还需要做更多的调查,但这不是本文需要完成的任务。

"亲身"作定语时,被其修饰的中心成分原来都是动词,被"亲身"修饰后这些动词都名物化了,因此,它们都是名动词。这些名动词有如下这些:

  感受、观察、检验、经历、经验、实践、探究、体会、体验、行动

其中出现概率最高的是"经历",它在我们统计的所有142次"亲身"作定语的中心语中出现了96次,占了总数的68%。其他概率高的中心成分依次是:"感受"(18次)、"体会"(13次)、"体验"(5次),这四个词加起来,充当"亲身"作定语时中心语的概率是93%。

考察近代小说的语料,我们发现"亲身"在句子中完全不作定语。我们使用的现当代语料中,现当代小说主要是在1949年以后到20世纪70年代末期出版的小说,而《作家文摘报》的时间是1992年到1997年间,《人民日报》是2001年的。如果把语料年代与"亲身"作定语的概率作一个对应排列(参见表三),可以看到随着年代越近,"亲身"作定语的概率越高,这是不是一种必然的现象,我们还不能轻易下结论,但是,我们应该关注这种变化,从这种变化中我们应该能够看到"亲身"在"亲×"这个语义场中的变化特点。

5 "亲自"与"亲身"的语义功能

在上面第2节的讨论中,我们已经概述了"亲×"句的基本语义特征,"亲自"和"亲身"作为"亲×"的成员,使用它们的句子同样具有"亲×"句强调行为主体与行为相关联的直接性这个基本语义特征。在具备基本语义特征的前提下,"亲自"句和"亲身"句应该还有各自的语义特征,这是由"亲自"和"亲身"的不同语义功能所带来的。我们考察"亲自"和"亲身"的语义功能差异的方法是直接观察与它们相联系的动词的特征。

在我们所使用的现当代小说的语料中,在句子中与"亲自"相关的动词一共有392个,都是表示动作行为的动词。而在句子中与"亲身"相关的动词却很少,只有以下这些:

  搏斗、参加、尝、尝试、出马、出去、感受、检验、接触、经、经过、经历、经受、经验、聆听、领教、领受、去、试验、受到、体会、体验、投入、遭受、遭遇、制作、住、钻、做

这里一共只有29个动词,这些动词的共同特点是表示行为主体需要用身体去感觉参与的动作行为。其中"经历、体会、感受、体验、遭受、经验、参加、经受、接触、尝"出现的次数都在两次以上,而"经历、体会、感受、体验"四个动词的出现频率要远远超过其他的动词,其中"经历"的出现频率最高。这四个动词合计的出现频率占了

所有"亲身"句动词出现频率的50%,对于这四个动词所表达的动作行为,行为主体需要用全身的感觉去参与。

从"亲身"与动词搭配频率上的差异,我们可以看出,"亲身"在句子中的语义功能有了一些转化,原来是帮助句子表达行为主体用全身去参与动作行为,而现在则更多地帮助句子表达行为主体用全身的感觉去参与动作行为。

其实,如果拿近代小说语料中"亲身"的使用情况来与现当代小说语料中"亲身"的使用情况进行对照,就可以看清楚"亲身"语义功能的变化。在近代小说语料的句子中,可以与"亲身"搭配的动词有以下这些:

按临、把守、把盏、拜、拜见、拜领、拜扫、拜望、办造、比并、比量、遍访、禀见、查访、查勘、查看、察访、察看、出关、出来、出马、出去、出手、出衙、出迎、出战、出走、催船、带、带来、带领、带着、祷雨、到、到彼、到此、到来、递酒、动手、访查、奉祝、扶、服侍、赴、赴会、赶到、赶来、跟、恭贺、过来、过去、贺喜、护送、回禀、会、击鼓、祭奠、见、接、接来、劫、结果、进城、救、开放、开门、勘验、看、看见、磕头、叩头、来、来到、劳、劳动、列队、临敌、临门、领、领教、率、率领、面见、面谢、鸣钟、拿、烹茶、骑马、前来、前去、前往、瞧、请、请旨、取、去、劝谕、入城、入海、上、上坟、上祭、涉险、审问、升堂、试验、试铡、守着、私访、送、送出、送到、送给、送过、送还、送来、送去、送上、搜查、探、探视、探问、讨令、添、同来、统兵、统领、脱、挽住、往取、往谒、细验、下凡、下降、下去、下山、行礼、寻、寻访、巡查、巡逻、押解、验看、一往、一问、迎、迎接、迎娶、迎去、迎迓、预备、阅历、斟、斟酒、斟上、执壶、至、嘱咐、追婚、捉拿、捉贼、走

这上面的动词一共有162个,这些动词都是表示动作行为的动词,这与跟"亲自"搭配使用的动词的语义特征是一致的。在现当代小说语料中以最低频率与"亲身"搭配的"出马、出去、领教、去、试验"这几个动词能在这里找到,而与"亲身"高频率搭配的动词"经历、体会、感受、体验"在这里却根本找不到。从中我们可以看出,与"亲身"搭配的动词,从近代到现当代经历了很大的变化:首先,可以搭配的动词范围大大缩小;其次,所搭配的动词语义也有了很大的变化,原来以动作行为动词为主,而现在以有"感觉"特征的动词为主,这些词原来恰恰是不与"亲身"搭配的。

在我们使用的近代小说语料中,与"亲自"搭配的动词一共有687个,而与"亲身"搭配的动词是162个,虽然与"亲身"搭配的动词还是少于"亲自",但是在162个动词中有86个也可以与"亲自"搭配使用,这个占与"亲自"搭配动词总数的12.5%,这显示出"亲身"有一种与"亲自"相抗衡的势头。但是,在现当代小说语料中能兼与"亲自"搭配的动词只有"参加、出马、检验、接触、经历、领受、去、体验、做"这9个,这仅占与"亲自"搭配动词总数的2.3%,可见现在"亲身"已经不能与"亲自"相抗衡了。

6 各个"亲×"用法的相互关系

观察真实文本语料,我们发现"亲×"各个词在句子中作状语时,它们各自搭配的动词都有所不同。以下是我们对现当代小说语料的统计所作出的"亲×"与动词的搭配情况。

6.1 与"亲笔"搭配的动词

复信、回信、起草、签名、去信、题、写、写信、致函

这些动词表示的都是用笔写的动作,"写"的使用频率是最高的(约占"亲笔"作状语总数的53%)。当"亲×"句使用这些动词表达动作行为,并且需要强调行为主体是自己用笔来完成这些动作行为时,"亲笔"就被用在"亲×"句中。例如:

(29)毛泽东的兴致很高,他立刻根据上述报告内容,亲笔起草了一个会议决议,即《关于目前战略方针之补充决定》,作为正式文件,下发部队执行。(陈宇《草地龙虎》)

在以上所列的动词中,"起草、签字、写"也可以与"亲自"搭配,而"起草、写"也同样可以与"亲手"搭配。例如:

(30)毛泽东接电后十分兴奋,立刻亲自起草一份长电。1936年的第一天,这封带着陕北高原庆祝元旦鞭炮欢庆声的电报直接发到了朱德的手中。(陈宇《草地龙虎》)

(31)周恩来立刻从皮包里取出一个用树枝绑着的小铅笔头,亲手起草电报。写好之后,又看了几遍,然后递给朱德,说:"总司令,你签字吧!"(魏巍《地球的红飘带》)

需要用笔来做的动作肯定要用到手,如果不强调用笔,那么也可以用"亲自"或"亲手"。在真实文本中,"亲笔"更多的不是作状语(约37%)而是作定语(约54%),被其修饰的中心词有"信、字、证言、签字、署名",这些名词或动名词所表示的事物都是需要用笔来做成的。此外,"亲笔"可以转化为名词,在句子中作中心语(约9%),不过这与本文的目标关系不大,这里不再细说。

6.2 与"亲耳"搭配的动词

聆听、听见、听到、听闻

用耳朵的动作行为很单一,就是"听"。以上这些动词都是"听"的不同表达,其中"听、听到、听见"同样可以与"亲自"搭配使用。如果"亲×"句要强调动作行为用耳朵来做,那么就用"亲耳",例如:

(32) 她以为这是不可能的事,但这是汤阿英亲口对她说的。她亲耳听见的。(周而复《上海的早晨》(下))

如果不强调用耳朵来做动作行为,那么也可以用"亲自"。例如:

(33)"……'中央'胡子刘作非刚来不久,杜善人二小子还跟韩老六的大小子回家来过呢。咱亲自听见杜家响过一枪。"(周立波《暴风骤雨》)

"亲耳"在句子中只作状语。

6.3 与"亲口"搭配的动词

表示、尝、承认、答应、道出、告诉、判、说、提出、同意、许愿

这里,"尝"是"吃"的动作,而其他的动词都是"说"的动作行为。动词"说"在这类动词中出现的频率是63%。在我们的语料中,"亲口"与表示"说"的动词搭配占绝对优势,与表示"吃、喝"的动词搭配极为少见。其中有一些动词"告诉、说、许愿"也可以与"亲自"搭配使用。如果"亲×"句要强调动作行为是用口来做,那就用"亲口",例如:

(34) 蒋介石听到王家烈亲口说出要辞去军长职务,这次是真正从心里笑了。不过他还颇带几分惋惜的口气说:"你想好了吗?"(魏巍《地球的红飘带》)

如果不强调用口来做动作行为,那么也可以用"亲自"。例如:

(35)"没有,"他说出口,又怕徐总经理将来亲自说出什么来,那不是得罪了朱瑞芳,说勇复基不好吗?他改口道,"我没有听见,他们两人谈话的声音很低,我坐在这里听不清楚。"(周而复《上海的早晨》(上))

"亲口"在句子中只作状语。

6.4 与"亲眼"搭配的动词

瞅、督察、睹、观察、观赏、过目、见、见到、看、看到、看过、看见、看看、看着、目睹、目击、瞧见、瞧着、所见、望见、验明

以上所列动词虽然比前面多,但是无非是"看"的动作行为。频率比较高的动词是"看"和"见"。其中"过目、见、见到、看、看到、看见"这些动词同样可以与"亲自"搭配使用。如果"亲×"句要强调动作行为是用眼来做,那么就用"亲眼",例如:

(36) 他在门边,又回头望望许云峰的背影,虽然脸上毫无表情,可是亲眼看见多年战友的丧失,这种痛苦是任何人也无法忍受的啊!(罗广斌等《红岩》)

如果不强调用眼来做动作行为,那么也可以用"亲自"。例如:

(37) 他见人们都睁大眼睛望着他,就先指汪霞,后指刘文彬说道:"在这村出卖你俩,用刑法收拾你俩的叛徒马鸣,让咱政府判处死刑,枪决了!""你亲自看见了?在哪村?"(冯志《敌后武工队》)

"亲眼"在句子中只作状语。

6.5 与"亲手"搭配的动词

安排、扒、把玩、办、办理、帮助、抱、逼、毙、编串、编织、拨、剥、捕获、布置、擦拭、插、惩治、抽、处决、处理、处置、穿、创造、刺毙、打、逮、递、点燃、钉成、放、缝、缝制、扶、盖、干掉、割、给、耕种、勾织、挂、画、豢养、毁、检查、建设、交、经办、经管、砍、刻写、码、摸、拿、捏、弄、培养、培养、烹制、捧、批、拼、拼缝、起草、掐、枪崩、枪毙、敲、扔、杀、杀死、烧、设计、升起、弑、拴、送、烫、提拔、贴、捅、托付、喂、洗、写、训练、阉、殪、医治、栽、宰、赠、扎死、整、指挥、制定、制造、置入、种、抓、装、组建、组织、做

"手"参与的动作行为要比身体的其他部分"耳"、"口"、"眼"多得多,因此,能与"亲手"搭配的动词是除"亲自"之外最多的,这些动词表达的动作行为都是要用手来做的,其中的"安排、办、帮助、布置、处理、穿、打、逮、递、放、挂、画、检查、交、摸、拿、培养、批、起草、掐、敲、扔、烧、设计、送、喂、洗、写、指挥、制定、制定、制造、抓、抓、装、组织、做"这些动词也可以与"亲自"搭配使用。因此,如果"亲×"句要强调动作行为是用手来做,那么就用"亲手",例如:

(38)"傻瓜!你亲手拿人家的东西,人家是要跟你要钱的呀!快先给人家把东西送回去,回头咱再跟玉生那小东西说理!"(赵树理《三里湾》)

如果不强调用手来做动作行为,那么也可以用"亲自"。例如:

(39)她霍地站了起来,一扭腰,从客厅里走出去了。半晌,她亲自拿了一个大托盘出来,那里面是一个咖啡色的栗子蛋糕……(周而复《上海的早晨》(下))

"亲手"在句子中也只是作状语。

从以上所述,我们可以看到"亲笔"、"亲耳"、"亲口"、"亲眼"、"亲手"都有各自搭配的一些动词,而"亲耳"、"亲口"、"亲眼"、"亲手"各自搭配的动词是互不相同的,"亲笔"除了跟"亲手"有相同的动词外,与其他几个也都不相同,"亲笔"所做的动作一定是"亲手"所做的,所以两者搭配的动词可以相同。

"亲身"中的"身"指明人的整个身体,"耳"、"口"、"眼"、"手"是人的身体的具体组成部分,"笔"虽然不是人的身体的组成部分,但它是"手"的延伸。这些"亲×"中都含有"亲自"的语义,句子中使用的"亲×",语义上可以理解为"亲自用×"。这种表达使行为主体与行为的直接关联表现得更为具体、形象。

与"亲×"搭配的动词,其中的一些又都可以与"亲自"搭配使用。从中我们可以看到"亲自"的地位非常独特,它一方面与"亲笔"、"亲耳"、"亲口"、"亲眼"、"亲手"、"亲身"处于同一个语义场中,各自都有自己经常搭配的动词;另一方面,它又

是"亲笔"、"亲耳"、"亲口"、"亲眼"、"亲手"、"亲身"的上坐标词。

7 结　　语

本文主要的任务是因教学的需要来辨析"亲自"和"亲身"在用法上的差异,但是要完成这一工作之前就不可避免地要考虑一些相关的问题。

使用"亲自"或"亲身"等"亲×"词语的"亲×"句能不能说是讨论问题的基础,但是能不能说主要有两方面的制约因素:一方面是句法的因素,另一方面是用语的因素。句法上受限制的句子,换一个语境之后也不能说,而语用上受限制的句子,有了一定的语境或换了一定语境之后就可以说。句法受限要用句法因素来作解释,而语用受限则要用语用因素来作解释,两个不可混淆。

从句法角度来考虑,"亲×"作状语时,能否进入"亲×"句,制约它的不只是句子谓语中的动词,而主要是句子谓语中表达动作行为的动词短语,单个动词是动词短语的一个简单形式。有时候,"亲×"单纯与一个简单的动词一起出现在句子中时,不能被接受,但是它与包含这个动词的复杂动词短语一起出现时就可以被接受。从真实文本语料反映的事实来看,"亲×"句子中的动词短语的核心动词都是表示动作行为的动词,在这里找不到"喜欢"、"担心"、"讨厌"、"害怕"等表示心理活动的动词。另外,在"亲×"句谓语中找不到表达被动的"被"字短语,所以,"亲×"句的谓语表达的都是主动的动作行为。

虽然,"亲笔"、"亲耳"、"亲口"、"亲眼"、"亲手"都各有自己独用的一些动词,这些动词一般不与"亲自"搭配,这是因为人们在使用它表达动作行为的时候,倾向于强调动作行为主体在直接采取动作行为时的具体做法,这样可以使表述更为形象。如果表述者不想强调这种具体性的时候,原则上可以只用"亲自"跟它们搭配使用。实际上,"亲自"是"亲笔"、"亲耳"、"亲口"、"亲眼"、"亲手"的上坐标词,"亲自"也是其自身的上坐标词。

"亲自"这个词作为副词使用自古就有,而"亲身"的广泛使用则出现在近代。"亲身"在近代的使用有一种与"亲自"相抗衡的势态,与其搭配的动词数量虽然不如"亲自"多,但也比现在多得多,与其搭配的动词的特征和与"亲自"搭配的动词的特征比,没有什么本质区别。然而到了现当代,与"亲身"搭配的动词的数量已经非常稀少,而且与一般的动作行为动词的搭配频率也越来越低,高频的主要集中在"经历、体会、感受、体验"这四个动词上,而这四个动词在近代小说中不与"亲身"搭配使用。"亲身"句的基本语义越来越倾向于表示"行为主体直接用自己的身体去感觉参与动作行为"这样的意思。它在语义场中的地位已经不能与"亲自"相提并论,他跟其他"亲×"一样包含着"亲自"的意思,是"亲自"语义场中的一个成员。所以,某些"亲身"可以搭配的动词,"亲自"也一样能搭配。

至此,我们可以认为,在 HSK 初中级试题中来让学生分辨"亲自"和"亲身"看起来是不合适的,如果让学生分辨"亲手"、"亲眼"、"亲口"、"亲耳"倒是合适的。

参考文献:

[1] 北京大学中文系 1955、1957 级语言班. 现代汉语虚词例释[M]. 北京:商务印书馆,1982.

[2] 吕叔湘. 现代汉语八百词(增订本)[M]. 北京:商务印书馆,1999.

[3] 张 斌. 现代汉语虚词词典[M]. 北京:商务印书馆,2001.

[4] 国家汉语水平考试委员会. 汉语水平词汇与汉字等级大纲(修订本)[M]. 经济科学出版社,2001.

[5] 中国社会科学院语言研究所词典. 现代汉语词典(第 5 版)[Z]. 北京:商务印书馆,2005.

[6] 周筱娟."亲自"等的用法[J]. 江汉大学学报,2001,(1).

[7] 乔秋颖. 说说"亲自"[J]. 汉语学习,2003,(6).

[8] 郑晓雷."亲自"等词的语用分析[J]. 韶关学院学报(社会科学版),2005,(4).

[9] 符 号."亲自"说[J]. 学习月刊,2005,(6).

[10] 倪明亮. HSK 中国汉语水平考试应试指南(初、中等)[M]. 北京:北京语言大学出版社,1998.

[11] 梁德慧. HSK 汉语水平考试(初、中等)全真模拟活页题集/模拟完整题[M]. 北京:北京大学出版社,2002.

"一连"与"连续"的对比分析*

提　要：本文详细描写了"一连"和"连续"的句法表现，两者的差异是："一连"在句子中基本上(约99%)和数量短语配合使用，而"连续"只是在多半的情况下(约54.4%)与数量短语配合使用。"一连"和"连续"在不跟数量短语配合使用的时候，可以作定语或者作状语。"连续"在句中作状语的时候，后面修饰的动词性短语有多种类型。"连续"还可以在句中作谓语的核心成分，而"一连"则不能。两者都兼有副词和动词的词性。"一连"和"连续"的语义十分接近，"一连"的语义是表示在某个统一的时空范围内单位(动作单位、时间单位、事物单位)的紧密连接，以凸显单位的多量性来强调连接的紧密性；而"连续"则是单纯表示单位的连接，当连接的单位分辨不出彼此的时候就表现为一种状态。

关键词："一连","连续",用法,对比分析

1　引　　言

在现代汉语中，"一连"①和"连续"是两个近义词。在 HSK 等级词表中，"一连"被归入丙级词，定性为副词；而"连续"则被归入乙级词，定性为动词②。留学生在学习汉语的时候首先要学习"连续"，然后到了中级阶段就会学到"一连"。陈灼主编的中级汉语教材的"语法例释"中对"一连"的解释是："副词。表示动作连续进行，不间断。在动词前作状语。常用数词词语作补语。"③当留学生问到"一连"一词是什么意思时，教师很可能会用"连续"一词对它作解释，于是，学生在练习中会造出以下一些句子：

　　(1) *星期天我没有出去，我在宿舍里一连看DVD。(留学生作业)
　　(2) *今天我的同屋跟她男朋友吵架了，回来以后一连骂着她的男朋友。(留学生作业)

---

　　* 本文曾载于《汉语学习》2011年第2期，原文题目为《现代汉语"一连"与"连续"用法的对比分析》。作者：任海波。本次收录，修改了题目。
　　① 本文讨论的是作为词的"一连"。"一连"有时候可以作为短语出现在句中，如：刘玉华能将手电筒的小灯泡卸下来安到房梁上，把干电池放到枕头底下，中间拿铜丝儿那么一连，让它亮它就亮，不让它亮它就不亮(刘玉堂《最后一个生产队》)。本文不讨论这种作为短语使用的"一连"。
　　② 请参见国家汉语水平考试委员会编(2001)。
　　③ 请看见陈灼主编(2000)。

(3) *昨天他喝醉了,回学校的路上他把吃的东西一连吐出来了。(留学生作业)

(4) *我们的班长很好,这个学期他一连为老师擦黑板。(留学生作业)

以上这些句子中的"一连"用得都不恰当,读起来有点别扭,如果都改成"连续"就要好一点。可见,"一连"与"连续"存在着差异,那么它们的差异究竟有哪些呢?我们查阅有关辞书,发现《现代汉语虚词例释》(北京大学中文系 1955、1957 级语言班,1982)、《现代汉语八百词》(吕叔湘,1999)和《现代汉语虚词词典》(张斌,2001)均未收"连续"一词,而只是收了"一连"。我们找不到有关两者比较的解释。《现代汉语八百词》对"一连"的解释是:"[副],表示同一动作或同一情况接连发生,后面常有表示次数的数量与之配合。"其他两本辞书上的说法基本相同。我们尚未发现直接把"一连"与"连续"两个词作对比研究的论文,关于"一连"的研究我们可以在赵新(2002)和施伟伟、张银龙(2007)的论文中看到。王黎(2003)对"一连"进行了专门研究,认为:"它在用法上有一个最突出的特点是它必须与数量成分同现,而不是像《八百词》或《桥梁》所说的那样,只是'常有'或'常用'。"在她之前,赵新(2002)在论文中指出:"一连"所在句子的"谓语部分须有数量词组"。在她之后,施伟伟、张银龙(2007)也认为:"一连"在句子中出现"必须和数量结构共现"。确实,使用"一连"的句子中几乎总是有数量词组出现,但是情况并不像她们说的那么绝对,我们在真实文本语料中发现了以下这样的句子:

(5) 沈安婷的老爸老妈一见我上门,我尚未开口,他们两老已直认不讳地表示一切乃他们的恶作剧,唯动机是想出口气,却没料到因此几乎把我击垮了,一连叠声地道歉自不在话下了。(商魂布《孽缘》)

(6) 没想到白明华对这件事如此重视,也如此给他面子。宋义仁有点感动,他一连表示感谢,然后不由得就想表白一下自己的忠诚。(史生荣《所谓教授》)

在以上的两个句子中,"一连"所处的小句中根本没有用数量词组。当然,这样的句子在实际使用中概率极低,因此,人们不易发现"一连"有这样的使用特点。为了弄清楚"一连"与"连续"的异同,我们在 239 本当代小说(共计 31969496 字)中搜索到 481 个包含"一连"的句子和 373 个包含"连续"的句子。我们希望在此基础上对"一连"与"连续"的句法和语义特征作描写和解释,以期对这两者之间的异同能够有一个比较客观而全面的认识,并把它用于教学中。

2 "一连"与"连续"的句法表现

2.1 "一连"的句法表现

在以往的研究中,人们都注意到"一连"的突出句法特征,那就是它在句子中基本上都是跟数量词组或称数量短语一起使用①。例如：

(7) 此后,我一连去了<u>几次</u>,门都锁着。(曹文轩《红瓦》)

(8) 一连忙了<u>五天五夜</u>,今天总算得以休闲。(肖克凡《原址》)

(9) 肖克一连检查了<u>几辆</u>汽车,发现轮胎里都有氰酸钾。(张宝瑞《一只绣花鞋》)

(10) 六爷低头不语,一连吃了<u>两碗</u>,满嘴飘香,欣然离去。(王雄《阴阳碑》)

在以上的例句中,数量短语与"一连"间隔,不直接连用。例(7),动量短语用在谓语的核心动词后,作补语;例(8),时量短语②用在谓语的核心动词后,作补语;例(9),名量短语用在宾语前,作定语;例(10),名量短语直接充当核心动词的宾语,实际上也可以看成是省略了中心语的定语。请看下面的例子：

(11) 赵群力一连吃了<u>两碗</u>饭,吃得很香。(祝勇《天堂驿站》)

在例(11)中,"两碗饭"的"饭"完全可以省略,省略之后就跟例(10)的情况一样了。有时候出现在这个位置的名量短语也可以被看成补语。例如：

(12) 老庆涨红了脸道："好说,好说。"说着,拿过新颖的茶杯,斟满,一饮而尽,一连喝了<u>三杯</u>。(张宝瑞《夜香》)

在例(12)中,把"三杯"看成补语也许更好一点。在使用"一连"的句子中,出现在这个位置上的数量短语在句法功能上有一个基本的倾向：名量短语主要作定语和宾语,但是有时候也可以看成补语,如上面的例子所示;动量短语和时量短语主要作补语,但偶尔也可以看成定语③。值得注意的是,在以上所有的例句中,谓语核心动词后面都有一个"了",它表示动作的完成。根据观察,在所有使用"一连"的句子中,当数量短语用于谓语核心动词之后时,谓语核心基本上是一个动结式。在206个这样的句子中,有173个句子中都是用"了$_1$"来表示动作的结果,这约占了总数的84%。此外还有用其他动词表示结果的。如："喝进"、"翻过"、"刺出"、"射中"、"咬死"、"撞翻"等等。其余极少数句子的谓语核心可以是将来时形式或者单纯动词形式,约占3.9%。

在我们的真实文本语料中,数量短语也可以紧跟着"一连"使用。这种情况,以

---

① 请参见赵新(2002)和王黎(2003)。她们的说法是数量词组必须出现,我们观察到的现象不是这么绝对,所以,我们这里说"基本上"。

② 时量短语实际上是名量短语的一种。因为它表达的是时间概念,在本文中有独特的意思,我们把它单独列为一类。像"一个月"这样的名量短语,我们也把它归入时量短语里。

③ 在这个位置上的数量短语,作补语还是作定语没有绝对的界限。例如,"两次"在"她一连拨了<u>两次</u>电话"中可以看成补语,而在"她一连出了<u>两次</u>医疗事故"中就可以看成定语。又如,"三天三夜"在"他为这仁义之举一连发了三天三夜高烧"中可以看成补语,而在"他为这仁义之举一连发了三天三夜的高烧"中就可以看成定语。

往似乎很少有人关注,然而这种用法却要略多于上述的用法。例如:

(13) 这么想完之后,他蹲在沈雅面前,他说:"我背你,咱们爬上去!"沈雅顺从地爬到了他的背上,童班副站了起来,他抓住了藤蔓,手脚并用,一连几次都失败了。(石钟山《中国血》)

(14) 她把破纸和绳头捆了,拖着走了。我一连几夜都看到了她,按时来,按时去……我的心里酸酸的。(张炜《古船》)

(15) 大媳妇陈惠莲,是个极贤良的人,连范全根都公开说她嫁给焕良嫁亏了。可惜一连两胎都是女娃,将来都是别家的人,不能做范家的千里驹。(高晓声《觅》)

例(13),动量短语用在"一连"之后;例(14),时量短语用在"一连"之后,例(15),名量短语用在"一连"之后。"一连"与这些数量短语直接组合起来在句子中充当一个成分。我们在引言中提到,通常人们认为"一连"是个副词,因此它在句子中的作用是直接作状语。但是,以上的例子告诉我们,当"一连"之后直接出现数量短语的时候,它是先跟数量短语组合成一个单位,然后再一起充当一个句子成分。

在我们的真实文本语料中,"一连"与后面的数量短语组合之后,后面还常常跟一个逗号或其他标点符号与后面的成分分隔开来。例如:

(16) 他要跟着她,看看她究竟去干什么?一连几次,让他失望。她不是去电影院,就是去街头漫无目的闲逛着。(肖复兴《四月的归来》)

(17) 赵一亮就这样被带走了。一连几天,我总躺在床上,呆呆地望着他那把留给我的胡琴。(曹文轩《红瓦》)

(18) 一连数日。庄之蝶却没有再准备新的答辩书,只是窝在家里看书,一边看书,一边又放着那哀乐。(贾平凹《废都》)

这种情况,在数量短语直接用在"一连"之后的 270 句中有 87 句,占了 32.2%。这种书面上用标点分隔的情况说明了"一连"与其后面数量短语组合的直接性。在绝大多数这样的句子中,我们很难看出处在这个位置上的数量短语单独作句子成分。只有当处于这个位置上的名量短语后面出现一个名词时,这时的名量短语才可能先单独跟后面的名词组合,但并不总是如此。例如:

(19) 潘藩给他介绍女主人,那女主人莎茜猛一看大出他的意料……上身就是一件尖下摆的浅蓝色磨砂牛仔衬衫,领口下一连两个衣扣都没系;下身就是一条洗得已经露出些经纬线的深蓝色牛仔裤……(刘心武《栖凤楼》)

(20) 权府鞭炮作坊一连六代生意都十分兴隆,可人丁却不是那么兴旺,一代一代都是单传下来的。(王雄《阴阳碑》)

在以上两例中数量短语后面都有一个名词,例(19)中的"两个"先直接跟"衣扣"组合,然后再跟"一连"组合,但是这种情况在我们的语料中极少;而例(20)中的"六代"不跟"生意"直接组合,而是先跟"一连"直接组合。

"一连"与其后的数量短语直接组合之后,通常在句子中充当状语,如以上的例(13)、(14)、(16)、(17)、(18)、(20),但是有时候也充当其他成分,如在以上的例(15)、(19)中作主语,再如:

(21) 一连几天的暖风吹得人酥酥软软,像妇人的手轻轻抚着,舒服至极。(王雄《阴阳碑》)

(22) 就这样,一连几天过去了。这天歇晌起来,姚夫人若无其事地叫了云生,去收拾库房。(成一《白银谷》)

(23) 一连两天了,一种好战的情绪把佐佐木鼓噪得日夜不安,他用枪瞄准那面青天白日旗已经好长时间了,他几次走到前园真圣面前请战,都被前园真圣沉默地拒绝了。(石钟山《中国血》)

(24) 庄之蝶遂也喝净杯子,妇人又是一连三杯。周敏咳嗽了一下,妇人伸手将鬓边散下的头发夹在耳后,那脸越发地鲜美动人了。(贾平凹《废都》)

在以上的这些句子中,"一连"与后面的数量短语组合之后充当不同的成分。例(21)的"一连几天"充当定语;例(22)的"一连几天"充当主语;例(23)的"一连两天"充当述语,后加"了"之后独立成为一个小句;例(24)中的"一连三杯"可以看作动词"是"的宾语,如果把"是"看作动词的话。

综合以上分析的情况,我们可以用下表来表示在使用"一连"的句子中数量短语在其中使用的情况。

表一 使用"一连"的句子中,数量短语与"一连"的配合使用情况表

含数量短语句子总数 476 句	紧跟在"一连"后 270 句					间隔在"一连"后 206 句		
	与"一连"直接组合后充当					单独作定语	单独作补语	单独作定语/宾语
	状语	定语	主语	述语	宾语			
出现数	252	9	4	2	1	2	103	103
百分比	52.9%	1.9%	0.8%	0.4%	0.2%	0.4%	21.6%	21.6%

在使用"一连"的句子中,"一连"除了在绝大多数情况下与数量短语一起配合使用之外,也有不跟数量短语配合使用的情况,除了在上面提到的例(5)和例(6)之外,还有以下一些表现:

(25) 亚芰小心翼翼地捧起它,道:"贪狼星,你别怕,我一定治好你。"……但在一连的施救之下,亚芰不由心慌起来。因为,竟没有一种属性的魔能石能在贪狼星身上起作用,治好它的伤。(手枪《天魔神谭》)

(26) 原因是这个公社有个晚婚规定,男二十五,女二十三,才许登记;马国丈贩来的六七个四川农村姑娘中,二十五岁的一名,二十四岁的两名,二十三岁的三名,领回去马上成亲,所以身价甚高;只有一名二十岁,要白吃三年饭,虽然一连削价,还是无人问津。(刘绍棠《峨眉》)

在例(25)中,"一连"作定语;在例(26)中,"一连"用在动词前作状语。这样的例子在我们考察的语料中都仅有一例。在"一连"的句子中不使用数量短语的概率极低,大约在1%左右。

2.2 "连续"的句法表现

在使用"连续"的句子中,数量短语的出现概率就没有像在使用"一连"的句子中那么高。在我们考察的373句使用"连续"的句子中,有数量短语与其配合使用的句子只有203句,这约占总数的54.4%,而在使用"一连"的句子中,数量短语与其配合使用的概率约为99%。两者的差异是十分明显的。

在使用数量短语的"连续"句中,数量短语的用法表现跟在"一连"句子中的情况类似。请看下面的例句:

(27) 学习战争的最好环境,就是战争。你们连续失败两次,是坏事,也是好事,肯定有一批人迅速觉醒了。(柳建伟《突出重围》)

(28) 那个叫喻红的女人到处找你,已经连续找了你一个星期了,她每天下午都要到你住的那个地方等你两个小时……(邱华栋《城市战车》)

(29) 她从枕边摸出一个药瓶,连续吞咽下3颗药片。(苏童《末代爱情》)

在以上的例句中,数量短语都是与"连续"隔开使用。例(27)中,动量短语在句子中作补语;例(28)中,时量短语在句子中作补语;例(29)中,名量短语在句子中作定语。

在使用数量短语的"连续"句子中,数量短语也能紧跟着"连续"一起使用。例如:

(30) 在领着跑跑往外走之前,林奇连续三次告诉跑跑,让他别将这事说出去。(刘醒龙《寂寞歌唱》)

(31) 校医说,米奇连续三天发低烧,人很萎顿,不吃不喝,又查不出原因,可能应该到市里的医院做全面检查。(张欣《今生有约》)

(32) 到了1960年春天,连续几阵大风,铺天盖地,黑沙滚滚,忽然,天朗气清,阳光明媚,头上是蔚蓝的天空,地上是碧绿的青草。(王蒙《歌声好像明媚的春光》)

在上面的例(30)中,动量短语紧跟在"连续"后面;例(31)中,时量短语紧跟在"连续"后面;例(32)中,名量短语紧跟在"连续"后面,名量短语先跟后面的名词组合,然后再一起跟"连续"组合。这些表现,跟在"一连"句中数量短语的表现没有太大差异,除了名量短语之外,"连续"跟后面的动量短语或时量短语通常直接组合为一个成分,数量短语之后也常会出现逗号等标点符号。例如:

(33)连续两次,我们都没让绑匪拿到钱。绑匪就在对面大骂说,如果再不放钱,就将王放杀掉。(阿成《部督1号系列绑架杀人案》)

(34)连续两天,我把自己收拾停当就坐在电脑前面,手边是采访机,于涛的声音反反复复地回荡在我的周围。(安顿《欲望碎片》)

这样用标点把"连续"加数量短语跟后面成分隔开的例子在我们的真实文本语料中有15句,这约占这类"连续"紧接数量短语例句总数112句的13.4%。这个比例虽然不如在"一连"句中高,但是从本质上来看没有什么大的差别,这种用来分隔的标点都是"连续"或"一连"加数量短语直接组成一个句法成分的显性标记。

"连续"加数量短语直接组成一个句法成分之后,通常在句子中也是充当状语,如上面的例(30)、(31)、(33)(34)。有时候还会带上一定的状语标记。例如:

(35)于是他让村里革委会的人把我爸隔离起来,连续几十个小时地审他,逼问他我的去向和躲藏地点……(刘心武《栖凤楼》)

(36)在实验中,如果不让人做梦,人一做梦就把他打醒起来,连续五天以后,人就变得烦躁愤怒,甚至出现幻觉。(毕淑敏《红处方》)

以上两句中的"地"和"以后"实际上都是状语的标记。

在我们考察的语料中,"连续"和数量短语直接组合的例子有112例,在93例中,两者直接组合之后作状语。但是也有少数的例子,"连续"与数量短语直接组合之后并不作状语。例如:

(37)经过连续几天的纠缠,矮脚虎终于如愿以偿,春情荡漾地到了大牢里。(叶兆言《花煞》)

(38)一向家训很严的薛林氏也不得不在严道之外添些慈道。特别是薛枫生母病亡,续弦胡氏过门之后,连续三胎都是女孩,这薛枫也就越发成了薛家的命根子了。(毛志成《初渡》)

(39)已经连续三天了,每天傍晚的时候都有一个算命的瞎子从我们这条街上走过。(王心丽《陌生世界》)

(40)葛大爷死亡、白森老师失踪后,市人大、政协的部分领导集体来到了市公安局,就连续几起案件让金安、汪吉湟答复,并让公安局限期破案。(陈玉福《红色通缉令》)

在以上的例(37)中,"连续几天"作定语;在例(38)中"连续三胎"作主语;在例(39)中"连续三天"作谓语的核心成分。在例(40)中,"连续"不跟数量短语直接组合,数量短语"几起"应该跟名词"案件"直接组合后再跟"连续"组合,然后组合起来的成分作"就"的宾语。总之,这里的用法都不作状语。这样的例子一共有19个,约占这类用法的17%。至此,我们可以把数量短语与"连续"配合使用的情况列表如下:

表二　使用"连续"的句子中,数量短语与"连续"的配合使用情况表

含数量短语句子总数 203 句	紧跟在"连续"后 112 句						间隔在"连续"后 91 句	
	与"连续"直接组合后充当					单独作定语	单独作补语	单独作定语/宾语
	状语	定语	主语	述语	宾语			
出现数	93	11	4	3	0	1	56	35
百分比	45.8%	5.4%	2.0%	1.5%	0.0%	0.5%	27.6%	17.2%

在使用"连续"的句子中,数量短语与"连续"配合使用的句子仅有 203 句,如上表所示。还有 170 个句子(占总数的 45.6%)中没有数量短语配合使用的情况。在这种情况下,"连续"的用法主要有如下一些。

(一)"连续"在句中作谓语的核心成分。例如:

(41) 母亲看看她,又看看司马库。母亲的眼睛像一只牵线的金梭,把上官来弟和司马库的目光连续在一起。(莫言《丰乳肥臀》)

在这个句子中,"连续"显然是谓语的核心成分,其后带着补语。这样的例子极少,在我们考察的语料中仅有两例,约占"连续"例句总数的 0.5%。

(二)"连续"作定语。例如:

(42) 他不无得意地说,他是"北大荒人",接着,将刚播完的那个电视连续剧大大夸了一通。(陈村《少男少女,一共八个》)

(43) 有一个做连续出版物的书商狂得不行,庞承宗让他每期都寄订单来,他说他没有寄订单的习惯,让庞承宗先放下一笔钱,他每期按数发货就是了。(阿登《书感》)

(44) 阳光盖在她身上,在她青春的轮廓上投射出连续的弧线。她可爱的面庞焕发着光彩,双颊像初绽的蔷薇,透着羞意。(朱邦复《巴西狂欢节》)

在以上的例句中,"连续"作定语。例(42)中,如果把"连续剧"看成是一个凝聚了的词,那么"连续"在构词中也是起限定作用。例(43)和(44)中"连续"显然是定语,前者直接作定语,而后者用"的"连接限定成分与中心语。"连续"作定语在我们的语料中有 51 例,约占"连续"例句总数的 13.7%。

(三)"连续"作状语,后接动词或动词短语。例如:

(45) 由于连续爆炸,溅起的雨弹的碎片甚至不再是物质的东西,而是成了一片水气、雾气。(刘庆邦《家道》)

(46) 他蹲下身用探雷针拼命向泥土中刺去……冒险用手抓起地雷向远处扔去,爆炸的地雷又引爆了别的地雷,丛林中连续响起爆炸声……(都梁《血

色浪漫》)

(47) 他带着人在月坛公园、阜外大街、展览馆广场等处<u>连续</u>和老红卫兵交战,屡屡得手,他的名声大振,几乎成了家喻户晓的魔头。(王山《血色青春》)

(48) 她不由得长叹了一声,一时间换气不匀,她不禁又<u>连续</u>咳嗽起来。(刘心武《钟鼓楼》)

在以上的例句中,"连续"都作状语。例(45)中,"连续"后是单一的动词,例(46)、(47)、(48)中,"连续"后分别是述宾、状中、述补短语。这样的例句一共有119例,约占"连续"例句总数的31.9%。

3 "一连"与"连续"的语义特征

有关"一连"的语义特征,有人认为:"连、一连"除了表示动作行为或情况的反复外,还可表示动作行为或情况的持续。① 也有人认为:"一连"所表示的连续义可以分为客观连续义和主观连续义,而且"一连"还可以表示强调义②。还有人指出:"'一连'尽管既具有反复性的语义特征,又具有延续性的语义特征,却都与其共现的数量结构有着极为密切的关系。"③以上各位指出反复义和连续义(持续义/延续义)其实是"一连"句中谓语的语义特征,并非"一连"这个词本身的语义特征。区分客观连续义和主观连续义以及说明强调义等等都是在联系语境对具体句子进行语用分析时才会有这样的意义,而仅在句法语义层面上对其进行分析时,就应该剥离这些语用意义。

本文要分析的是"一连"和"连续"的语义特征差异,我们认为通过对比的方法能够帮助我们更好地弄清"一连"和"连续"的语义差异。

我们用"连续"来替换句子中的"一连"。发现句中的"一连"都可以被"连续"替换。例如:

(49) 这句话宾馆小姐<u>一连</u>重复了<u>三遍</u>,唐发根才从那幅诱人的湘绣上抬起头来,脸上挂着一丝温和的微笑,目光仍不肯离开动人的鱼儿。(侯钰鑫《好风好雨》)

→(49a)这句话宾馆小姐连续重复了<u>三遍</u>,……

(50) 他<u>一连</u>骂了<u>三天</u>,骂得张姓人家连门都不敢出! 就这样,终于又把

---

① 请参见赵新(2002)。
② 请参见王黎(2003)。
③ 请参见施伟伟、张银龙(2007)。

"一连"与"连续"的对比分析

那块"宝地"夺回来了……(李佩甫《金屋》)

→(50a)他连续骂了三天,骂得张姓人家连门都不敢出!

(51)姜合营坐在二车间的台阶上,一连抽了三支香烟。这时看到一群人正朝这里走来,为首的是小个子罗光。(肖克凡《原址》)

→(51a)姜合营坐在二车间的台阶上,连续抽了三支香烟。

(52)林茂对何友谅没说一句慰问的话,反而一连几次在只有他俩的场合里说何友谅这是自作自受。(刘醒龙《寂寞歌唱》)

→(52a)……反而连续几次在只有他俩的场合里说何友谅这是自作自受。

(53)一连三天,天天盯着小女儿,连上街买菜都陪她一道去。(海岩《便衣警察》)

→(53a)连续三天,天天盯着小女儿……

反过来,用"一连"来替换"连续",发现当"连续"的句子中有数量短语与其配合使用的时候,也都可以替换,例如:

(54)……他连续打了多次,全无人接听……(刘心武《栖凤楼》)

→(54a)……他一连打了多次,全无人接听……

(55)小毛说她连续干了九个昼夜,她为什么要这么不要命地干。(张欣《一意孤行》)

→(55a)小毛说她一连干了九个昼夜……

(56)从那天开始,连续三天,每当我带着空白的稿纸回家的时候,都可以看到于涛。(安顿《欲望碎片》)

→(56a)从那天开始,一连三天……,都可以看到于涛。

然而,当"连续"的句子中没有数量短语与其配合使用的时候,"一连"基本上就不能被"连续"替换。有些似乎可以,但是有些却明显不行。例如:

(57)王先生好像老师讲课似的连续提问,问得我们都目瞪口呆,答不出来。(陆文夫《人之窝》)

→(57a)?王先生好像老师讲课似的一连提问,……

(58)粉丝工厂必须连续作业,人要分成两拨子。(张炜《古船》)

→(58a)*粉丝工厂必须一连作业,人要分成两拨子。

(59)炮管子虽然不粗,但连续发射起来,火力相当猛烈。(王朔《空中小姐》)

→(59a)*炮管子虽然不粗,但一连发射起来,火力相当猛烈。

(60)炉头站起来……口里连续骂着自己:"……"(陈忠实《白鹿原》)

→(60a)*炉头站起来……口里一连骂着自己:"……"

(61)紧接,几架战斗机开始连续对地面扫射。(王雄《阴阳碑》)

→(61a)*紧接,几架战斗机开始一连对地面扫射。

在以上这些替换式中，例(57a)似乎可以，上文的例(6)中"他一连表示感谢"，例(26)中"虽然一连削价，还是无人问津"的用法似乎可以作为这种替换进行的一个依据。在其余的例子中，用"一连"替换了"连续"之后，句子就不那么通顺了。

从以上的替换中，我们可以看到，"一连"包含有"连续"的语义，"一连"的语义内涵要大于"连续"，从构词的方面看，"一连"中的"连"就代表了"连续"，而"一"应该是强调时空单位的统一性，它所表示的意义却是"连续"所没有的。当"连续"替换"一连"的时候，可能会失去"一连"所强调的特有意义，替换后的句子意思可能会有所差异，但是语义内容没有增加，因此句法上允许替换。而当"一连"替换"连续"时，如果所在的句子(如包含数量短语的句子)有表示"一连"所特有的意思，那么允许替换；如果所在的句子(如不包含数量短语的句子)没有表示"一连"所特有的意思，那么就不允许替换；因为替换以后语义内容增加了，就可能与原来的句子语义不相容，于是，句子读起来就不顺。

那么，该如何理解"一连"所强调的特有意义呢？以往的研究都注意到了"一连"句跟数量短语联系的密切性，但是没有说明这种密切性意味着什么。我们认为"一连"的意义是表示在某个统一的时空范围内单位的紧密连接。这种紧密连接的单位可以是动作单位、时间单位、事物单位等，而要强调单位连接的紧密性，其前提是要凸显连接单位的多量性，而数量短语的配合使用正是为了凸显多量性。上文的例(5)中"一连叠声地道歉"，虽然没有数量短语与其配合使用，但是"叠声"一词就表现出声音单位不是单一的，而是有多量性。上文的例(6)中"他一连表示感谢"，例(26)中"一连削价"也都没有数量短语与其配合使用，但是，"表示感谢"和"削价"所表示的动作有明显的起止特征，动作单位的分界明显，跟"一连"用在一起能显现多量性。仿照这样的例子，例(57)可以替换为例(57a)，而例(58)中"连续作业"的"作业"所表示的动作没有明显的起止特征，因此替换为例(58a)中的"一连作业"之后，动作单位的多量性突显不出来，因此，读起来就不容易被接受。

至此可知，"一连"的句子基本上都跟数量短语配合使用，虽然，在没有数量短语的句子中也可以有一定的方式表现多量性特征，但是，表现力不如数量短语。因此，当没有数量短语出现的时候，"一连"句的可接受度就会差一点，甚至会受到质疑。

"连续"句中也可以有表现单位多量性的成分，但是"连续"的语义仅表示单位的先后连接，并不强调连接的紧密性，因此，可以不以凸显单位的多量性为其前提。当"连续"句中缺乏突显单位多量性的成分时，"连续"句主要表现的是一种状态，因此，这个时候就不能用"一连"来替换"连续"。以上的例(58)—(61)中的"连续"不能够被"一连"替换，恐怕就是这个原因。

4 结 语

我们在本文中详细描写了"一连"和"连续"的句法表现,从中我们可以看到两者的差异:"一连"在句子中使用的时候,基本上(约99%)跟数量短语配合使用,而"连续"只是在多半的情况下(约54.4%)与数量短语配合使用。"一连"和"连续"在不跟数量短语配合使用的时候,可以作定语或者作状语。"连续"在句中作状语的时候,后面修饰的动词性短语有多种类型。"连续"还可以在句中作谓语的核心成分,而"一连"则不能[1]。

通常人们把"一连"看作副词,而把"连续"看作动词。根据我们对真实文本语料的观察觉得这样的处理有失偏颇。

"一连"之后直接跟上数量短语可以组成一个句法成分,这样的例子在我们的真实文本语料中占该类例句总数的55.6%。有人对此所作的说明是"一连"修饰数量短语[2]。那么"一连"在这里应该是什么词性?如果它仍然是个副词,那么这是什么性质的结构?似乎很难回答。我们觉得在这个时候"一连"应该被看作动词,"一连"加上数量短语可以看成一个述补结构或者述宾结构,这样的结构可以在句子中作状语或其他成分。

"连续"可以直接用在动词或者动词短语前,它的句法成分显然是状语。这样的例子在我们的真实文本语料中占该类例句总数的31.9%,这也不是一个可以忽视的数目。动词作状语,在现有的语法体系中似乎很难被接受。所以,我们觉得在这个时候"连续"应该被看作副词。徐玉敏在所编的词典中把"一连"和"连续"的词性都分为两种,既是副词又是动词[3]。我们认为这样处理比较好。

"一连"和"连续"的语义十分接近,当"一连"作为词在句中使用的时候,"连续"都可以对它进行替换;反之,"连续"不能都让"一连"来替换,只有当"连续"在句子中与数量短语配合使用,或者与能够突显多量性特征的词语配合使用的时候,"一连"才能对其进行替换。"一连"的语义是表示在某个统一的时空范围内单位(动作单位、时间单位、事物单位)的紧密连接,强调紧密性的前提是突显单位的多量性;而"连续"则是单纯表示单位的连接,当连接的单位分辨不出彼此的时候就表现为一种状态。

---

[1] 如果"一连"在句中单独作谓语核心成分,那么这里的"一连"就不是一个词,而是一个短语。
[2] 请参见王黎(2003)。
[3] 请参见徐玉敏主编(2005)。

参考文献：

[1] 北京大学中文系 1955、1957 级语言班. 现代汉语虚词例释[M]. 北京：商务印书馆，1982.

[2] 吕叔湘. 现代汉语八百词(增订本)[M]. 北京：商务印书馆，1999.

[3] 陈　灼. 桥梁——实用汉语中级教程(上)[M]. 北京：北京语言大学出版社，2000.

[4] 张　斌. 现代汉语虚词词典[M]. 北京：商务印书馆，2001.

[5] 国家汉语水平考试委员会. 汉语水平词汇与汉字等级大纲(修订本)[M]. 经济科学出版社，2001.

[6] 赵　新."连、连连、一连"的语义和句法分析[J]. 广东教育学院学报，2002，(3).

[7] 王　黎. 说"一连"[J]. 世界汉语教学，2003，(2).

[8] 中国社会科学院语言研究所词典. 现代汉语词典(第5版)[Z]. 北京：商务印书馆，2005.

[9] 徐玉敏. 当代汉语学习词典(初级本)[M]，北京：北京语言大学出版社，2005.

[10] 施伟伟、张银龙."连连"与"一连"的语义比较研究[J]. 湖州师范学院学报，2007，(6).

"看上去"与"看起来"的对比分析*

提　要：本文在大规模真实文本语料的基础上，针对汉语教学的实际需要，考察现代汉语短语"看上去"与"看起来"的用法差异。发现有四个方面值得注意：1. 由于"看上去"与"看起来"两者的语义虚化特点的不同，从而造成了两者在句法构造能力上的差异。2. 单纯直接出现在"看上去"和"看起来"前的名词性成分，通常就是它们的表述对象，但是在极少数的情况下，这样的名词性成分也可以成为它们表述的主体。"看起来"可以通过让"在……"等结构直接位于自己的前面来介引表述主体。3. "看上去"的表述对象具有形象的特点，可以被视觉所感知。而"看起来"的表述对象既可以是具体的也可以是抽象的。4. "看上去"和"看起来"都可以大量用于转折句子中，但是当"看起来"的句子表示估计、推测或推断时，其后面就没有表转折的小句出现了。

关键词："看上去"，"看起来"，用法，比较，大规模语料

1　引　　言

在现代汉语中，"看上去"和"看起来"两个短语意思接近，留学生在学到"看上去"时常常会问："看上去"与"看起来"是否一样？有的老师常会顺口回答，两者一样。于是留学生在课堂练习时就会说出如下这样的句子：

　　(1) 看上去徐美娜今天上午不来上课了。
　　(2) 我昨天考了 HSK，可是听力题目很难，看上去我不能过 8 级了。

在以上两例中，"看上去"用得不妥，句子读起来不顺。如果改成"看起来"就比较好了。由此，我们看到，"看上去"和"看起来"并不完全一样，不过在真实话语的句子中，"看上去"与"看起来"也确实常常可以替换使用。例如：

　　(3) 发出这一声尖叫的是一个女孩子，她的年龄看上去比陶韵略小一些。（周力军《我们这一届学生会》）
　　(4) 我也没想到，这种看起来很难看的食物竟引起了我的强烈的食欲，一

---

* 本文曾载于齐沪扬主编《现代汉语虚词研究与对外汉语教学》（第四辑）（论文集），复旦大学出版社，2012 年 5 月。原文题目为《现代汉语"看上去"与"看起来"的用法比较》。作者：任海波。本次收录，修改了题目。

口气喝了十几碗酥油茶,同时把她们那一小袋炒稞麦粉吃掉了一半。(白桦《远方有个女儿国》)

在例(3)和(4)中,"看上去"和"看起来"可以互相替换使用,替换之后,句子依然通顺,意思不变。

为什么在句子中"看上去"和"看起来"有时候可以替换有时候又不能替换呢?从汉语教学的目标出发,我们觉得有必要做比较研究,以便更好地进行教学。

有关"起来"的研究,前人已有很多专论,目前所能看到的论文大约有30多篇,其中大都是关注"起来"这一词的语义虚化问题[1],也有不少文章分析"起来"所在句的句法和语义特征[2]。研究"上去"的专论则十分少见,我们目前能看到的只有2篇,这可能是因为"'上去'的虚化程度还不高"(卢英顺,2006),人们关注得还不够多。这些研究给了我们不少启发,但是并不直接解决我们关心的问题。张谊生(2006)曾经以"看起来"与"看上去"为题对这两者的异同做了研究,文章分析虽然细致,但是他主要关注的问题是"起来"与"上去"的虚化问题,而且他所分析的与这两个词搭配使用的动词不局限于"看"。他所观察的事实虽然有不少跟我们所观察的相似,但是也有一些不同。从对外汉语教学的目标出发,我们觉得有必要作更为切实的观察、分析和表述。我们在大规模真实文本语料[3]的基础上对"看上去"和"看起来"在句子中的用法进行对比分析。(我们共搜索到包含"看上去"的句子483个,包含"看起来"的句子347个。)分析之后,我们认为"看上去"和"看起来"在使用的时候至少有以下几方面值得注意。

2 在句法构造能力上的差异

这两个短语所在句子的句法格式通常是"NP+看上去/看起来+AP/VP",例如:

(5)生活一切照旧。旅游回来的他看上去比一个月前年轻了几岁。我不知道是爱情在起作用。(水果《恋恋风尘》)

(6)在另一张肖像里,她头发看上去仿佛截短了,像个男孩子,脸面也使人想起一个饱经风霜的孩子,有一种老得太早的感觉。(张爱玲《都市人生》)

(7)她又笑了:"有时,你看起来比所有人都聪明,可现在,又像个十足的

---

[1] 请参看房玉清(1992)、贺阳(2004)。
[2] 请参看吴锋文(2006)。
[3] 我们使用的语料主要有两种:一、当代小说80本,共计字数:10475225汉字;二、《人民日报2000年》,共计字数:24181518汉字。

傻子。你母亲那么聪明,怎么生下了你?"(阿来《尘埃落定》)

(8) 我在早餐店里又遇到了那对情侣,他们看起来睡得很不好,在我撕咬煎饼的时候……(周洁茹《小妖的网》)

以上例(5),"看上去"后面是形容词性短语,例(6)中"看上去"后面则是动词性短语;而例(7)中,"看起来"后面是形容词性短语,例(8)中"看起来"后面则是动词性短语。这么看,两者似乎没有什么差别,但是,实际上两者有一定的差异。有时候,"看起来"在所处的句子中充当谓语的主要成分,例如:

(9) 一会儿,他走到我前面,坐在我身边,低下头默默看起来,看得出来,我那本黑塞的《在轮下》叫他爱不释手。(石康《晃晃悠悠》)

(10) 一个早上,肖万昌正背着手往大队部走去,路上遇到一群孩子在滚打玻璃球儿玩,就站在一旁看起来。(张炜《秋天的愤怒》)

以上的例(9)和(10)中,"看起来"的"起来"是表示"开始",而动词"看"具有明显的实际动作意义①。例(9)中的"看起来"虽然在中间的小句中,其实,后面的小句不再出现,其语义上也已经自足。而"看上去"在句子中使用的情况则与此不同。例如:

(11) 卡姬娅穿一身普通衣裙,远远看上去,和一个辽西农村的妇女差不多。(洪峰《苦界》)

(12) 那时候他好像比现在瘦,从我坐的那个角度看上去,他的脸显得有些长,有棱有角的。(安顿《欲望碎片》)

从上面的例(11)和(12),我们可以看到,"看上去"后面虽然可以有停顿,但是其所在的小句,在句子语义的表述上是不能自足的,后面需要有一定的成分出现才能完成整个句子的表述。

"看起来"和"看上去"这种句法构造能力上的差异反映了两者语义虚化特点的差异。"看起来"有比较虚的意思,但是也有非常实的意思。贺阳把"起来"的意义分为三种:位移义、结果义、体貌义②。可见,他注意到了动词加"起来"的语义的复杂性。张谊生把像在例(9)和(10)中的"看起来"称为基谓语,而把例(7)和(8)中的"看起来"称为泛谓语③。依据的主要就是这两种语义的虚实不同。他同时也相应地把"看上去"分为基谓语和泛谓语,但是"看上去"在句子中的虚实语义差异不像"看起来"这么明显,或者说"看上去"在句子中哪个更虚哪个更实是很难分辨的。

---

① "看起来"用在句子中,"看"可以念成阴平,表示"看守"。例如:"我这儿是你们家呀,吵得个天昏地暗!住口,男的挑担去,把女的也给我看起来。"(邓友梅《追赶队伍的女兵们》)这里"看"的意思仍然很实,而"起来"则有点虚。这样的例子很少,在我们的语料中仅有2例。例如:我的下人们被带枪的人看起来了。(阿来《尘埃落定》)
② 请参见贺阳(2004)。
③ 请参见张谊生(2006)。

其实,"看上去"从实的方面看,它要比"看起来"虚,从虚的方面看,它要比"看起来"实。张谊生忽略了两者对后续句的不同要求,试图把它统一起来,给出的解释并不圆满。我们收集到的含有"看上去"的句子中,没有一个不需要后续成分,而在含有"看起来"的句子中,"看起来"能够作为主要谓语使用的有 14 句,约占总例句数的 4.03%。

3 在句法关系表达上的差异

位于"看上去"和"看起来"之前的名词性成分通常表示的是"看"的对象,或者说是"看"的客体,例如:

(13) 邓才刚看上去似乎很轻松,而朱怀镜感觉到的气氛是悲壮而落寞的。邓才刚去意已决,朱怀镜便不再相劝。(王跃文《国画》)

(14) 余嫣红看起来是憔悴的、狼狈的。(琦君《橘子红了》)

在以上两句中,例(13)和(14)中"看上去"和"看起来"前的人名所表示的人是动作行为"看"的对象。但是,有时候由于谓语核心部分语义的特点,"看上去"和"看起来"前的名词性成分可以是"看"的施事,或者说是主体。例如:

(15) 梁梓君一眼看上去全不明白,仔细看就被第一节里的"磨"、"增"、"潜"三兄弟给唬住,问林雨翔怎么这三个字如此相近。(韩寒《三重门》)

(16) 龙虎是个有心人,他用学者的眼光来琢磨自己从事的这份常人看起来很简单、不起眼的工作。(《人民日报》2000 年 11 月)

以上例(15)中的"梁梓君"和例(16)中的"常人"是"看上去"和"看起来"的动作行为"看"的主体。这种句法关系上的差异,是由"看上去"和"看起来"前后的句法成分之间的语义关系所决定的。虽然它们之前的句法成分可以有主动和被动之分,不过表示主动的情况极少。在含有"看上去"的句子中,"看上去"之前的句法成分表示主动的句子有 2 句,约占总例句数的 0.41%;在含有"看起来"的句子中,"看起来"之前的句法成分表示主动的句子有 2 句,约占 0.58%。但是不管怎么说,句子中的这种句法多义性是存在的。这种多义性也存在于他们能够进入的使令句中。例如:

(17) 和服遮住了禾子的大部分肌肤,这使禾子看上去有点神秘。(洪峰《苦界》)

(18) 虽说"地球围着大国转"让中小国家看上去不舒服……(《人民日报》2000 年 9 月)

(19) 收税人的褐色制服使他的脸看起来更加深沉严肃。(阿来《尘埃落定》)

(20) 那些平日里使姚江河看起来甚觉浅薄的男女学生,此时也在他的心底里激起温馨的波澜。(罗伟章《妻子与情人》)

以上四个例句中,"看上去"和"看起来"都是被用在使令句或者使令结构中,例(17)和(19)的"禾子"和"他的脸"都是被看的对象,而例(18)和(19)中的"中小国家"和"姚江河"则是看的主体。在含有"看上去"的句子中,使令结构中"看上去"之前的句法成分表示主动的句子仅有 1 句,约占总例句数的 0.21%;表示被动的句子有 30 句,约占总例句数的 6.21%。在含有"看起来"的句子中,使令结构中"看起来"之前的句法成分表示主动的句子有 3 句,约占总例句数的 0.086%;表示被动的句子有 20 句,约占总例句数的 5.76%。

这些可以说是这两者在句法关系表达上的相同点,但是它们也有不同点。

"看起来"之前,可以用介词结构"在……"等引入一个名词性成分,而这时,这个名词性成分就表示"看"的主体①。例如:

(21) 她穿着在家穿的衣服,在她,那套衣服可能很平常,但是在我看起来,比我们平时穿出去参加什么活动的衣服还要好。(安顿《欲望碎片》)

(22) 这个地方在外人乃至新华书店一渠道的人看起来,很有一些神秘色彩。(阿登《书惑》)

在以上的两个例子中,"在……"引入"看"的主体,被看的对象在"看起来"之前。这样的句子共有 2 句,约占总例句数的 0.58%。在使用"看上去"的句子中,我们没有发现用这种方法引入"看"的主体。可见,"看上去"和"看起来"在句法关系的表达上有差异。

4 在被述对象语义上的差异

"看上去"表述的对象比较具体,通常要有能被视觉感知的特征,大多数情况下是一种有具体形象的人或物,有时候也可以是一种行为、事件等。例如:

(23) 镜子里的人看上去有些紧张,脸色微红。(安顿《欲望碎片》)

(24) 女主人席上的三姨看上去简直像那瓶里的鲜花……(欣力《纽约丽人》)

(25) 穿一身名牌的休闲西服,看上去既讲究也很随意。(水果《恋恋风尘》)

(26) 以前自己和魏明是刘总的左膀右臂,两人不分上下,现在的调整看上去似乎自己下了一层。(汪向勇《逃往中关村》)

---

① 关于这一点,张谊生的观察跟我们相同。请参见张谊生(2006)。

在以上的例(23)和(24)中,"看上去"的对象是具体的人,具有被视觉感知的特征。而例(25)和(26)中,"看上去"的对象则是某种行为或者事件。在含有"看上去"的句子中,表述对象是有具体形象的人或物的有433句,约占总例句数的89.65%。"看起来"则不限于表达这些。"看起来"的表述对象可以是具体的也可以是抽象的,例如:

(27) 彼此的脸看起来都变得恍惚,声音也恍惚。(王安忆《长恨歌》)

(28) 在妇女剪发运动中,你做"剪发匠",剪掉了那么多妇女的头发,你还同男人一起宣传新思想,用旧眼光看起来,当然都是大逆不道、不守清规的了。(秦德君、刘淮《火凤凰》)

(29) 有好多次,蔡闽义就曾语重心长地提醒过陶韵,要站稳脚跟,分清敌我友,三思而后行。现在看起来,这些话是起了作用的。(周力军《我们这一届学生会》)

(30) 我实在是为二十七岁的我感到不好意思,那时我的一切,包括虚荣心在内,都十分好笑——可是,现在看起来,只在那个年纪,我才干得出那种事……(石康《晃晃悠悠》)

在以上的句子中,例(27)和(28)中"看起来"的对象是具体的形象和行为,其中,用"看上去"替换也未尝不可。但是,例(29)、(30)句中,句子的意思表示估计、推测和推断,"看起来"的对象不是一个具体的视觉可感知的事物,而是复杂的情况。这里就很难用"看上去"进行替换。根据我们对语料的观察和统计,在含有"看起来"的句子中,表述对象是有具体形象的人或物的有239句,约占总例句数的68.88%,这个概率要比"看上去"低许多。有45个句子表示估计、推测和推断,约占总例句数的12.97%。

5 在句式表达功能上的差异

如前所述,"看上去"所在的句子表述的对象具有视觉感知的特点,所以,其句式语义更强调描述。而"看起来"所在的句子,除了表述具体对象之外,其句式语义还强调估计、推测和推断,常常根据被述对象(情况)来推测或者推断结果。张谊生认为经过语法化之后,"看上去"和"看起来"不管出现在小句之前还是小句中间,这两个词已经成为评注性副词。含有这两个词的句子从表达观感虚化为表达感知[①]。我们觉得从表达观感到表达感知,它带来的变化不只是表现在语义上,更重要的是,它们各自语义特点的不同会使各自进入的句式产生差异。"看上去"和"看

---

① 请参看张谊生(2006)。

起来"能够大量进入转折句等句式中。例如:

(31)"上海小姐"这项桂冠是一片浮云,它看上去夺人眼目,可是转瞬即逝,它其实是过眼的烟云,留不住的风景……(王安忆《长恨歌》)

(32)我的周围是柔软而纤长的芦苇,随风摇荡着,看上去是那么结实,但当我伸出手去,它们摇向了相反的方向。(安顿《欲望碎片》)

(33)面上看起来很活跃,底下其实是静如止水。(王安忆《长恨歌》)

(34)世上许多人看起来很相似,然而开口说话,却有着天壤之别。他究竟是一个什么样的人呢?(张抗抗《北极光》)

从以上的例(31)到(34)中都有一些词语表明"看上去"和"看起来"处在转折句中。进入转折句是"看上去"和"看起来"的共同的句式表达功能。这个时候,"看起来"跟"看上去"一样,表述的对象是具体的,句子句式语义具有描述性特征。在含有"看上去"的句子中,处在转折句中的有65句,约占总例句数的13.46%。在含有"看起来"的句子中,处在转折句中的有117句,约占总例句数的33.72%。然而,含有"看起来"的句子的句式语义,除了这种功能外,还有表示估计、推测和推断。这个时候,"看起来"所在的小句后面就不会出现表转折的小句。如上面的例(29)、(30)。更值得注意的是以下这样的句子:

(35)那张旧沙发床还在原位,但玛格丽特给沙发床遮了一块鲜艳的毯子,使那张躺上去咯吱咯吱乱响的沙发显得顺眼了许多。屋里摆了一张写字台、几把椅子及两个书架,看起来,玛格丽特已把这里当作了自己的工作间。(王小平《刮痧》)

(36)你看你,我一看到你,你的脸色便是这样煞白煞白的。看起来,似乎精力不济,你是不是一直睡眠不足。(凌非《天囚》)

(37)转而对萧木说:"在你们宿舍门口正碰上她,急猴猴的。看起来关心你的人还不止我一个……"陶韵抬手打了他一下:"去你的,贫嘴!"(周力军《我们这一届学生会》)

以上三句中,"看起来"的表述对象都是某种情况而不是某个具体的事物或人,这时句式语义表示的是估计、推测和推断。"看起来"的后续句中没有表转折的小句出现。这是"看起来"与"看上去"的一个很大的不同之处。张谊生把以上三句中的"看起来"称为插入语。他认为这样的插入语"都可以省略且不会影响句子的结构关系和基本语义"[①]。其实,省略了"看起来",有的句子的估计、推测和推断意义就没有了,如例(35);有的则句子语义不能连贯,如例(36)和(37)。可见,他还没有充分注意到"看上去"和"看起来"在句式表达功能上的差异。其实,此时"看起来"更像一个表示连接关系的关联词语。

---

① 请参看张谊生(2006)。

6 结　　语

总之,虽然"看上去"和"看起来"所处句子的句法特征有不少可以被描述,但是我们认为两者之间的重要差异存在于四个方面:1. 由于"看上去"与"看起来"两者的语义虚化特点的不同,"看起来"实时很实,而虚时很虚,"看上去"则没有极端的情况。这种差异造成了两者在句法构造能力上的差异。2. 单纯直接出现在"看上去"和"看起来"前的名词性成分,通常就是它们的表述对象,但是在极少数的情况下,这样的名词性成分也可以成为表述的主体。"看起来"可以通过让"在……"等结构直接位于自己的前面来介引表述主体。3."看上去"的表述对象具有形象的特点,可以被视觉所感知。"看起来"的表述对象既可以是具体的也可以是抽象的。它可以把某种情况(抽象事物)当作表述对象。4."看上去"和"看起来"都可以大量用于转折句子中,但是当"看起来"的句子表示估计、推测或推断时,其后面就没有表转折的小句出现了。

参考文献:

　　[1] 房玉清."起来"的分布和语义特征[J]. 世界汉语教学,1992,(1).
　　[2] 贺　阳. 动趋式"起来"的语义分化及其句法表现[J]. 语言研究,2004,(3).
　　[3] 吴锋文."NP+V－起来＋AP"格式句法语义分析[J]. 华中师范大学研究生学报,2006,(4).
　　[4] 卢英顺."上去"句法、语义特点探析[J]. 安徽师范大学学报(人文社会科学版),2006,(4).
　　[5] 张谊生."看起来"与"看上去"——兼论动趋式短语词汇化的机制与动因[J]. 世界汉语教学,2006,(3).

"最后"与"最终"的对比分析[*]

提　要：本文对同义词"最后"与"最终"进行辨析，在句法上，对其各种用法做了考察，从中看出，"最终"比"最后"具有更强的副词特征；在语义上，对其所在句子的句式语义进行了归纳分析，发现它们在语义表达上有一种区别的倾向："最后"更强调时间的顺序，而"最终"更强调过程的终结。

关键词：最后，最终，用法，句式语义

1　引　言

"最后"与"最终"是两个同义词，留学生在不同的学习阶段会遇到这两个词，而且经常会混淆，所以有必要对此进行辨析。在不少辞书上，我们都能找到这两个词，但是对它们的解释都比较简略，一般都将"最后"看作名词，解释为"时间上最晚"或"次序上最末"（商务印书馆辞书研究中心，2000；李忆民，1995；李行健，2004），但是对"最终"的词性却有不同的看法：有的就根本没有说明它的词性，只是简单地指出它有连接作用（北京大学中文系1955、1957级语言班，1996）；有的辞书将其视为副词和形容词兼类（商务印书馆辞书研究中心，2000）；有的将其视为副词，对其所做的解释是："表示终究，归根结底，后面的结果多是施动者不希望出现的，作状语，修饰动词，可放在主语前……"（李忆民，1995），但我们在真实语料中不难发现这样的句子：

　　(1) 而今，同名电视剧里保尔与冬尼娅的扮演者，乌克兰演员安德烈和雷霞，却因排演此剧产生感情，最终喜结连理。

　　(2) 最终套出了谢晋的房间号，然后我打电话给他，先是自报家门，然后说想跟他聊聊。

从这两句中我们看不出"最终"有"后面的结果多是施动者不希望出现的"这样的意思。

有的提到："最终"不表示在时间上或次序上在所有别的之后。"最终的胜利一定属于我们"里的"最终"是错用的，应改为"最后"（李忆民，1995）。但是，真实的语

---

[*]　本文曾载于《汉语学习》（普及版）2005年第5期，原文题目为《"最后"与"最终"的用法和语义特征分析》。作者：叶美千、任海波。本次收录，修改了题目，正文也略有修改。

料中有如下的句子：

（3）林志扬永远记得清那些灰烬腾飞的样子,它们随着火焰的力量上升,翩翩起舞;又随着空气的压力下降。经过几个回合的挣扎,最终落到了地面上。

（4）据悉,在评奖到了最后25名时,将集中对25名获奖者进行资格审查,同时进行现场命题,最终评出本次大赛的最高奖获得者——少年美文金奖。

在上面的两个例子,"最终"与其说表示"归根结底,终究"的意思,不如说更加倾向于"在时间上处于所有别的之后",它表示事件过程的终结。

关于"最终的胜利",我们在北京大学汉语语言学研究中心的语料库中,找到了4个含有"最终的胜利"的句子,如:

（5）"下围棋"需要从全局出发,有时为了整体的利益和最终的胜利可以牺牲局部的某些棋子。

（6）人们以最终的胜利谱写了战争史上这篇壮丽的英雄史诗。

事实上,"最终"不但能修饰"胜利",还能修饰其他的名词,我们将在下面作进一步的说明,这里不多展开。

有的辞书将"最终"简单解释为"最后的时间"(李行健,2004),这似乎过于简单。我们认为前人对"最后"和"最终"的解释,仍有待于完善。这些解释还没有对这两个词的词性作出较好的分析,特别是对"最终"这个词的分析过于简单;也没有对这两个词的词义予以较好的解释,更没有仔细区分这两者之间的差异。

本文在1000多万字的语料中,穷尽性地抽取了3167个含有"最后"的有效句子和818个含有"最终"的有效句子。然后,对它们在句子中所表现出来的各种句法特征进行了分析和标注,同时对它们在句子中所表示的意义等进行了考察。在此基础上,本文就这两个词的句法功能进行了描述,然后对比两者在实际运用中的差异,对其进行了具体的分析,希望这种分析能在外汉语教学中帮助留学生更好地理解和运用这两个词。

2 "最后"和"最终"的用法

2.1 "最后"和"最终"都可以作定语,可以直接作定语,也可以加"的"以后作定语。如:

（7）他在康奈尔大学学习的最后一个学期,博士学位研究已近尾声。

（8）赫曼无助地大喊着,他多么希望在最后的时刻能出现奇迹,虽然这想起来都很可笑。

（9）它的最终归宿,理应是它的故国。

（10）这次合作不能说仅因张瑞芳生病或一时找不到演员而夭折,其实,动荡的时局与社会环境才是最终的原因。

以上例句中,例(7)、(9)都是直接作定语的例子,而例(8)、(10)都是加"的"以后作定语的情况。下表说明"最后"和"最终"作定语的情况:

表一 作定语的情况

	作定语例句数	占总例句数的比例	直接作定语例句数	占定语例句数的比例	加"的"作定语例句数	占定语例句数的比例
最后	1443	45.6%	1120	77.6%	323	22.4%
最终	80	9.8%	48	60%	32	40%

注:这里的"总例句数"分别是指:"最后"3167,"最终"818。

以上的数据显示,"最后"比"最终"更易于作定语,"最终"作定语的频率很低。"最后"在大多数情况下是不带"的"的。相对而言,"最终"带"的"的频率还略高于"最后"带"的"的频率。

2.2 "最后"除了作定语,还能够作介词或动词的宾语,共有109句,如:

（11）更何况参加拍卖的人知道,喊价到最后,摒退了所有竞争者,最后如不付账,不仅危害了竞争人、卖主,而且拍卖行本身也饶不了他。

（12）美方到最后,还提出了很多超过4月间条件的无理要求,我们一个一个把它拿掉了。

这里,"最后"作宾语主要是出现在"V+到(+了)"或"到"之后。而我们在"最终"的例句中仅发现了一例"最终"作宾语的句子:

（13）白大省在这个追名逐利的世界里,仍能保持一份纯真和执着,西单小六不断把白大省的恋人从她身边夺走,以作为自己魅力的证明,以为自己是胜利者,到最终也是一身伤痕,在最脆弱的时候才觉得白大省友情的温暖。

这说明"最终"在绝大部分情况下是作状语,它远比"最后"具有副词特征。

2.3 "最后"和"最终"在句法结构中的主要用法是充当状语,它们既可以修饰动词短语,也可以修饰整个句子,即在主语前面作状语。表二说明了这两个词作状语时的情况:

表二 作状语的情况

	作状语例句数	占总例句数的比例	在句首作状语的例句数及其比例	在主语后作状语的例句数及其比例
最后	1604句	50.6%	1209句 约75.4%	395句 约24.6%
最终	737句	90.1%	441句 约59.8%	296句 约40.2%

从上表我们可以发现,"最后"虽然在大部分情况下是作状语,但是频率远低于"最终"。"最后"更加倾向于在句子前作状语,比例高达75.4%,"最终"在句子前或者在主语后作状语的频率相对比较接近。

2.4 我们还在语料中发现了"最后"的如下用法：

(14) 院落最后是如来殿,殿内大佛于中,四周是排列整齐的小佛龛,每个小佛龛都有一个木佛像。

(15) 第一是金钱豹,最后是猫,狐狸虽然是倒数第二居然也比我强。

这里例(14)的"最后"在主语部分作中心语,例(15)的"最后"则直接作主语。这样的例子在我们的语料中共有11句,而且"最后"都是表示次序义,但是我们在语料中并没有发现"最终"作主语的例子。

3 "最后"与"最终"的句式语义

3.1 "最后"和"最终"的句式语义是指包含"最后"或"最终"的句子所表现出来的语义。我们在对这两个词进行考察的过程中发现它们在句式语义的表达上有着不同的用法。

在考察"最后"和"最终"修饰的成分时,我们发现,在80个"最终"的例句中,"最终"后面所修饰的名词含"结果"义的有13句,含"目的"义的有12句,含"目标"义的有10句(见表三)。而"最后"后面所修饰的名词中带有数量词的有923句,约占直接作定语的例句数的60%,如"一个"、"一位"、"一天"、"一批"、"一面"、"一刻"、"一句"等。"最后"后面所修饰成分表示时间意思的词和短语占20.2%,如"时刻"、"岁月"、"瞬间"、"刻/分/天/周/月/年"等(见表四)。

表三 "最终"修饰的成分

被修饰成分的语义	"结果"	占定语例句数比例	"目的"	占定语例句数比例	"目标"	占定语例句数比例
最　终	13	16.2%	12	15%	10	12.5%

表四 "最后"修饰的成分

被修饰成分的类型	数量词	占定语例句数比例	表示"时间"的词语	占定语例句数比例
最　后	923	60%	291	20.2%

注：这里的"数量词"和"表示时间的词语"是有交叉例子的。

这说明"最终"更加趋向于和表示"终了"的名词搭配，更强调了一个事件的终结。"最后"后面所修饰的名词以表示"数量"和"时间"的为多，"最后"倾向于强调次序义，即时间上和空间上的次序。

除了"最后"所修饰的成分多数都是数量短语外，我们还发现"最后"修饰的名词明显比"最终"要丰富，如"家园"、"归宿"、"秘密"、"母爱"、"年龄"，还有修饰"努力"、"抗争"、"告别"、"疯狂"等具有动作义的词语。

"最后"所修饰的成分，除了上面提到的，还有一些短语，如：

(16) 那年头，几位大师都撑着耄耋高龄来为我们讲课，我记得的有王力、吴组缃、林庚。这是他们最后的开堂讲学了。

(17) 首先，研究人员每隔几周就会从成年的眼镜蛇王身上采集毒液，然后把少量的毒液注射到马身上，让马产生抗体，再从产生抗体的马身上收集血清，制成最后的抗蛇毒血清。

以上两个例句中修饰的是"开堂讲学"和"抗蛇毒血清"两个偏正短语。相对于"最后"而言，"最终"的搭配关系显得不是很自由，除了上面提到的几个表"结果"义的名词之外，在语料中仅发现几个例子是修饰偏正短语的，如"正式收养关系"和"解释权"，而且这两个短语和"最终"搭配在一起是具有定义性的。

3.2 "最后"和"最终"在句式语义上表达的不同还表现在与时间词语的搭配上：

"最后"常与"（首）先"、"然后"、"接着"、"从……到……"等表示时间顺序的词连用，表示事件发生的顺序，这样的例句我们发现有142句，如：

(18) 先是一个洋装笔挺的人从车门里钻出来，然后，他走到车子的另一边，动作利索地打开车门，一只戴白手套的手伸了出来，他赶紧上前轻轻地托起，最后，一袭黑披风荡了出来，一个高高瘦瘦的背影拉开了。

在这里，"先是"、"然后"、"最后"标出了事件发生的次序，在具体语料中，"最后"可以与多个表示时间顺序的词搭配，下表即为与"最后"的表示时间顺序的词语搭配情况的统计表：

表五 "最后"与表时间顺序词语的搭配情况

表时间顺序词语	第一/起初/原来/开始/首先/先	再/又/还	后/后来/以后/然后/随后	接着/继而/其次/	经过/从……到……
出现次数	32	38	80	17	10

但是"最终"极少跟"首先"、"然后"连用。我们在818个例句中仅发现两例。这些现象说明"最后"主要表明次序，或者时间的终点。而"最终"不是，"最终"主要表明过程的结束或终结。如：

(19) 他跪趴在废墟上,双手不停地刨着,朱刚看到他两只手已经血迹模糊了,但他还是疯了一样地刨着,疯了一样地哭喊着,希望他的手下能找到奇迹。最终他被人架走了,他的老父亲去了。

这个例子首先描述了整个事件的发展过程,最后用"最终"作了事件的终结阐述。

3.3 在上面的分析中可以发现,"最后"可以理解为两种意思,即时间的终点和次序上的最末,而次序既可以是空间上的又可以是时间上的。例如:

(20) 也许那最后一杯酒原本属于他的,他把属于自己的这杯酒"嗞"的一声喝了下去。

(21) 最后一版是国际新闻,这一版无非是哪里又开火打仗了,哪里的内阁倒台了,要不就是弹劾了总统,还有的就是我一辈子都赶不上享受的科技突破。

(22) 最后,底气不足的赫鲁晓夫只好彻底妥协,下令将运往古巴的核武器全部拆除,并同意由联合国有关机构监督检查装箱,运回国内。

(23) 安德鲁:我想先说一句,我要感谢《中国日报》,我是在这个报纸上看到广告后来参加竞标的,最后成功。

在上面的四个例句中,前两例中"最后"的意思是典型表示"次序"的,后两例中"最后"则是表示时间上的终点。

3.4 相对于"最后"而言,"最终"的词性定义显得更为麻烦,各家都有其不同的看法。在下面的表格中,列举了"最后"和"最终"在实际语料中作句法成分的情况:

表六 "最后"和"最终"充当句法成分的情况

	作状语例句数及其占总例句数的比例	作定语例句数及其占总例句数的比例	作宾语例句数及其占总例句数的比例	作主语例句数及其占总例句数的比例
最后	1604句 约50.6%	1443句 约45.6%	109句 约3.4%	11句 约0.35%
最终	737句 约90.1%	80句 约9.8%	1句 约0.1%	

"最终"在绝大多数情况下是作状语修饰句子或者动词,所占比例高达90.1%,这也是很多人将"最终"看作副词的一个重要原因。但是"最终"是可以加"的"作定语,修饰名词或体词性成分,这是副词所没有的词性特征。有的辞书因此这样解释;最终:1.形容词,表示最后的、末了的,如:最终结果、最终目的;2.副词,表示终归到底,如:最终会取得胜利(商务印书馆辞书研究中心,2000)。这样处理是否妥当,仍可做进一步的讨论,但是我们对事实得有所认识。

4 结　　语

通过用法的考察,我们发现,充当定语的频率,"最后"要比"最终"高得多。而在大多数情况下是不带"的"的,后面所修饰的名词以表示"数量"和"时间"的为多。而"最终"主要修饰表"结果"义的名词,相对于"最后",它的搭配关系显得不是很自由。"最终"比"最后"更易于作状语,而且基本上是以作状语为主。"最后"可以作动词或介词的宾语,而"最终"是基本上不作动词和介词的宾语的。总而言之,"最终"比"最后"更易于作状语,"最后"比"最终"更易于作定语,"最终"的副词性远远强于"最后"。

"最后"和"最终"在基本语义上虽有相似之处,但是在用法上还是有很大的差异的,我们大致可以看出一种区别的倾向:"最后"更倾向于在句子中帮助说明事件发生的顺序,而"最终"更倾向于说明事件过程的终结。

参考文献:

[1] 北京大学中文系 1955、1957 级语言班. 现代汉语虚词例释[M]. 北京:商务印书馆,1996.

[2] 胡明扬. 词类问题考察[M]. 北京:北京语言文化大学出版社,1997.

[3] 李行健. 现代汉语规范词典[M]. 上海:语文出版社,2004.

[4] 李忆民. 现代汉语常用词用法词典[M]. 北京:北京语言文化大学出版社,1995.

[5] 任海波. "原来"和"本来"的用法考察及其句式语义分析[J]. 现代汉语虚词研究与对外汉语教学[M]. 上海:复旦大学出版社,2004.

[6] 商务印书馆辞书研究中心. 应用汉语词典[Z]. 北京:商务印书馆,2000.

"一律"与"一概"的对比分析*

提　要：本文在大规模语料库的基础上，比较分析现代汉语副词"一律"与"一概"在句法特征和语义特征上的差异。通过分析可知：在句法上，两者都可以作状语和定语，而"一律"还可以作谓语；"一律"可以直接加名词或数量词，而"一概"不能。在语义和语用上，"一概"和"一律"都表示适用于全体，没有例外，"一律"主要表示主观规定性，而"一概"主要表示客观陈述性。

关键词：一律，一概，对比，分析

1　引　　言

"一律"和"一概"都是表示总括的范围副词，总括的是范围副词"一律"和"一概"与它们限制的对象(即总括对象)之间的关系。我们在以往的研究中没有发现对这两个词进行比较的论文，直接对此进行辨析的文献有：黄南松、孙德金主编的《HSK词语用法详解》，吕叔湘主编的《现代汉语八百词》，中国社会科学院语言研究所主编的《现代汉语词典》(第五版)，佟慧君、梅立崇主编的《汉语同义词词典》，侯学超主编的《现代汉语虚词词典》等。他们分别从不同的角度对这两个词进行了比较，他们的分析有一定道理，但不够系统和全面，而且不够准确，主要集中在以下四点：

a)"一律"既是副词又是形容词，"一概"是副词；两者都表示适用于全体，没有例外。

b) 两者都只能用在主语后，"一概"后不能只有一个单音节词，而"一律"后面可以加单音节词；"一概"后面一般为否定形式或消极意义的动词。

c) 不同性质的事物多用"一概"，相同事物多用"一律"；对象为人多用"一律"，对象为物多用"一概"。

d)"一概"和"一律"都概括人或事物的全部范围，而"一律"还强调动作、行为、情况的一致性。"一概"和"一律"用于通知、规定时，概括事物，可以通用。

a) 对这两个词的词性进行了规定，并分析了它们的基本语义特征，各文献的

---

*　本文曾载于《桂林师范高等专科学校学报》2006 年第 3 期，原文题目为《"一律"与"一概"的对比分析》。作者：刘建东、任海波。本次收录，修改了题目，正文也略有修改。

说法基本相同,这也是大家认可的。b)、c)是对两者的句法特征作的分析,两者都只能用在主语后,这点我们没有发现例外;我们在考察的语料中没有发现"一律"带单音节词的例句,只是在其他文献中找到了1例,而在新闻标题这种特殊语体中,"一概"后面也可以加单音节动词。例如:

(1) 家中却一律忙,都在准备着"祝福"。
(2) 天下文章一概抄。(《湄洲日报》,方金地)

由上可知,这两个词后面加单音节词的用法都是很少的,因此不应把它作为两者的主要区别之一。同时,我们也对两个词后加否定形式或消极意义的动词的情况作了统计分析,发现"一律"后面这种情况有228句,占总例句的26.7%;"一概"后面有63句,占总例句的37.2%,出现的频率略高一些,显然这也不是两者的主要区别。c)对两者所修饰的对象作了描写,我们通过分析发现它有一部分是正确的(见表一),因为我们发现很难进行统计,对象很少是相同事物,而较多是某一类事物。

表一 "一概"和"一律"的对象

词语	对象为人	所占比例	对象为物	所占比例
一律	484句	约56.8%	368句	约43.2%
一概	21句	约12.4%	148句	约87.6%

注:这里的"总例句数"分别是:"一律"852句,"一概"169句。

最后一点是关于两者的语用区别以及替换,"一概"和"一律"都概括人或事物的全部范围,这一点是得到大家认可的。《现代汉语虚词词典》(张斌,2001)提到了"一律强调动作、行为、情况的一致性",例如:

(3) 参观者一律凭票入场。

我们认为在(3)中,"一律"表示的其实就是动作适用于所有对象,可以归于它的基本语义,并非强调一致性,而是对所有参观者作出的规定。因此,这一说法值得进一步商榷。

在真实文本的语料中,"一概"用于通知的时候很少,概括事物时两者并不都可以通用。特别是在政治性或法律性文本中,多用"一律",而很少使用"一概"。特别是在《宪法》等法律条文和政治文本中,几乎找不到"一概"(详细数据见3.1),所以d)的表述也是不够准确的。

马真在《现代汉语虚词研究方法》中也提到了"一概"和"一律"的替换问题,但只是把它列为需要进一步探讨的问题,并未进行深入研究。为了更好地辨析"一概"和"一律",我们以《作家文摘报》和《人民日报》为研究语料,从其中抽取了包含"一概"和"一律"的句子,共计1019句,其中包含"一律"的852句,包含"一概"的169句。另外,我们还参考了北京大学语料库和《中国法律法规大全》(www.chnlaw.net)的部分例句。通过本文的研究,我们试图弄清"一概"和"一律"的具体用法,并找到两者在语义和语用上的真正差异。

2 句法特征的差异

2.1 谈到这两个词的句法差别,我们首先考察"一律"和"一概"所作的句法成分。

2.1.1 "一概"和"一律"都可以直接充当句子的状语。也可加"地"作状语,其中"一律"作状语有 845 句,约占总例句数的 99.2%;"一概"作状语有 166 句,约占总例句数的 98.2%,例如:

(4) 其实,马华当时的年龄并不大,但所有的学员,无论年龄大小都一概称她"马老师"。(ZJWZ520)①

(5) 我注意他们的谈话,其中有几个声调几乎雷同,一概地说:这些年放松了学习。(ZJWZ509)

(6) 9 名学生毕业后,学校保证他们一律保送矿十一中就读;根据学生受伤害程度,学校愿意和家长协商,给予一定的补助性赔偿。(ZJWZ480)

(7) 刊物如同老师主编的一般,一律地退稿于我。(ZJWZ020)

通过对语料的分析我们可以看出两者作状语的情况相当。请看表二。

2.1.2 "一律"还可以作谓语,表示相同,此时是形容词,我们共发现了 2 句,占例句数的 0.2%,例如:

(8) 当时她刚从新疆回来,拿出大约 40 幅大小一律的作品,多数是画维吾尔族人生活的水粉画。(ZJWZ376)

(9) 这种便衣警察在日本又称作"刑士"。着"便衣"而又服饰一律,这本身就像"此地无银三百两"一样令人可笑。(ZJWZ100)

2.1.3 两者都可以作定语,其中"一概"有 3 句,占例句数的 1.8%,"一律"也有 3 句,占 0.35%,例如:

(10) 所以这女人,也就只有将一概的猜疑、一概的不安、一概的委屈和苦恼憋闷在内心里,夜夜祈祷她的丈夫能靠了自己的理性从婚外恋的泥淖之中自拔出来……(ZJWZ101)

(11) 从泰山脚下到玉皇顶峰景区,市区内 2216 座公厕都奇迹般地改变了模样:洗手盆、干手器、梳妆镜、通风扇等硬件一应俱全,一律的瓷砖铺地,一

---

① 本文中例句后的注释符号"ZJWZ"代表我们使用的语料来源《作家文摘报》,"RMRB"代表我们使用的语料来源《人民日报》。后面的数字代表的是例句所在的期刊序号。

律的水冲潺潺,一律的空气清新。(RMRB0010)

2.2 以上我们把"一律"和"一概"所作句法成分作了比较,具体情况请看表二。

表二 "一律"和"一概"所作句法成分

	作状语例句数	占总例句数的比例	作定语例句数	占状语例句数比例	作谓语例句数	占状语例句数比例
一律	845句	约99.4%	3句	约0.35%	2句	约0.25%
一概	166句	98.2%	3句	约1.8%	0	0

下面我们看一下它们后面所修饰的成分,包括动词、形容词、名词、数量词等,我们将逐一进行分析。

2.2.1 先看一下两者带动词的情况,请看表三。

表三 "一律"和"一概"所带动词的主要形式

	V/不+V	比例	不准/不得/不许/不予+V	比例	取消、禁止等	比例	介词短语+V	比例
一律	601	70.7%	106	12.5%	52	6.2%	91句	10.6%
一概	151	89.3%	9	5.3%	2	1.2%	7句	4.2%

注:这里的"总例句数"分别是:"一律"850句,"一概"169句。

通过上表我们发现:"一概"和"一律"所带的动词多为"V或不+V"式,例如:

(12)在这方面我非常佩服启功先生,他就是一概不管。(ZJWZ461)

(13)他除了爱画如命之外,对于吹拍捧场,钻营名利这些事一概不懂。(ZJWZ444)

(14)在当时,根据国内指示,凡是所谓"社会主义大家庭"的活动,一律不参加。对苏方组织的邀请所有使馆参加的活动,若苏方在讲话中指名反华,我外交人员要立即退场,以示抗议。(ZJWZ376)

(15)这件事对荣德生是个深刻的教训,从此以后他建厂安装机器,只要中国人能做的,就一律不请洋人。(ZJWZ055)

通过对(12)、(13)和(14)、(15)的对比分析可以看出,(12)、(13)是对客观事实的叙述,(14)中有"指示"这样明确地表示命令的词语,而(15)则隐含着一种对"建厂安装机器"时是否聘请洋人的规定。

除此以外,"一律"后面的核心动词更多的为表示规定的"不"类动词,如不许/不予/不得/不准等,例如:

(16) 原来凡是到这里工作的中国同志,进来后要断绝与中共党组织和其他同志以及所有亲友的联系,除与自己现在工作直接有关的人,不准单独与任何人来往和接触,除根据上级指示执行规定任务外,一律不准私自单独外出。(ZJWZ076)

(17) 今后,凡是没有取得会计从业资格的人员一律不得从事会计工作,各单位也一律不得任用。(RMRB0006)

通过对(16)、(17)的分析,我们可以看出它们是通过"不准"、"不得"这两个规定性词语对人们的行为进行了规定。

另外"一律"后面还可以带"废除、废止、禁止、实行"等其他规定性词语,例如:

(18) 1941年12月9日,中国政府发出《中国对日宣战布告》,明确昭告中外:"所有一切条约、协定、合同,有涉及中日之间关系者,一律废止。"(RMRB0006)

(19) 乌鲁木齐严格控制机动车尾气污染,自1999年7月1日起,全市所有加油站一律禁止销售含铅汽油,改售无铅汽油。(RMRB0008)

尽管"一概"后面也可以带"不得、不准、取消"等规定性词语,但出现的频率很低,在我们的语料中只有4句,占总例句数的2.4%,例如:

(20) 在国立音专文艺社所编的《音乐杂志》第3期上登了一个由他署名的启示:要求"投稿以中国人为限"、"曲上一概不得具名",作曲者的姓名及通讯处需"另书一条,用小封筒密封附缴"。(ZJWZ377)

(21) 据有关人士分析,"禁令"对所有航线票价一概不准打折这种行政举措,虽在短时间内控制了各航空公司间的低价无序竞争,确实也失去了一部分旅游市场。(RMRB0004)

我们可以发现在(20)、(21)中,"一概"并不是直接用于规定,而是对规定引用、解释和评价。

2.2.2 我们来分析一下"一概"和"一律"加形容词的情况。"一概"和"一律"都可以加形容词,其中"一律"后加形容词共有80句,约占总例句数的9.4%,而且这80句中有71句用的是"平等",占88.75%,经常出现在一系列的规定中。例如:

(22) 冰岛高度评价中国关于国家不分大小应一律平等的主张。(RMRB0009)

(23) 种族歧视政策导致了一系列针对华人的骚乱,严重影响了民族团结和社会稳定。去年10月印尼新政府诞生后,决心推行所有种族和宗教一律平等的政策。(RMRB0002)

(22)、(23)中的"国家不分大小应一律平等"及"所有种族和宗教一律平等"是一种政治主张,多出现在一些政治性较强的文件中。"一概"后加形容词只有2句,约占总例句数的1.2%,例如:

(24) 所以这女人,也就只有将一概的猜疑、一概的不安、一概的委屈和苦恼憋闷在内心里,夜夜祈祷她的丈夫能靠了自己的理性从婚外恋的泥淖之中自拔出来……(ZJWZ101)

在(24)中,"一概"后面带的是"委屈和苦恼"等描述人的心理的形容词,整个句子很明显是对这个女人的心理描写,它常常出现在小说等文学题材中。

2.2.3 "一律"可以后加数量词,都是"……折",共发现了4句,占总例句的0.47%,"一概"不可以。例如:

(25) 步行梯口原先写着"孩之宝系列玩具5折优惠"的告示,被翻了过去,变成了"限时销售,一律3折"。(ZJWZ245)

(26) 我国的航空票价统得过死,一律八折,甚至采取统一服务标准的所谓联营,这不符合市场经济规律。(RMRB0009)

在(25)、(26)中"一律"后面加"……折",表示的都是对机票等价格所作的规定。

2.2.4 "一概"和"一律"都可以加主谓短语,"一律"有12例,占总例句的1.4%,而"一概"仅有1例,占总例句的0.59%,例如:

(27) 三是对演员的要求更为严格,复赛一律钢琴伴奏,不用扩音设备,决赛曲目增多。(RMRB0006)

(28) 这位女生不是学美术出身,是到了柏林后才开始画的,手生得很,形也抓得不怎么准。好在西方人一概轮廓鲜明突出,容易造型,所以也把这碗饭给混了下来。(ZJWZ228)

尽管都是叙述,但是在(27)中"复赛一律钢琴伴奏"是针对复赛的一种要求和规定,而在(28)中"西方人一概轮廓鲜明突出"则是对西方人外表的一种描述。

2.3 最后,我们考察一下"一概"和"一律"与"要求、规定、意见、禁忌、禁令、制度、告示、宣布、指示、规矩、决定、命令"等词连用的情况。通过对语料的分析,我们发现,"一律"与此类带有主观规定性的词语共同出现的句子有295句,占总例句数的34.7%,而"一概"只有3句,占总例句数的1.7%。例如:

(29) 自从这件事后,露宝定了制度,在微软公司的办公室里,清洁工只能清除垃圾桶里的东西,其他地方的东西一律不准移动。(ZJWZ359)

(30) 他的收藏原则是,只收藏艺术请柬,其他的如会议、开业请柬,一概不收。(ZJWZ518)

3 语义特征及语用差异

3.1 在一些文献材料中提到"一概"和"一律"用于通知、规定时,概括事物可以通用(吕叔湘,1999;佟慧君、梅立崇,2002),特别是在《宪法》等法律条文和政治文本中,几乎找不到"一概"。根据《中国法律法规大全》(www.chnlaw.net),"一律"出现623次,而"一概"只出现11次。例如:

(31) 对任何人犯罪,在适用法律上一律平等。(《中华人民共和国刑法》)

(32) 凡外国或港澳地区机构、人员邀请我党政干部出访,不论是否对方提供经费,均应根据我方实际需要决定,不能一概应邀,更不能降低身份前往。(《中共中央国务院关于严格控制党政机关干部出国问题的若干规定》)

法律性条文有更强的约束性和规定性,更加正式,而"一律"能在这种环境中出现,也说明了它本身的规定性比"一概"更强。尽管"一律"也可以用于陈述事实,"一概"也可以用于规定,但两者在不同语体中出现的频率不同,在真实的语料中表现得很清楚。

3.2 "一律"和"一概"在不同的语体中,出现的频率不同,请看表四。

表四 "一概"和"一律"在语料中出现的频率

词语	作家文摘	所占比例	人民日报	所占比例
一概	130次	76.9%	39次	23.1%
一律	326次	38.2%	526次	62.8%

注:这里的"总例句数"分别是:"一律"852句,"一概"169句。

通过表四我们可以清楚地看到:"一律"主要用于《人民日报》等新闻语体中,而"一概"主要用于《作家文摘》等叙述、描写较多的文本中。"一律"和"一概"都可以用于客观陈述。其中,"一律"的这种用法在我们的语料中共发现了144句,占16.9%;"一概"有165句,占总例句数的97.6%。"一律"用于规定的句子有706句,占总例句数的83.1%;"一概"也可用于规定,但出现的机会很少,我们只发现了4句,占2.4%,例如:

(33) 对罪犯申诉应当具体情况具体分析,不要一概认为是不认罪服法。(《最高人民法院关于办理减刑、假释案件具体应用法律若干问题的规定》)

"一概"尽管也可以和一些规定性的词语连用,但它多是对这些规定的陈述和解释,而很少直接规定。在(33)中,"不要一概认为是不认罪伏法"不是直接性的规定,而是对规定的一种解释和说明。"一概"表示主观性规定的情况也出现在一些法律文件中,但在我国的主要法律法规中我们只发现了11句。由此可见,在一般文体中,"一概"用于规定的出现频率是很低的,它只是偶尔出现,其主观规定性是很弱的。例如:

(34) 在进行要约的过程中或当要约正在计划中,要约人、受要约公司以及两者各自的任何顾问,一概不得只向部分股东提供并非发给全体股东的资

料。(《香港公司收购及合并守则(之一)》

(35)市级各部门对开发区内企事业单位收取各项费用,要经管委会审查同意;未经审查同意的,企事业单位一概拒付。(《成都市人民政府关于加快建设成都高新技术产业开发区的决定》)

由此我们可以得出结论:"一律"主要表示主观规定性,而"一概"主要表示客观陈述性。

4 结　　语

综上所述,我们发现,在5000多万字的语料中,"一律"出现了850次,而"一概"只出现了169次。"一律"的出现频率比"一概"高得多,这说明"一律"的使用更加广泛、频繁。在句法方面,"一律"既可以作副词又可以作形容词,既可以作状语又可以作谓语和定语,而"一概"只能作副词,充当句子的状语和定语;两者都可以带动词,既可以直接带动词,又可以加"地"带动词,或加介词短语带动词。但两者所带核心动词的形式有所不同:"一概"后面的核心动词多为"不＋V"或"V","一律"后面的核心动词多为"不"类动词或规定性动词。"一律"后面可以直接带名词或数量词,而"一概"一般不可以。在语义和语用方面,"一概"和"一律"都表示适用于全体,没有例外,"一律"主要表示主观规定性,而"一概"主要表示客观陈述性。

参考文献:

[1] 吕叔湘. 现代汉语八百词(增订本)[M]. 北京:商务印书馆,1999.
[2] 北京大学中文系1955、1957级语言班. 现代汉语虚词例释[M]. 北京:商务印书馆,1996.
[3] 胡明扬. 词类问题考察[M]. 北京:语言文化大学出版社,1997.
[4] 张　斌. 现代汉语虚词词典[Z]. 北京:商务印书馆,2001.
[5] 陆俭明、马真. 现代汉语虚词散论[M]. 北京:语文出版社,1999.
[6] 张谊生. 现代汉语副词研究[M]. 上海:学林出版社,2000.
[7] 佟慧君、梅立崇. 汉语同义词词典[Z]. 北京:商务印书馆,2002.
[8] 韩敬体. 现代汉语词典(第五版)[Z]. 北京:商务印书馆,2005.

"一向"与"一贯"的对比分析*

提　要：本文对同义词"一向"与"一贯"进行辨析。在句法功能上,对其各种用法作了考察,在语义表达上,对各自的语义特征进行了分析。从中看出,在句法形式上,"一向"和"一贯"有明显的差异。在语义特征上,"一向"只指时间,表示的时间主要是从过去到现在的持续;而"一贯"在语义上,不表示时间,他所表示的是行为前后的一致性,尤其重要的是,这种行为的一致性,时间上可以表现在从过去到现在,也可以从现在一直延续到将来。在语用上,"一向"所处的句子,其焦点更侧重于说明整个句子所表示状态的持续。"一贯"所处的句子,其焦点更侧重于动作或行为的一致性。

关键词：一向,一贯,语用焦点,时间,一致性

1　引　　言

"一向"和"一贯"各自的释义很多词典都给予了解释,如《现代汉语虚词词典》(侯学超,1998),解释如下：

"一向"：

从过去到现在。表示一直如此。

"一贯"：

1) 副词,表示向来如此,从未改变;一向。

2) 多用于品行爱好、思想作风方面。可以加"地"。

对于"一向"的解释,相关的文章有邓小宁的《"一直"与"一向"的多角度分析》(汉语学习,2002,(6))。她在文章里说："一向表示行为状态在较长时间里的持续。一向所饰词语表示的性质状态是静态的,又是长时的,通常表示恒常性、一贯性。"

看完《现代汉语虚词词典》对两个词语的解释,可能我们还是不能对这两个词语各自的特征有很深刻的了解。他用"一向"去解释"一贯",更加混淆了两者的区别和联系。同样地,邓小宁说"一向通常表示恒常性、一贯性",那么又怎么看待"一

---

* 本文曾载于《凯里学院学报》2007年第1期,原文题目为《"一贯"和"一向"的对比分析》。作者：杨煜舒、任海波。本次收录,修改了题目,正文也略有修改。

向的一贯性"?很明显,我们发现这两个词有研究的必要性,因此我们从语料①中穷尽地抽取了"一贯"1107句、"一向"1385句,用定量的方法进行研究,并且从句法、语义和语用不同的角度出发,认真分析"一向"与"一贯"的各自特征,从而避免用互相解释的方式去考虑这两个词的区别和联系,最终达到指导对外汉语教学的目的。

2 两者在句法方面的特征及其词性

"一向"和"一贯"的句法形式差异很大。

2.1 "一贯"的句法特征及其词性

2.1.1 "一贯"可以作定语,而且频率还不低。例如:

（1）三百多人的摄制组,5个月来每天从早上7点到午夜一直不停赶拍,足迹遍布大江南北,从敦煌到九寨沟,从内蒙古到横店。以追求唯美画面著称的张导,此次也秉承了一贯的风格,在所有镜头里近乎执拗地追求色彩形式和细节上的完美统一。(ZJWZ533)

（2）加蒂外长对我们说:"我们与中国关系很好,这同圣马力诺与许多国家的关系一样。"加蒂外长强调:"维护圣马力诺的主权、特点、历史和传统,是我们一贯的基本思想和行动准则,为此,我们世世代代进行了不懈的斗争。"(08300701)

在整个语料的1107句中,"一贯"作定语的有256句,约占整个语料的23.1%。

2.1.2 "一贯"也可以作为构词成分。例如:

（3）孔范文生活节俭衣着朴素,实为一代楷模。这些年,在西装大潮扫荡知识界、教育界之时,他依然故我,还是那套三十年一贯制的中山装。(ZJWZ131)

（4）西方国家正是看中了这一点,将加快占领中国教育市场份额的步伐。这样,计划经济体制下形成的几十年一贯制的以"事业单位"定位的高校运行模式必将被冲破,现行的高校管理体系已明显不适应新形势的要求,变革成为必然。(ZJWZ506)

---

① 本文中例句后的注释符号"ZJWZ"代表我们使用的语料来源《作家文摘报》,其后的数字代表的是例句所在的期刊序号;数字(08300701)代表我们使用的语料来源《2000年人民日报》。0830代表8月30日,0701代表第一版第一篇文章。

(5)江主席的这一重要讲话,精辟地概括了邓小平同志"和平统一、一国两制"思想的精髓,体现了我党对台方针政策的一贯性、连续性和在新形势下的重大发展,是指导我们解决台湾问题的纲领性文件。(01240301)

"一贯"作构词成分只有"一贯性"和"一贯制"这两种。在整个语料的1107句中,"一贯"作构词成分的有37句,约占整个语料的3.3%。

2.1.3 "一贯"还可以作谓语,但是"一贯"作谓语时的用法很特殊。例如:

(6)在这个前提下,什么都可以谈。中国政府在处理两岸关系、解决台湾问题上的主张和立场是坚定的、一贯的、清晰的,同时,也表现出极大的诚意和耐心。(05150102)

(7)同时,我们依法对宗教事务进行管理,决不允许宗教干预政治、行政、司法、教育等。热地强调指出,我国政府对达赖的政策是一贯的、明确的,即达赖必须真正放弃"西藏独立"的主张,停止分裂祖国的活动,公开声明西藏是中国不可分割的一部分,承认台湾是中国的一个省,中华人民共和国政府是代表全中国的唯一合法政府。(09150405)

准确地说"一贯"是和"是"后面的内容一起作整个句子的谓语,而不是单独作谓语。在整个语料的1107句中,"一贯"作谓语的有35句,约占整个语料的3.2%

2.1.4 "一贯"可以作状语,这是他频率最高的用法。例如:

(8)中国非常重视国际气象合作,特别是与世界气象组织的合作。中国气象局与世界气象组织长期以来一直保持着良好的合作关系,中国政府一贯支持气象水文工作者积极参与世界气象组织的各项活动。(09140105)

(9)为此,中国政府不得不采取相应措施,于6月7日宣布暂停进口原产于韩国的手持(包括车载)无线电话机和聚乙烯。胡楚生表示,中国政府一贯重视发展同韩国的经贸合作关系,并一直为此作出积极努力。(08030204)

在整个语料的1107句中,"一贯"作状语的有779句,约占整个语料的70.4%。

从这个数据中我们可以看出,作状语是"一贯"频率最高(70%)的用法,其次是作定语(26%)。有些词典(如《现代汉语虚词词典》(侯学超,1998))把"一贯"看作副词,我们认为这是不够准确的。能作状语是副词最大的特点,但是副词跟形容词最大的区别在于,副词只能作状语,而形容词不仅可以作状语,还可以作定语和谓语。有些副词可以作定语,但这只是偶然现象,如"非常时期"等。从语料中我们可以看出,"一贯"作定语不是偶然现象,其概率达26%。还可以作谓语,其概率达3.2%,因此可以说"一贯"既可以作状语,也可以作定语和谓语,因此,"一贯"是形容词,而不应该被看作副词。

2.2 "一向"的句法特征及其词性

2.2.1 "一向"可以作状语,是最常用的。但可以分为两种,一种是跟在"这"后面的,这里的"一向"跟"这"一起作句首状语。例如:

(10) 六月十三夜半闹鬼的时候,杜筠青就没有被惊醒。这一向,她睡得又沉又香美。(成一《白银谷》)

(11) 他也终于承认,邱泰基毕竟不是平庸人物。这一向,天津也似京师,西帮各票号复业伊始,即陷挤兑重围中。(成一《白银谷》)

这样的句子一共有22句。

其余作状语的情况如下。例如:

(12) 在这段时间里,最使关露感到痛苦的是她在个人感情生活中所遇到的一次挫折。她是一个浪漫气息颇浓的女性,对爱情与婚姻一向抱有理想主义色彩。(ZJWZ089)

(13) 她不光声音颤抖,连身子都突突抖着,牙帮骨好像还发出响声。她陡然意识到可能发生了和小姐有某种联系的重大事故,不然一向沉得住气的小姐怎会这样!(陈玙《夜幕下的哈尔滨》)。

这样的句子有1354句,占整个语料1385句的97.8%。如果加上上面的状语形式,那么在"一向"的句子中,作状语一共是1376句,占整个语料1385句的99.4%。

2.2.2 "一向"还有几句是作定语的。例如:

(14) 我的自信心和创作欲就在这日复一日的长谈中渐渐恢复,我的头脑就在长谈的记录和思考中渐渐活跃起来。在我一向的印象中,秘书都是些相当出色的人,他们至少具备两个条件:一是能办事,二是能写文章。(ZJWZ489)

(15) 那为什么还要请他来?这都不像是老太爷一向的做派。(成一《白银谷》)

"一向"作定语,一共是9句,占整个语料1385句的0.6%。

由于"一向"最主要就是作状语,而且比例达到99.4%,作定语只是偶尔的现象,没有作谓语的,因此我们认为"一向"是副词。至于跟在这后面的"一向",由于是和代词"这"一起作句首状语,意思是过去的一段时间,所以我们认为是名词。

2.3 两者的句法特征表

现把"一向"与"一贯"的句法位置整理如下表,我们会发现两者在句法上的巨大差异。

	作定语例句数	占总例句数的比例	作状语例句数	占总例句数的比例	作谓语例句数	占总例句数的比例	作构词成分例句数	占总例句数的比例
一贯	256 句	23.1%	779 句	70.4%	35 句	3.2%	37 句	3.3%
一向	9 句	0.6%	1376 句	99.4%	/	/	/	/

注:"一贯"的语料一共有 1107 句,"一向"的语料一共有 1385 句。

3 "一向"和"一贯"的形式分布及其语用特征

3.1 "一贯"的形式分布及其语用特征

状语是两者频率最高的句法成分,但是"一贯"和"一向"后面的成分有很大的差异性。我们发现"一贯"后面跟的动词或动词性短语频率非常高。例如:

(16) 孙玉玺强调,反华提案第九次遭到失败再次说明,利用所谓人权问题干涉他国内政、推行霸权主义和强权政治已是强弩之末,不得人心,搞对抗没有任何出路。孙玉玺说:中国政府一贯主张,各国应在平等和相互尊重的基础上开展人权对话与交流,以增进了解、扩大共识,减少分歧。(04190104)

(17) 胡锦涛副主席对米尔斯副总统在中加建交 40 周年之际访华表示热烈欢迎。胡锦涛说,中加建交 40 年来,两国关系持续发展,双方在政治、经贸、科技、文化等领域的合作取得了丰硕成果,在国际事务中一贯相互支持、真诚合作。(07110110)

第(16)句的后面成分是动词,(17)句后面的成分为动词性短语,这样,动词和动词性短语一共有 616 句,占整个状语 779 句的 79.1%。因此,从语用焦点来说,"一贯"更倾向于修饰动词或动作性词语,也就是用于修饰动作或行为。

3.2 "一向"的形式分布及其语用特征

"一向"后面的成分,跟"一贯"后面的成分相比,有很大的差异性。"一向"后跟形容词性或形容词性短语的频率相当高,特别是形容词短语很有特点,都是一些固定词语或是习语、成语,这些描写性很强的词语。例如:

(18) "想一想。""想不起来,小的一向安分守己。"(ZJWZ025)

(19) 也许是回乡心切,飞机竟提前半个小时抵达马尼拉。降落前,一向不露声色的叶飞把女儿叶葳葳叫到身边,紧握着她的手,说:"70 年了,真是 70 年了。"(ZJWZ407)

(20) 那个当年上海滩的三流"明星"江青,正和自己一向嗤之以鼻的林彪、叶群打得火热。(ZJWZ007)

"安分守己、不露声色、嗤之以鼻"这些词语能更好地表示修饰作用,用来描写一种状态。语料中这样的词语还有"不学无术、不温不火、大人大义、大大咧咧、野心勃勃、心直口快"等等,这样的句子有150句。"一向"语料中其他的形容词或形容词性短语还有400句,一共就是550句,占整个作状语的1376句的40%。另外,还有两种非常典型的句子类型。例如:

(21) 杨玉珠明白刘四爷是在跟她打招呼,就抢前一步,到刘四爷身边,"您这是……这一向不是好好的吗?"(李孚《东家》)

(22) 这是"一国两制"精神在APEC的生动体现,受到国际舆论的普遍赞扬。闯入美国国务院的中国女孩,这个不可思议的中国女孩以出色的翻译才干被美国国务院破格录用,更以自己的特殊身份为祖国赢得尊严。3年前5月的一天,一向以阳光明媚著称的美国加利福尼亚州突然下起大雨,来自中国的姑娘王蕤乘车赶往美国国务院设在加州的招聘翻译的考试点。(ZJWZ492)

(21)句中跟的是动词"是","是"这类动词具有很强的存在性,他跟那些动作性行动词具有很大的区别,形式上不能重叠,而在语义上只表示存在义等,是说明一种状态而非动作或是行为,像这样的存在性动词"一向"里还有"有"、"在"等等,一共有240句。(22)句中的后面跟的是"以……著称",介词"以"和后面的动词"著称"一起来修饰美国。这里的"以阳光明媚著称"其实还是在说明一种状态,而非行为。语料中还有"一向以孙中山的继承人自居,一向以脸面名声为重,一向与别人不同"等等,这样的句子一共有118句。这两种类型的句子加起来,一共是358句,加上一开始的550句,一共是858句,占整个作状语的1376句的62%。因此,从语用焦点来说,"一向"更倾向于修饰形容词或形容词性短语,用来表明一种状态。

4 "一向"和"一贯"的语义特征

4.1 "一向"的语义特征

对于"一向"的语义特征,邓小宁在她的文章中说:"一向表示行为状态在较长时间里的持续";"一向所饰词语表示的性质状态是静态的,又是长时的,通常表示恒常性、一贯性。"我们认为,"一向"本身只表示时间,表示的时间是从过去到现在。请看下面的几个例句:

(23) 对周信芳,裘丽琳更是照料得无微不至。她这个一向被别人服侍惯了的千金小姐,如今也能亲手操持,尽心尽责地服侍丈夫,这是许多人不曾料到的。(ZJWZ219)

(24) 路野本是局外人,本是一名普通观众,只想坐在台下安安静静地看戏,没曾想突然被人拉到台上,充当一名临时演员参与演出。路野一向不喜欢抛头露面引火烧身,多一事不如少一事是他为人处事的原则,然而现在,他已被人近乎蛮横无理地从后台推至前台,身不由己,进退维谷。(刘向阳《私奔》)

(25)据悉,北京一些大牌词曲作者一首歌的使用费已达到两万以上。就连一向不热衷谈钱的作曲家王酩在上海接受电视台采访时也表示,只要"老板"肯出钱,他出两万五,我就给他写歌。(ZJWZ229)

这几句中表示的时间词语有"如今"、"现在"、"在……时"等,这里时间词语的出现并不是偶然现象,这些时间词语都归结于一个共同的特点,就是表示某人的一个特征到说话人说话时为止已经发生改变。如(23)句中,以前他是被别人服侍,而现在已经也能亲手操持,尽心尽责地服侍丈夫;(24)句中,"一向"不喜欢抛头露面,而现在已经是到了进退维谷的地步,被拉到台上。(25)句中,他"一向"不热衷谈钱,而现在只要"老板"肯出钱,就给他写歌。总之,以前的特征到现在这个时间点已经发生了改变,不再维持原来的特征。在语料中其余的时间词还有"目前"、"今年"、"这段时间"等等,总共有277句,占整个语料例句数的20%。同时,由于说话时是一个分界点,表达一个相对转折的意义,因此,就会出现具有转折的句义,如例(23)、(24)和(25),或是表达转折的副词或连词。在语料中,表转折的副词或是连词有"虽然、但是、居然、却、而、连……也"等,总共有315句,占整个语料的23%。表示转折语义的句子有622句,占整个语料的45%。因此我们可以说"一向"本身只表示时间,表示的时间是"从过去到现在的这一段时间",它只强调时间上的历程。如图所示:

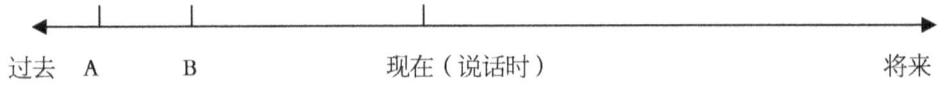

图1

"一向"只表示时间轴上两个时点间的历程,他只强调时间的持续。时间上,可以从过去到现在(说话时),如例(23)、(24)和(25),另外"一向"也可以表示过去的某一段时间。例如:

(26)他也终于承认,邱泰基毕竟不是平庸人物。这一向,天津也似京师,西帮各票号复业伊始,即陷挤兑重围中。(成一《白银谷》)。

(27)"早知时局如此急转直下,一路败落,我宁肯留在口外,图一个清静!""这一向,口外也不清静。"(成一《白银谷》)

"这一向"这个短语,就是表示过去的一段时间,反映在图1中就是A、B两点的时间段。但是不管是较早的一段时期,还是最近的一段时期,都是发生在过去。因此,我们可以说,"一向"所表示的时间反映在图中就是A、B两点在过去和现在之间位移。"一向"不表示时间从现在到将来,也就是说,"一向"表示的时间点最晚到现在(说话时)为止。

4.2 "一贯"的语义特征

我们先来看一下几个例句:

(28)他们视祖国和军队荣誉高于一切,把为国为军争光看作最大的愿望和最高追求。他们的先进事迹和经验,充分体现了我军一贯倡导的爱国主义、集体主义和革命英雄主义精神。(07130801)

(29)石广生会见非洲4国经贸官员据新华社北京10月10日电(记者车玉明)外经贸部部长石广生今天下午在这里分别会见了前来参加"中非合作论坛"的南非、莫桑比克、尼日利亚和尼日尔的高级经贸官员,并同他们就推动双边经贸合作在新世纪进一步发展等问题交换了意见。在会见南非贸工部长亚历克·欧文时,石广生说,南非是中国在非洲最大的贸易伙伴之一,中国政府一贯重视同南非发展经贸合作关系。(10110408)

(30)对拉脱维亚来说,这是非常重要的历史事件。李鹏说,中国奉行独立自主的和平外交政策,一贯主张国家不分大小一律平等,任何一个国家的人民都有选择自己的社会制度、意识形态的权利。(09110105)

从这里的三个例句我们可以归结为一个特征:不管是我们倡导的爱国主义,重视同南非发展经贸合作关系,还是我们主张国家不分大小一律平等,都是我们长期需要坚持的,不管是过去、现在、将来都要倡导,都要重视,都要主张。也就是说,"一贯"要说明的就是一个动作或行为的一致性。这跟"一向"的语义相比,两者存在明显的不同。"一向"本身只表示时间,时间是从过去到现在,"一向"是个时间词。而"一贯"本身并不表示时间,它要说明的是动作或行为的一致性。这种动作或行为不仅是过去、现在,甚至将来都可能要进行下去。请看下图:

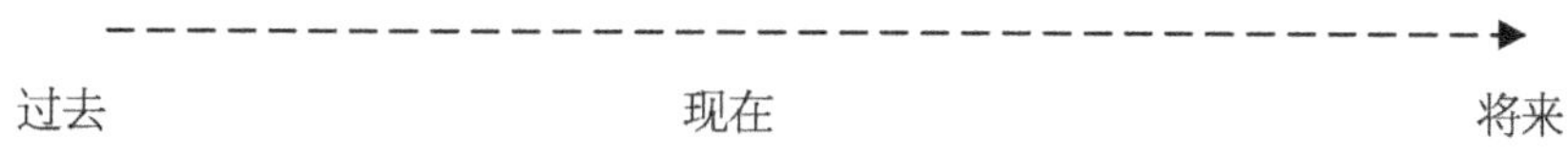

```
----------------------------------------→
过去              现在              将来
```

图 2

如图所示,用这条虚线表示一个动作或者行为,因为虚线上的每一个点都是均质的,而"一贯"就是说明这个虚线上的每一个点,即他们所代表的动作或行为的一致性。

动作或行为的一致性:

1)在"一贯"的语料中,他的核心动词有"主张、重视、支持、反对、坚持、同情、奉行"等,它们都是用于表示动作或行为的一致性,含有这些动词的句子一共有486句,占所有句子851句(除去"一贯"作定语的句子)的57.1%。

2)当"一贯"作定语时,我们来看两个句子。

(31)胡锦涛强调:"中国的发展离不开亚洲,亚洲的繁荣也需要中国。加

强与周边国家的睦邻友好关系,是中国政府的一贯政策。"(07250601)

（32）谁也不明白,这拉不下为啥竟有这么大的威力。拉不下首先拿晚辈儿开刀,这是她"办案"的一贯原则。(万捷《叩拜黑土地》)

"一贯"作定语的中心词,256句中无一例外都是如"做法"、"原则"、"立场"、"风格"、"方针"、"态度"等等这些名词,这些名词所表示的语义也是长期所具有的,人的做法、原则不会轻易改变,同样也反映了这些名词所代表事物的一致性。

5 结　语

通过上面的分析,我们可以看出"一向"与"一贯"有较大的差异：

第一,句法形式上,"一贯"作定语有256句,占整个语料的23.1%,作状语的有779句,占整个语料的70.4%,另外还有作谓语的35句和作构词成分的37句。而"一向"作状语的频率极高,达到了1376句,占整个语料的99.4%,作定语的只有9句,占整个语料的0.6%,一般不作谓语和构词成分。"一贯"是形容词,而"一向"是副词和名词。

第二,语义上,"一向"本身只表示时间,时间是从过去到现在,"一向"是个时间词。而"一贯"本身并不表示时间,它要说明的是动作或行为的一致性。这种动作或行为不仅是过去、现在,甚至将来都可能要进行下去。

第三,语用上,各自的语用焦点不一样。"一贯"倾向于说明一种动作或行为的一致性,而"一向"更倾向说明一种状态的持续。

参考文献：

[1] 北京大学中文系1955、1957级语言班.现代汉语虚词例释[M].北京:商务印书馆,1982.
[2] 吕叔湘.现代汉语八百词(增订本)[M].北京:商务印书馆,1999.
[3] 张　斌.现代汉语虚词词典[M].北京:商务印书馆,2001.
[4] 张　斌.现代汉语[M].上海:复旦大学出版社,2002.
[5] 侯学超.现代汉语虚词词典[M].北京:北京大学出版社,1998.
[6] 张谊生.现代汉语副词研究[M].上海:学林出版社,2000.
[7] 中国社会科学院语言研究所.现代汉语词典[Z].北京:商务印书馆,2005.
[8] 邓小宁."一直"与"一向"的多角度分析[J].汉语学习,2002,(6).
[9] 刘月华,潘文娱.实用现代汉语语法[M].北京:商务印书馆,2003.
[10] 范　晓.汉语的句子类型[M].书海出版社,2000.
[11] 胡裕树,范晓.动词研究[M].河南大学出版社,1995.

"时时"与"不时"的对比分析*

提　要：本文对同义词"时时"与"不时"进行辨析。在句法功能上，对其各种用法作了考察，在语义表达上，对其所处句子的句式语义进行了分析。本文认为"时时"和"不时"都表示动作在一定时间里的频率，但在语法意义方面，两者还是有区别的："时时"后所连接的动词或动词性成分多表示一种持续的状态，强调的是动作、行为重复的经常性，表示重复的频率相对较高，具有延续性的特征，相当于"常常"；"不时"后所连接的动词或动词性成分一般动作性比较强，强调的是动作、行为重复的不定时性，表示重复的频率也相对较低，具有短时性重复的特征。

关键词：时时，不时，用法比较，句式语义

1　引　　论

"时时"和"不时"是现代汉语里常见的两个频率副词。由于"时时"和"不时"两个词的词义基本相同，当留学生先后学习了这两个词之后，就会对如何正确运用它们感到困难。所以，我们有必要对这两个词进行辨析。

有关这两个词的解释在几部主要的现代汉语虚词词典中可以找到。

《现代汉语八百词》（吕叔湘，1999）认为"时时"是"时常、不时"；"不时"是"表示间隔不长而不断地发生，时时、常常"。《现代汉语虚词例释》（北京大学中文系 1955、1957 级语言班，1982）中对"时时"所做的解释认为"时时"："1. 表示在短时间内某种动作或行为屡次发生；2. 表示某种动作或行为经常发生，和'常常'相近。"《现代汉语虚词词典》（张斌，2001）对"时时"和"不时"的解释则较为详细，分别对这两个词进行了释义，并且对比总结了两者词义的不同。"时时"的词义是："1. 表示事情经常发生，相当于'常常'；2. 表示事情接连不断地发生，相当于'时刻'；3. 表示屡次出现某种情况，相当于'不时'。"解释"不时"的词义："1. 表示情况不断发生，只有短时间的间歇，相当于'时时'；2. 表示情况不定时地发生，相当于'随时'。"

可见，"时时"和"不时"这两个词在句法和语义上有很多相通之处。根据例句我们发现，有时两者是可以互换的，例如：

---

*　本文曾载于《现代语文》2007 年第 1 期，原文题目为《"时时"和"不时"的用法考察及其句式语义分析》。作者：李璇、任海波。本次收录，修改了题目，正文也略有修改。

(1) 他被佣人们引到厨房旁佣人们住的小屋里。客厅那边灯火辉煌,有许多身穿燕尾服的男人在寒暄,时时传来苔莱季娜的阵阵笑声。(ZJWZ006)①

　　(2) 他凭着手里有钱,已经让天仓县特别是七星河的人,眼睛有些乱了。安文中耳朵里,不时传来乡亲们莫名其妙地向他跪倒的消息,令他脸红,令他愤怒,又令他无奈。(ZJWZ376)

在例句(1)、(2)中,"时时"和"不时"可以分别替换,但同时我们也发现,并不是所有用"时时"的句子都能用"不时"去替换,例如:

　　(3) 1991 年 7 月的一天深夜,乔志远看了一会儿电视,觉得俄罗斯人乌哩哇啦的没有什么意思,便闭了电视躺下睡着了。虽然沉入了梦乡,可是,他却时时都保持着高度的警惕。(ZJWZ113)

同样,有些只能用"不时"的句子,也不能用"时时"去替换,例如:

　　(4) 黛尔真喜欢老杨,见到他就是一脸的笑,有时她打电脑,就让老杨坐在她身边,手下写着文章,眼睛却要不时地看他一眼,那神情,老杨看得出,是一种非常幸福的表情。(ZJWZ475)

从例句(1)、(2)中可以看出,两个词可以相互替换,但互换之后语义发生了细微的变化,两者的差别是细微的,却是客观存在的。从例句(3)、(4)中可以看出,"时时"和"不时"不能无条件替换,这两个词的差别,既有句法形式上的,也有句式语义上的。面对这些差异,留学生在学习和使用这两个词时就会感到一定的困难。

　　虽然各虚词词典在一定的程度上指出了"时时"和"不时"词义上的区别,但由于解释的义项过多,反而增加了留学生理解和应用这两个同义词的难度。为了更好地辨析"时时"和"不时",我们以 260 期《作家文摘报》(1993—1997 年,共计一千三百多万汉字)和《北京晚报》(1997)为研究语料,从其中穷尽性地抽取了所有包含"时时"和"不时"的句子,共计 1788 个,其中包含"时时"的句子 559 个,包含"不时"的句子 1229 个。通过本文的研究,我们试图弄清"时时"和"不时"的各种用法及其语义上的不同,找出两者根本的、核心的区别,以期能够为留学生理解和掌握这两个同义词提供一些帮助。

2　"时时"和"不时"的用法

2.1　在我们的真实文本语料中,"时时"和"不时"的副词特征表现得十分充

---

① (ZJWZ006)代表《作家文摘报》总第六期,"ZJWZ"表示《作家文摘报》,"006"表示总期数。以下例句中凡有类似的表示方法,意思同此。

分,在句中充当的句法成分基本都是状语。既可以直接充当状语,也可以加"地"后充当状语,例如:

(5) 有关中越边境贸易和广州火车站"盲流"的连续报道在香港《文汇报》登出后很受欢迎。但是渐渐地,她感到新闻的局限,感到她内心时时涌动的,却一直没能得到表达。(ZJWZ149)

(6) 作为这支队伍中仅有的两名女性,从始至终,我俩儿时时地感受到男人们粗中有细、温暖入心的呵护。(19970404)[①]

(7) 宋耀祖受到了感染,紧张抑郁的心情也有所缓和,他夹着皮包在人群中踱来踱去,心里推敲着会面时的台词,并不时低头看看表。(ZJWZ460)

(8) 小葩不紧不慢地说:这还谈不上叫板。我没考好,本来就有些自卑,你还不时地过来挤兑我,怎么着,考不上大学,就不让我活啦?(ZJWZ521)

以上例句中,例(5)、(7)都是直接作状语的例子,而例(6)、(8)都是加"地"以后作状语的例子。下表说明"时时"和"不时"作状语的情况。

表一 "时时"和"不时"作状语的情况

	作状语例句数	占总例句数的比例	直接作状语例句数	占状语例句数比例	加"地"作状语例句数	占状语例句数比例
时时	559句	约100%	554句	约99.1%	5句	约0.89%
不时	1217句	约99%	921句	约75.7%	296句	约24.3%

注:这里的"总例句数"分别指:"时时"559句,"不时"1229句。

以上数据显示,"时时"和"不时"在句中基本作状语,特别是"时时",在我们的语料中全部作状语。"不时"更容易加"地"后充当状语。"时时"除了个别特殊的句子之外,一般都是直接修饰动词或动词性成分。我们对例句逐个地进行考察,发现"时时"和"不时"作状语时是否加"地"并不影响句子的成立,所以,加"地"并不涉及两个词语法或语义的差异。

通过真实的语料,我们还发现,"不时"作状语时还可以用在句首,例如:

(9) 不时地,还要下车去推抛锚在沙坑中的汽车。(19970511)

这样的例子在所抽取的"不时"的例句中只有2句,在"时时"的例句中我们没有发现这样的用法。

2.2 "不时"除了在句中充当状语之外,还充当定语。"不时"要加"的"然后充

---

① (19970404)代表1997年4月4日《北京晚报》。以下例句中凡有类似的表示方法,意思相同。

当定语,但更常见的充当定语的用法是在固定搭配"不时之需"中,例如:

(10) 采访中,不时的开心话语缓解了谈话的严肃气氛。(ZJWZ446)

(11) 他们除在柜台备有储户常用的老花镜、验钞灯之外,还设立"方便储户服务箱",备有信封、信纸、针线包,甚至还准备了打气筒,以备储户不时之需。(19970731)

但要指出的是,"不时"充当定语的情况是比较少的,在我们所抽取的总例句1229句中,这种情况只有12句,约占全部例句的1%,其中的8句是像例句(15)中的"不时之需"这种固定用法。在语料中我们没有发现"时时"作定语的例句。

2.3 因为在我们的真实文本语料中,"时时"和"不时"所充当的句法成分基本都是状语,所以我们不再详细考察它们在句子中充当句法成分的情况,而是主要考察它们在句子中与其他词语一起使用的情况,特别要考察它们作为副词在句子中和其所修饰的动词或动词结构一起出现的情况。

在考察中我们发现,两者都既可以修饰单个动词,也可以修饰相对复杂的动词性结构,但在考察的同时我们发现"时时"和"不时"在与动词和动词性结构搭配时的一些不同之处。例如:

(12) 陈毅同志看着这一切,沉思着,苦笑着,不时地摇摇头。(ZJWZ191)

(13) 苗翠红就在现场,她不时地用手拢一下头发。(ZJWZ515)

例句(12)中,"不时"后搭配的是动词重叠式"摇摇头"。像这样直接与动词重叠式搭配的句子一共有30句,占"不时"总例句数的2.4%,而在"时时"的例句中我们没有发现动词重叠的用法;例句(13)中,"不时"后搭配的是动补短语"一下"。像这样直接与带数量补语的动补短语搭配的句子一共有66句,占"不时"总例句数的5.37%,而在"时时"的例句中,我们却没有发现这样的用法。"不时"与"时时"在与动词和动词性结构搭配时的这些差异归根结底是由两个词语义上的差异造成的,我们将在3.2中详细进行分析讨论。

2.4 《现代汉语虚词词典》指出,"时时"和"不时"只能用于肯定句,例如:

(14) 我常常不参加学校组织的活动。

(15) 我时时不参加学校组织的活动。

(16) 我不时不参加学校组织的活动。

以上例句中,(14)是成立的,但(15)、(16)我们一般是不说的。在考察语料的过程中,我们也同样验证了这一点,没有发现"时时"和"不时"用在否定句中的例子,但发现了"时时"能与"不/没+VP"这样的否定结构搭配,构成"时时+不/没+VP"这样的格式。在"时时"的例句中,我们发现了5句有"时时+不/没+VP"结构的句子,占例句总数的0.89%,在"不时"的例句中我们没有发现这样的用法。例如:

(17) 戴维·洛奇在强化小说的可读性之余,亦时时不忘显露学者的看家本领。(ZJWZ231)

我们认为,像例句(17)中"不忘"这样的"不/没＋VP"结构,其中的 VP 仅限于"忘"以及其他几个个别的动词,"不/没＋VP"这一结构在运用时已经凝固化,否定词"不/没"只是否定了它所修饰的动词,而没有否定整个句子,所以我们仍保留"时时"只用于否定句的观点。我们认为,"时时"和"不时"这种跟否定词搭配时的差异和 VP 的语义以及和"时时"所在的句式语义有很大关系,我们将在 3.5 加以分析讨论。

2.5 "时时"能与副词"都、处处①、事事②、几乎"共现,而"不时"不能或很少跟这些副词共现,例如：

(18) 我还记得,小时候在溪边玩耍,时时都能看到傍溪盛开的各种不知名的野花,就连岸上的磨坊、梯田、菜园,也有许多花树,招引着一群群蜜蜂和蝴蝶。(ZJWZ506)

(19) 纵然在帕金森氏症晚期,时时处处需要别人服侍、照料,却仍然在时时处处地关心着、体贴着我和女儿。(ZJWZ080)

(20) 天下是没有卖后悔药的,因而人的一生时时事事要谨慎、珍重。(ZJWZ181)

(21) 由于线路很忙,他公司的电话几乎时时处于占线状态。(ZJWZ153)

(22) 刘锡田演"陈老总",时时处处事事怕给"陈老总"抹黑,他说："虽然我不是陈毅,但我是以陈老总的形象出现在亿万观众面前的,可别因为我影响了老一辈无产阶级革命家!"(ZJWZ156)

以上举例中,(18)是"时时"和"都"连用的例子；(19)是"时时"和"处处"连用的例子；(20)是"时时"和"事事"连用的例子；(21)是"时时"和"几乎"连用的例子；(22)是"时时"和"处处"、"事事"共同连用的例子。"时时"和这些副词连用的频率很高,我们在"时时"的例句中共发现"时时"和这些副词连用的有 62 句,占"时时"例句总数的 11.1％。特别是"时时"经常跟"处处"、"事事"连用构成"时时处处"、"时时事事"这样的结构。"时时"跟副词连用的具体情况如下表：

---

① 这里的"处处"是作副词的情况。《现代汉语虚词研究》(张谊生,2000)认为："处处"和"都"、"几乎"一样都同属于范围副词。有时"处处"后面是动词性短语,是直接对"处处"加以陈述,前面没有主语,此时的"处处"是"每一处"的意思,是处所名词在句中充当主语,这种用法的"处处"不在本文的考虑之内。

② 这里的"事事"是作副词的情况。虽然"事事"不是典型的表范围的副词,更多时候"事事"后面搭配的是动词性短语,直接对"事事"加以陈述,此时的"事事"是"每一件事"的意思,在句中充当主语,但在本文的例句中,"事事"分别和"时时"以及"时时"、"处处"连用,在组合后的结构中,我们认为这几个词之间是并列关系。因为"时时"、"处处"是典型的范围副词,所以在例句中我们也把"事事"看成表范围的副词。"事事"作主语的情况不在本文的考虑之内。

表二 "时时"跟副词连用的情况

连用的副词	处处	都	事事	几乎	处处、事事
例句数	36句	11句	10句	3句	2句
占总例句数的比例	58.1%	17.7%	16.1%	4.84%	3.22%

注:这里的"总例句数"是指语料中"时时"和上述副词连用的例句数,共62句。

3 "时时"和"不时"的语法意义

在绪论中我们已经指出,各虚词词典已经举例对"时时"和"不时"两个词进行了释义,虽然词义分得很细致,但因为过于繁琐,造成留学生掌握这两个词的困难。我们知道,词义并不能代表语法意义,既然两者的词义容易混淆,那么我们可以换个角度,从"时时"和"不时"语法意义的区别着手,考察两个词在具体句子和语境中表现出来的语法意义,从而能挖掘出两者根本的区别。

因为"时时"和"不时"是两个典型的频率副词,要寻找他们的差异,我们首先从两个词表示的频率高低入手。通过对语料的多方面考察,我们发现,两个词表示的动作频率并不完全相同。由于在我们所用的语料中没有"时时"和"不时"连用的例句,因此我们利用网络搜索到这两个词共用的例句,例如:

（23）我知道那是段平淡的岁月,可时时却不能忘记那不时闪出的激情。
（24）即使不能时时做,也应不时地做。

从上述例句中能看到,虽然"时时"和"不时"都常用于描写具体动作、行为发生的频率,但在两个词的使用中,"时时"所表示的频率要高于"不时"所表示的频率。这一点在《现代汉语虚词词典》中也提到,编者在对"时刻"与"时时"、"不时"的比较中,认为"时时"的频次略高于"不时"。在《现代汉语频率副词的层级和语义研究》(吴春相、丁淑娟,2005)中,也认为"时时"所表示动作的频率要高于"不时","时时"属于较高值频率副词,"不时"则属于中度值频率副词。

其次,通过两个词在具体句子环境中所体现出的语义,我们发现"时时"重在"经常性地",在运用时相当于"常常","不时"重在"不定时地",和"时时"还是有区别的。

由以上两点我们可知,"时时"所代表的事情、行动、动作出现或发生的频率相对较高,并且表示重复的经常性。所以,在外部看来呈现出一种一体化的趋势,每个动作反复的界限已经不明显了,注重的是整个过程的连续性,因而我们说"时时"强调动作、行为的延续性;"不时"所代表的事情、行动、动作出现和发生的频率是相对较低的,又表示重复的随机性、不定时性,所以在外部看来呈现出的是每个动作都可以成为一个单独的个体,注重的是同性质的一个个动作的累加,因而我们说"不时"只是表示动作、行为重复的频率,没有表延续性的义项。

下面我们基于语料库的大量例句进行定量分析,用语言事实对以上所述加以论证。

3.1 动词的搭配差异

我们先来考察与"时时"和"不时"搭配的动词在语义上的特点,从而发现两者在句式语义方面的差异。

3.1.1 在所抽取的语料中,"不时"后常跟"点头、回头、摇头、扭头、眨眼、抬眼、挥手、摆手、伸手、鼓掌、弯腰、跺脚、叹息、叹气、插嘴"等这样一些与身体部分有关的动宾结构。例如:

(25)时间已到了深冬。在站台上,旅客们穿着大衣等火车,不时搓手跺脚,保持温暖。(ZJWZ362)

(26)在一句话结束时,一人会不时地抬头看看对方;然而对方此时却应该保留着低头的姿势——这是规则。(ZJWZ375)

在"不时"的1229句例句中这样的情况有69句,占5.61%。具体情况如下表所示:

表三 "不时"搭配的动宾结构的语义分类及比例

动宾结构语义类别	常用动宾结构动词举例	语义类别的例句数	占总例句数比例
与头部有关	抬头、低头、点头、回头、摇头、扭头	30句	43.5%
与眉、眼、嘴有关	皱眉、蹙眉、眨眼、抬眼、叹气、叹息、插话、插嘴	26句	37.7%
与手、脚有关	挥手、摆手、搓手、伸手、鼓掌、跺脚	11句	15.9%
与身体其他部位有关	弯腰	2句	2.9%

注:这里的"总例句数"是指语料中"不时"和上述动宾结构连用的例句数,共69句。

在以上的例句中,这些与"不时"搭配的动宾结构表示身体各个部位做出的不同动作,这些身体的动作都是在很短的时间内就能完成的,是非延续性的,即是瞬时动作,动作的重复是随机的。与"不时"连用,表示身体动作在一定的时间段里不断重复的频率,与"时时"强调动作延续性的语义相冲突,一般不跟"时时"连用。

3.1.2 在所抽取的语料中,"时时"多与"铭记"、"牢记"、"惦念"、"牵挂"、"感到"、"浮现"、"萦绕"、"笼罩"、"提醒"、"警惕"、"告诫"、"徘徊"等动词连用,而"不时"很少甚至几乎不跟这些动词连用。例如:

(27) 长期外出的约瑟,时时牵挂着家中的大斐,他几乎每天从旅行地给夫人写信或寄明信片,大斐无休止地反复阅读这些来信并不知满足。(ZJWZ357)

(28) 那时,印度、巴基斯坦为了克什米尔控制区的争端,战火的纷纭正在蔓延,紧张的气氛时时笼罩在这一带边防上空。(ZJWZ465)

在"时时"的559句例句中这样的情况有106句,占总例句的19%,而在"不时"的1229句例句中这样的情况,只有12句,占总例句数的0.98%,几乎可以忽略不计。由于此类动词很多,我们对其进行了粗略的语义分类,具体情况如下表所示:

表四 "时时"和"不时"与延续性的动词连用的情况

动词的语义分类	常与"时时"连用的动词	例句总数	常与"不时"连用的动词	例句总数
牵挂义	牵挂、惦念、惦记、铭记、牢记、想念、怀念、记得、担心、念及	39句	惦念、想念	3句
笼罩义	笼罩、萦绕、缠绕、包围	13句	笼罩	1句
提醒义	提醒、告诫、警惕、提防、警醒、当心	24句	提醒、警惕	5句
其他义	感到、养成、徘徊、浮现	30句	浮现、感到	3句

我们发现,上述这些动词所代表的动作都是可持续的。其中的大多数都是表示心理状态的。这些词表示动作、行为的一种持续的状态,状态性较强,语义上强调动作重复的经常性和重复的高频率,表现出一种延续的义项,所以与"时时"搭配,很少与"不时"搭配。

3.2 与其他表量成分的搭配差异

汉语表示动量的手段,除了副词之外,还有动词重叠和数量词。我们下面就从这两个方面进行分析说明。

3.2.1 "不时"能直接与动词重叠式搭配,"时时"一般不能,例如:

(29) 马季、唐杰忠边看边交换眼色,不时地点点头,等两人说完了,两位相声大师连连鼓掌,然后拉下大口罩,站了起来,乐呵呵地说:"不错不错,说得很有味道。"(ZJWZ190)

以往的研究很多都提到动词重叠式与动作的量的关系,《语法讲义》(朱德熙,1982)中指出,动词重叠表示动作的量。所谓动作的量可以从动作延续的时间长短来看,也可以从动作反复次数的多少来看。前者叫时量,后者叫动量。动词重叠式表示时量短或者动量小。《动词重叠的基本意义》(杨平,2003)认为,动词重叠的基本意义是减小动量(这里的动量包括时量、频量、力量、价值量等方面)。因此,我们可以总结得出,动词重叠的基本语法意义是表示动作持续的时间短或进行的次数少。重叠后的动词降低了动词的持续性,强调了短时性,所以不能与"时时"连用,而跟"不时"搭配。

3.2.2 "不时"能直接与带数量补语的动补短语搭配,而"时时"一般不能,例如：

(30) 书画同源,他有时也画几笔文人画,借画抒发自己的感情,他还是个音乐爱好者,备有大量激光唱片,不时<u>欣赏一下</u>中、西方古典音乐。(ZJWZ178)

这些充当补语的数量词,其结构一般都是"数词'一'+动量词",比如"一下"、"一眼"、"一把"、"一声"、"一阵"等,这种结构表示所涉及的动作的时量特征,表示时量短,强调动作的非持续性,动作重复的频率也较低。因此,"不时"可以和带数量补语的动补短语搭配,而"时时"不可以。"不时"与带数量补语的动补短语搭配的具体情况如下表：

表五 "不时"与带数量补语的动补短语搭配

数量补语	一下	一眼	一阵	一声	一顿	一把	一脚	一手
例句数	25句	13句	11句	6句	5句	3句	2句	1句
占总例句数比例	37.9%	19.7%	16.7%	9.09%	7.57%	4.54%	3.03%	1.51%

注：这里的"总例句数"是指语料中"不时"和带数量补语的动补短语搭配的例句数66句。

3.3 与"着"/"了"/"过"的共现

汉语中的体范畴主要有三个典型的动态助词"着"、"了"、"过",为了区别"时时"和"不时"在表示动词动量上的区别,我们分别对两个副词和三个动态助词的连用加以分析。我们在考察中发现"时时"和"着"连用的情况,例如：

(31) 那会儿,最难受的还不是鼻孔里塞满的纤维绒毛,而是伸直手臂就痛得难忍的几个手指。这样干,他还要时时担心<u>着</u>,不知什么时候自己会像那塞浦路斯夫妇或老阿里一样被老板炒掉。(ZJWZ436)

"时时"和"着"连用,但一般不与"不时"连用,因为,"时时"在句中所表示的句式语义是突出动作的反复发生,这反复发生的动作由其多次性形成了均质性,动作之间的间隔可以忽略不计,动作具有了延续性。这与"着"注重动作内部过程持续这一特点正相吻合,因而带"着"最自然,而"了"和"过"都注重动作的起始点或终结点,表示动作完成了,与"时时"具有动作延续的义项不一致,所以不能连用。尤其是"过",它表示的是动作行为以前存在过,不与现在的动作发生状况产生联系,因而基本不和表示现在动作发生频率的"时时"、"不时"连用。

3.4 与其他副词的共现差异

3.4.1 在文章的2.5中,我们考察出"时时"能与副词"都、处处、事事、几乎"共现,而"不时"不能或很少跟这些副词共现。这些副词与"时时"连用的频率很高,特别是"时时"经常跟"处处"、"事事"连用构成"时时处处"、"时时事事"这样的结构。在进一步分析后我们发现,"都"、"处处"、"事事"、"几乎"都同属于范围副词,"时时"的语法意义为延续,表示动作、行为在一个范围里延续,所以更容易与这些表示范围的副词连用。

3.4.2 "时时"和"不时"后都可以跟"在"搭配,但和两者搭配的"在"的词性是不同的。"时时"除了可以跟介词"在"搭配之外,还可以跟副词"在"搭配,而"不时"后面只能跟介词"在",例如:

(32) 今年我已经73岁了,但我仍然觉得有一种创作欲望,时时在激励着我,我还要继续写。(ZJWZ065)

(33) 鹤是我塑造的理想中的人物,他很好,经常使我感动。小说写完许久了,他那蜷曲的长发,瘦长的身影还时时在我眼前晃动。(ZJWZ225)

(34) 民间军事评论家马鼎盛每逢世界上有关乎中国人的军事行动,广东和香港两地的观众就能从电视上听到马鼎盛对事件的分析和点评,两岸及世界各地的华人更是不时在华文报章中看到马鼎盛的军事评论文章。(ZJWZ374)

例句(32)是"时时"和副词"在"共现,例句(33)是"时时"和介词"在"连用,例句(34)是"不时"和介词"在"共现。"时时"的例句中有"在"的句子是26句,其中"时时"和副词"在"共现的例句一共有13句,占了50%。

我们知道,副词"在"表示持续或进行,那么"时时"的语义也应该是强调动作持续性,"时时"可以和副词"在"共现,是因为副词"在"表示进行或持续的语义,和"时时"延续的语义是相协调的。"时时"后面不能跟副词"在",只能跟介词"在"组成介词结构,用来表示动作发生的地点、方式等。

3.5 与否定词的使用差异

"时时"和"不时"在句子中表示动作发生的频率,这种频率只能是肯定的实际发生的动作频率,而不能是否定的未实现动作的频率,所以它们不能用于否定句,只用于肯定句。但"时时"能与"不/没＋VP"这样的否定结构搭配,构成"时时＋不/没＋VP"这样的格式。

通过进一步考察发现,可以充当这个结构中的VP的动词是非常有限的,一般是"忘"、"忘记"、"放松"、"离"、"离开"、"来"、"出现"等,这些词语都是表示变化意义的动词,肯定形式不能表示延续的状态,但否定形式表示的是未实现该变化。这可以理解为一种状态,我们一般不说一件事情在一个时间段内处于"忘记"的状态,但却可以处于"不忘记"的状态。"VP"前加"不/没"进行否定后,如"不/没离开、不/没放弃、不/没忘、不/没来"等,使整个"不/没＋VP"结构的语义发生改变,表示的动作没有了终点,从而具有了延续的语义特征,不能与"不时"连用,只能与表示动作延续的"时时"连用。

需要特别指出的是,在我们所抽取的所有例句中,我们发现了1句"时时"和"永远"连用的例子,例如:

(35) 他深爱自己的妻子,更把妻子的信任刻记在心间,他在信中深情地告诉妻子:"我只身在外,会时时永远把你装在心里。"(ZJWZ451)

虽然只是比较特殊的例子,涉及表达的主观因素,但这种用法也从一定的程度上证明了"时时"更强调动作的"延续性",具有延续的语义,与"永远"的语义相切合。

4 结　　语

通过对"时时"和"不时"用法的考察,我们发现"时时"和"不时"的主要语法功能是充当状语,而"不时"更容易加"地"后充当状语,"时时"基本上都是直接充当状语,"不时"加"地"后可以用在句首,"时时"没有这样的用法;"不时"除了充当状语之外,在少数情况下还可以充当定语,在充当定语时必须要加"的";"时时"和"不时"都可以既修饰单个动词,也可以修饰相对复杂的动词性结构,"不时"能直接与动词重叠式搭配,"时时"一般不能;"不时"能直接与带数量补语的动补短语搭配,"时时"和"不时"都只能用在肯定句中,"时时"可以用在"时时＋不 VP"的结构中,但没有"不时＋不 VP"这样的结构;"时时"与副词"都、处处、事事、几乎、在"搭配连用,"不时"不能和这些副词连用。

在语义方面,"时时"和"不时"作为频率副词,其词义是相近的,但语法意义却不同。"时时"后所连接的动词多表示一种持续的状态,强调的是动作、行为重复的经常性,表示重复的频率相对较高,具有延续性的特征,相当于"常常";"不时"后所连接的动词一般动作性比较强,强调的是动作、行为重复的不定时性,表示重复的频率也相对较低,具有短时性重复的特征。

参考文献：

[1] 北京大学中文系 1955、1957 级语言班. 现代汉语虚词例释[M]. 北京：商务印书馆，1982.

[2] 吕叔湘. 现代汉语八百词(增订本)[M]. 北京：商务印书馆，1999.

[3] 张　斌. 现代汉语虚词词典[M]. 北京：商务印书馆，2001.

[4] 张谊生. 现代汉语副词研究[M]. 上海：学林出版社，2000.

[5] 郭　锐. 汉语动词的过程结构[J]. 中国语文，1993.

[6] 周小兵. 频度副词的划类与使用规则[J]. 华东师范大学学报，1999,(4).

[7] 朱德熙. 语法讲义[M]. 北京：商务印书馆，2004.

[8] 邹海清. 频率副词"时时"与"不时"的语义区别[J]. 云南师范大学学报，2004,(2).

[9] 吴春相、丁淑娟. 现代汉语频率副词的层级和语义研究[J]. 汉语学习，2005,(6).

[10] 史金生、胡晓萍. 动量副词的类别及其选择性[J]. 语文研究，2002,(2).

"常常"与"通常"的对比分析*

提　要： 本文运用语料库语言学的方法，比较分析了"常常"和"通常"在句法特征和语义特征上的差异。通过分析，我们认为"常常"与句子的核心成分联系非常紧密，且仅仅表示动作行为发生的频率很高，既可用于陈述过去、现在发生的事件，也可表达将来的意愿。而"通常"与动词的联系并不紧密，不用于表示动作发生的频率。"通常"不可修饰简单谓语或单音节动词，且不用于陈述将来事件的句子中。此外，"通常"还可以用于主语前，修饰整个句子。因此我们认为，"通常"是对整个事件进行描述，而并非单纯修饰动作行为。

关键词： 常常，通常，比较，分析

1　引　　言

在现代汉语中，"常常"和"通常"的意义、用法较为相似。在我们的日常表达中，两者有时可以相互替换。比如：

(1) a. 寒冷的冬天，她常常天不亮就起床，连早饭都顾不上吃，就从陶然亭往北师大赶。(《北京日报》1997 年 4 月 18 日)

　　b. 寒冷的冬天，她通常天不亮就起床，连早饭都顾不上吃，就从陶然亭往北师大赶。

(2) a. 这个群体带有西方中产阶级的性质，无疑属于我们通常所说的知识分子的一部分。(谢泳《逝去的年代》)

　　b. 这个群体带有西方中产阶级的性质，无疑属于我们常常所说的知识分子的一部分。

在例(1)、(2)中，a、b 句中的"常常"和"通常"在句法结构上可以相互替换。基于这种原因，很多外国留学生在使用这两个词时容易混淆。再如：

(3) 自然，他也常常应约给别的报刊画画，对这一类事，他仍然一丝不苟，决不敷衍。(《北京日报》1997 年 1 月 10 日)

(4) 我常常想，我们离魏晋人的生活态度太远了。(余杰《火与冰》)

---

* 本文曾载于《现代语文》2010 年第 6 期，原文题目为《"常常"和"通常"的比较分析》。作者：陈玉潇、任海波。本次收录，修改了题目，正文也略有修改。

（5）火把节通常在每年的农历6月24日开办……（《北京日报》1997年7月11日）

（6）通常汤潘是在爸那儿过周末的，星期天晚上爸把她送回妈那儿。（欣力《纽约丽人》）

以上例句中，由于两者在句法和语义方面都存在差异，因而不可替换。由此可见，对两者的句法、语义进行比较分析是十分必要的。需要说明的是，两者的句法功能并不完全相同。《现代汉语虚词例释》（北京大学中文系1955、1957级语言班，1982）中指出"通常"还具有实词的性质。在对大量语料进行考察时，我们发现"通常"除具有副词词性外还具有形容词词性，既可在句中作状语，也可作定语。比如：

（7）所谓流通金属币是指通常的流通硬币……（《北京日报》1997年4月1日）

（8）因此通常的结果是赢亦可喜输亦可贺。（薛海翔《情感签证》）

在我们所考察的《北京日报》中，"通常"为形容词作定语的用法共有21句，占总数的13.5%；在《当代小说》中，"通常"的这种用法有23句，占总数的9.91%，其余的情况是"通常"为副词在句中作状语。从"通常"两种词性的使用频度上来看，"通常"的主要词性是副词，在句中作状语。本文将尝试说明"通常"作副词时与"常常"之间的差异。

在以往的研究中，有人将"常常"和"往往"进行语义和句法特征方面的比较说明（寿永明，2002；沈桂丽，2006）。但对"通常"的研究较少。周小兵从句法分布角度对"常常"和"通常"进行了比较分析，考察了两者与谓词、时间词及部分副词共用时的情况（周小兵，1994）。经过进一步考察，本文拟从句法特征和句式语义两个角度考察两者的差异。《现代汉语八百词》（吕叔湘，1999）对两者之间的比较进行了说明："通常"多指带有规律性的动作行为；"常常"多指在不长的时间内不止一次出现某种动作行为。《现代汉语词典》认为，"常常"指（事情的发生）不止一次，而且时间相隔不久；"通常"指一般、平常。《现代汉语词典》对于两者的差异没有明确说明。《现代汉语虚词例释》（北京大学中文系1955、1957级语言班，1982）也对两者进行了辨析："常常"表示某种情况屡次发生；"通常"只说明某事物在一般情况下怎么样。

由于上述解释并未对两者的用法进行详细的说明，因而很多留学生仍然很难把握两者的用法。为此，我们以1997年的《北京日报》（13981832汉字）和80篇当代小说（10475225汉字）作为我们的研究语料，两者共计24457057汉字。从这些不同语体的语料中，我们共抽取了1337句包含"常常"的例句，380句包含"通常"的例句。通过对这些真实语料的统计分析，我们试图进一步说明"常常"和"通常"在句法特征和语义特征上的差异。

2 "常常"的句法特征和句式语义

2.1 "常常"的基本表义特点

在以往的研究中,人们把"常常"解释为表示动作行为屡次发生,强调动作行为的经常性(北京大学中文系1955、1957级语言班,1982)。我们认为,"常常"用于说明句子核心成分所表示的动作行为出现的频率,在使用时与核心动词的联系非常紧密。"常常"与谓词共现的情况在以往研究中已有相关的论述。周小兵认为,"常常"既可以与单独的动词连用,也可以跟动宾离合词或动宾词组结合(周小兵,1994)。然而,周小兵未对"常常"的此用法加以进一步的说明。在对大量语料进行考察之后我们发现,"常常"后面可以修饰单音节谓词或限制简单述语。例如,在我们考察的例句中,有"常常想"、"常常说"、"常常问"等等。如:

(9) 雷环山像只虎,但常常笑,又笑得仁和,像一只披着袈裟的老虎;而左处长,则像只栖鹰,冷,像一只不知有着什么深仇大恨的鹰。(凌非《天囚》)

(10) 记者常常想,京郊的乡镇企业能不能引进些新的经营方式呢?(《北京日报》1997年4月19日)

再如下列一组例句:

(11) ……,我便是常常失眠。(《北京日报》1997年12月9日)

(12) ……,这几年母亲的胃病常常发作。(张承志《北方的河》)

(13) 我常常逃学,一个人跑到玉渊潭的湖边看落叶、读小说,借以排遣心中的郁闷。(《北京日报》1997年6月17日)

(14) 她常常流泪,默默地流泪。(戴厚英《人啊人!》)

上述用法是"通常"不具有的。我们认为,"常常"之所以可以修饰光杆动词,是因为"常常"主要用于说明动作发生的频率,单纯地对某一行为进行说明。因此,在某些情况下,"常常"可以与光杆动词连用,不需要句子的其他成分来修饰限定。比如,在1337句含"常常"的例句中,"常常"与光杆动词连用的用法共有82句,约占总数的6.13%,而"通常"则无此用法。

2.2 "常常"句的时间义

周小兵对"常常"和"通常"与时间词共用的情况进行了研究,从时间词管辖范围的角度对两者作了分析(周小兵,1994),但只是从句法分布角度考察,未对两者的时间义进行分析。"常常"可以用来叙述过去的事情,陈述现在的情况,也可用于表达将来的意愿(寿永明,2002)。因此,"常常"既可用于叙述过去和现在的句子中,也可用于陈述将来事件的句子中。比如:

(15) 梧桐树啊,虽然我不能把你带走,但我一定会常常来看你的……(《北京日报》1997年7月15日)

(16) 果然,杨一次也没有来看过她,后来就改口说:"我会常常打电话给你的。"(郁秀《太阳鸟》)

我们认为,"常常"在句子中,用于说明句子核心成分表示的动作行为发生的频率很高,因此不受动作行为发生时间的影响。

3 "通常"的句法特征和句式语义

3.1 "通常"的基本表义特点

含有"通常"的句子多数用于表示行为或事件具有规律性。比如在例(6)中:"通常汤潘是在爸那儿过周末的,星期天晚上爸把她送回妈那儿。"这里,"通常"表明汤潘在爸那儿过周末是具有规律性的,一般情况下不会改变。而在句子"汤潘常常是在爸那儿过周末的"中,"常常"表示在爸那儿过周末这一行为是经常发生的,但偶尔也会在别的地方过周末,不具有规律性。因此,"通常"经常用在表示规律的"通常看来"、"通常认为"等表达中。例如:

(17) 通常看来,这30年足以毁灭一个诗人的才气、灵感和锐意进取的雄心。(《北京日报》1997年3月7日)

(18) 通常认为,一国工业化的完成,最重要的标志之一是……(《北京日报》1997年7月14日)

(19) 通常认为真菌与植物的亲缘关系要比与动物的关系近得多……(贾平凹《怀念狼》)

3.1.1 "通常"与谓词共现

上文已指出,"常常"可以修饰光杆动词。我们通过对真实语料的考察,发现"通常"句中的述语成分较为复杂,并且没有出现一例"通常"后面接光杆动词的现象。例如:

(20) 研究人员说,这种疾病通常易被家长和老师等所忽视,患儿常被指责为调皮,因而造成患儿心理发育不良。(《北京日报》1997年8月28日)

(21) 火把节通常在每年的农历6月24日开办,历时三天三夜,是凉山彝族最为隆重的民间节日,是彝族优秀文化传统的重要内容。(《北京日报》1997年7月11日)

因此,我们认为,"通常"是对整个事件进行说明,陈述对某一件事情的认识,说明规律性的问题。陈述一个事件离不开事件发生的时间、场所、环境等因素,因而"通常"句中的谓语不能是光杆动词。

3.1.2 "通常"对主语前后位置的选择

"常常"经常用在主语后,修饰后面的动词短语,几乎不用在主语前修饰整个句子。而"通常"既可修饰动词短语,也可修饰整个小句(吕叔湘《现代汉语八百词》)。因此,"通常"既常用于主语后,也常用于主语前。比如:

(22)糖尿病通常由胰岛素分泌不足引起,而体内生成胰岛素的基因恰是岛细胞。(《北京日报》1997年6月19日)

(23)高大的人通常容易给人以憨厚的印象,好像是他们的个高是由于吃的多,因此不挑食,在交友方面也比较粗疏。(毕淑敏《血玲珑》)

(24)通常我只看一小会儿风景,就被城内的险恶吓坏了,赶忙跳回原处,喝一口热茶,死了心。(周洁茹《小妖的网》)

(25)通常我们说的就近入学,是指九年义务教育阶段的小学部分和初中部分。(《北京日报》1997年6月28日)

我们发现,"通常"和"常常"在与主语共现时,其前后位置存在着差异。"通常"可用于主语前,也可用于主语后。当"通常"只表示行为动作具有规律性时,往往用在主语后,修饰后面的谓语成分,而当其表示整个事件具有某种规律时(包括说明事件发生的时间、地点具有规律性时),"通常"则用在主语前,修饰整个句子,对整个事件进行说明。在我们所考察的语料中,《北京日报》含"常常"的例句共430个,"常常"全部用在主语后;80篇当代小说中含"常常"的例句共907个,位于主语前的仅有10句,占总例句的1.10%。以上数据表明"常常"大多数情况下位于主语之后,极少用于主语前。当"常常"用于主语前时与作者的个人表达及语境有很大关系。例如:

(26)常常阿妈临走的时候关照我:"爱玲小姐,电炉上还有一壶水,开了要灌到热水瓶里,冰箱上的扑落你把它插上。"(张爱玲《都市人生》)

(27)常常我一个人在公寓的屋顶阳台上转来转去,西班牙式的白墙在蓝天上割出断然的条与块。(张爱玲《都市人生》)

(28)常常脑子里空无所有,就这样祈禳着。(张爱玲《都市人生》)

(29)常常她有精彩的议论,我就说:"你为什么不把这个写下来呢?"(张爱玲《都市人生》)

(30)饭堂里充满了自制服的汗酸气与帆布鞋的湿臭,饭堂外面就是坡斜的花园,水门汀道,围着铁栏杆,常常铁栏杆外只有雾或是雾一样的雨,只看见海那边的一抹青山。(张爱玲《都市人生》)

(31)常常中午饭挪到下午吃,晚饭成了夜宵。(王小平《刮痧》)

(32)一向很活跃的小乔,这几天很消沉,没事的时候,常常一个人蜷在沙发上出神。(皮皮《渴望激情》)

(33)当时的心情没法形容,整个人都呆掉了,常常一个人坐在屋里,一上

午或一晚上,什么事也不做,就是发呆。(欣力《纽约丽人》)

(34) 那时候,我十分苦闷,常常一个人关在家里。(戴厚英《人啊人!》)

(35) 黛教授生病之前,常常四肢着地,在地毯上爬来爬去,由黛二和黛二母亲轮番骑。(陈染《无处告别》)

从以上例子我们看到,例(26)—(30)五个例句都出自张爱玲的《都市人生》,这些句中的"常常"偶尔前移与作者的写作风格和特殊的表达需要有关。例(31)—(35)中的"常常"都可以替换为"通常",其中例(32)—(35)句中"常常"前的主语承前省略。通过考察,我们发现,"常常"偶尔可以前移与作者个人的表达习惯和语境等因素有关,且多数句子中的"常常"前移后已具有陈述规律的语义特征,可与"通常"相替换。

3.2 "通常"句的时间义

在分析"通常"与谓词共现时,我们已指出"通常"是对整个事件进行说明,说明规律性问题,而陈述一个事件离不开事件发生的时间、场所、环境等因素。因而,在多数情况下,含有"通常"的句子中都有表示特定时间的词语,且这里的时间有两种类型,一种是事件发生的具体时间,另一种是事件发生的时间范围。比如:

(36) 休息日,上午我通常在厨房里忙活,窗外的女孩们也正在摆"家家酒"。(《北京日报》1997年9月5日)

此处,"通常"句中的时间指事件发生的具体时间——休息日上午。因此"我通常在厨房里忙活"这样的句子则不成立。

(37) 大学时代,她通常一年才回家两、三次,一方面是为了省钱,另一方面是水漾的事造成她心中很大的阴影。(程浅《恋人未满》)

此处,"大学时代"修饰限制了"她"一年才回家两三次的时间,是事件发生的时间范围。再如:

(38) 这题目太容易了,当先生用太容易的题目考你的时候,通常另有所指。(毕淑敏《血玲珑》)

(39) 在历史上的这种时候,二刀毛子通常要流许多的眼泪,劝马长起来,说没有事的,会治好的……(刘以林《一个人的极限》)

"当先生用太容易的题目考你的时候"指事件发生的具体时间。"在历史上的这种时候"则指过去的某一段时间,即特定的时间范围。分析"常常"句的时间义时我们认为,"常常"在表示动作发生的频率高时,不受动作行为发生时间的影响,既可陈述过去、现在发生的事情,也可表达将来的意愿。通过考察,我们发现,"通常"仅用于陈述过去或现在发生的带有规律性的事件,不用于表达将来的意愿。

4 结　语

本文在大量真实语料的基础上,对"常常"和"通常"在句法特征方面的差异进行了考察,从而进一步说明了两者之间的语义差异。通过考察"常常"与副词和谓词共现的情况,我们认为,"常常"与谓语,即句子的核心成分联系非常紧密,且仅仅表示动作行为发生的频率很高。而在对其所在句子的时间义进行分析考察时,我们发现,"常常"既可用于陈述过去、现在发生的事件,也可表达将来的意愿。

对"通常"进行语义分析时,我们同样考察了其与副词共现时的情况。我们发现,"通常"与动词的联系并不紧密,并且不用于陈述动作发生的频率。其次,"通常"可用于主语前,修饰整个句子。因此我们认为,"通常"是对整个事件进行描述,并非单纯修饰动作行为。最后,我们对"通常"与谓词和时间词共现的情况也进行了分析,"通常"在句子中不可修饰简单谓语或单音节动词,且不用于表达将来的意愿。

综上所述,我们将两者的差异总结如下:

(一)"常常"用于表示动作行为发生的频率很高,而"通常"则用于表示行为或事件具有规律性,陈述人对事物的认识。

(二)"常常"既可用于陈述过去和现在发生的事情,也可用于表达将来的意愿;"通常"陈述某种规律性事件,不用于陈述将来事件的句子中。

(三)"常常"与句子的核心成分、谓语的联系较为紧密,一般位于主语后,而"通常"表示对事件整体的认识,因而既可位于主语前修饰整个句子,也可位于主语后修饰动作行为。

(四)"常常"可以与光杆动词共用,而"通常"句中的述语较为复杂,且句子中一般有时间限定。

参考文献:

[1] 北京大学中文系 1955、1957 级语言班. 现代汉语虚词例释[M]. 北京:商务印书馆,1982.
[2] 寿永明."常常"与"往往"的语义语法特征[J]. 浙江师范大学学报,2002,(2).
[3] 沈桂丽."常常"和"往往"[J]. 湘南学院学报,2006,(6).
[4] 周小兵."常常"和"通常"[J]. 语言教学与研究,1994,(4).
[5] 吕叔湘. 现代汉语八百词(增订本)[M]. 北京:商务印书馆,1999.
[6] 中国社会科学院语言研究所. 现代汉语词典(修订本)[Z]. 北京:商务印书馆,1996.

"依然"与"仍然"的对比分析*

提　要：本文在大规模语料的基础上，比较分析现代汉语副词"依然"与"仍然"在句法特征、句式语义和固定格式上的差异。通过分析认为：在句法上，两者都能作状语，而"依然"还可以作谓语；作状语时在大多数情况下两者可以替换。在语义和格式上，"依然"侧重于对静态持续态的修饰，有成词的固定格式；"仍然"可以表动作的间隔重复，并具有更重的转折意味。

关键词：依然，仍然，比较，分析

1　引　　论

现代汉语中的时间副词约有 130 个左右，约占整个副词的三分之一。在陆俭明和马真《关于时间副词》一文中根据所标示的态的不同，将它们分成了十八小类。"依然"与"仍然"被归入表示延续的不定时时间副词，表示已经存在、出现或进行的状态、情况或行为动作持续不变。在不少辞书上，我们也都能找到这两个词，但是对它们的解释都比较简略，一般都将"仍然"看作副词，解释为"表示情况继续不变或恢复原状；还"（《现代汉语八百词》），但是对"依然"的词性却有不同的看法：有的就根本没有说明它的词性，只是简单地指出它还可以作谓语（北京大学中文系1955、1957 级语言班，1996）；有的辞书将其视为动词和副词兼类（《现代汉语词典》第 5 版，商务印书馆）；有的将其视为形容词和副词的兼类（《应用汉语词典》，商务印书馆，2000）。在以往的研究中，《现代汉语虚词词典》（张斌）和《现代汉语八百词》（吕叔湘）只收入了"仍然"，他们对该词有着近乎一致的解释，认为"表示某种情况持续不变；表示恢复原状，含有事情曾一度中断的意思"；《现代汉语虚词例释》并没有直接对这两个词进行诠释、比较，而是通过它们分别对应的"依旧"、"仍旧"来收入的；对这对近义词作为副词的用法直接进行辨别的文献有《HSK 词语用法详解》（黄南松、孙德金，2000），《汉语同义词词典》（佟慧君、梅立崇），《现代汉语虚词词典》（侯学超）等。他们分别从不同的角度对这两个词进行了比较，他们的分析有一定道理，但不够系统和全面，而且多是对二词用法的罗列，并没有重点进行辨析

---

*　本文曾载于《海外华文教育》2007 年第 3 期，又载《萍乡高等专科学校学报》2008 年第 5 期，原文题目为《"依然"与"仍然"的比较分析》。作者：李树、任海波。本次收录，修改了题目，正文也略有修改。

异同,让留学生产生二词用法差不多的错觉。

此外,我们还发现了对这两个词进行比较的论文《"依然"和"仍然"的比较研究》(王功龙、刘东,2005),该文从语义背景、语法意义和语法形式等方面对两者进行了区分比较,其中的分析有一定道理,但是观察一下真实的语料,有些部分的说法还不能令人赞同。该文对两个词语义的解释基本承袭侯学超的《现代汉语虚词词典》中的说法,其中"依然:表示行为状态维持原样,不因别的因素影响而有所改变"这样的说法在王功龙的论文中得到了强调和引申、扩展。他指出:"'依然'的语义背景是在某种客观条件的作用下,某种状态不受影响,保持不变;'仍然'是在某种主观努力下并未产生预期效果,原动作状态继续保持不变。"观察真实的语料,我们发现了以下这样的句子:

(1) 小姐显然没有听到他的问话,因为她正以售货员的职业微笑,向一个要买皮衣的中年男人推销产品。姚江河又问了一声,小姐依然没有理他。(罗伟章《妻子与情人》)

(2) 门口不时有人探头探脑地朝里看,行长依然不管不顾,喋喋不休地喧嚣吵闹,逼得牛五强只想发火。(高和《越轨诉讼》)

(3) 在男孩儿长到不跟爸爸妈妈说心里话的年龄,尹初石仍然把自己遇到的事情说给妈妈听,她从不多加评论,有时挖苦两句,有时开个捉弄儿子的小玩笑,大部分时间是听儿子说。(皮皮《渴望激情》)

(4) 原来他竟是真的爱我。不论他身边有没有其他的女人,他仍然把自己的一切都交给了我,我是他今生今世的妻。(叶倾城《原配》)

例(1)中的"又问了一声"希望得到售货员答理的预期效果,结果是"依然没有理他";例(2)"有人探头探脑地朝里看",希望行长能收敛些,降低吵闹声,可结果还是"依然不管不顾"。按照王功龙的论文,这两个例句恰恰体现了"仍然"的语义背景;例(3)中"在男孩儿长到不跟爸爸妈妈说心里话的年龄"这是客观条件的描述,尹初石"把自己遇到的事情说给妈妈听"并未受其影响;例(4)在"不论他身边有没有其他的女人"的客观条件下,"他仍然把自己的一切都交给了我"。显然,这两个例句无法用"'仍然'是在某种主观努力下并未产生预期效果,原动作状态继续保持不变"来解释。由此可见,从主客观来区分"依然"和"仍然"的语义背景是比较牵强的。

为了更好地辨析"依然"与"仍然",我们以1000多万字的现代小说作为我们的研究语料,从中穷尽性地抽取了2629个含有"依然"的有效句子和3577个含有"仍然"的有效句子,然后,对它们在句子中所表现出来的各种句法特征进行了分析和标注,同时对它们在句子中所表示的意义等进行了考察。在此基础上,本文就这两个词的句法功能进行了描述,然后对比两者在实际运用中的差异,对其差异进行了具体的分析,希望这种分析能在对外汉语教学中帮助留学生更好地理解和运用这两个词。

2 句法特征的差异

2.1 "依然"可以作谓语,共有22句。它既可以充当谓语中心词,又可以单独作谓语。"仍然"则不具备这样的句法功能。如:

(5) 张海同田子也从香港赶来,当面表示感谢。马积士笑容依然,频频举杯,答谢。(朱崇山《十字门》)

(6) 老板娘也依然,不再秀气亦还是不显得老气,只是比起十年前胖了,肩膀一高一低地倾斜,相应地平稳一些。(陆星儿《陆星儿作品集》)

例句(5)中"笑容依然"就是主谓短语作谓语,例句(6)中"依然"则直接作谓语。我们知道划分词类的标准主要是词的语法功能,而语法功能的一个重要表现是充当句法成分的能力。也正是因为"依然"有作谓语的语法功能,所以通常人们认为"依然"此时的词性是形容词,形容仍同原样。在《说文》中有这样的注解:"依,倚也。"由此进一步引申出"遵循、按照"之义。由于"依"的动作性不强,上述意义在句中可虚化为介词。由介词"依"和助词"然"复合而成,约始见于汉代,后世沿用(《古代汉语虚词词典》,商务印书馆,1999)。

而有的辞书认为"它此时的词性是动词,指和原来一样"(《现代汉语词典》第5版),这样的处理是否妥当,仍有待商榷。

2.2 在我们观察的真实文本语料中,"依然"的例句中99.2%都是作状语(见表一),"仍然"所充当的句法成分总是状语,所以,这两个词的副词特征表现得十分充分。因此,我们考察这两者的句法特征,主要是要考察它们作状语的位置和与其他词语、短语一起使用的情况。

2.2.1 "依然"和"仍然"最大的相同之处就是作状语,通常直接作状语,在进行穷尽式的统计后我们只找到2句"依然"加"的",1句"依然"加"地"作状语,1句"仍然"加"的"作状语。我们对例句逐个考察,发现"依然"和"仍然"作状语时是否加"的"、"地"并不影响句子的成立,故也不涉及两个词语法或语义的差异。如:

(7) 他不敢想过去的那些委屈与危险,虽然不去想,可依然地存在,就好像连阴天的时候,不去看天也知道天是黑的。(老舍《骆驼祥子》)

(8) 于是每逢秋至,她总会在高的蓝天和静的白云中,不期地想起那段被惶恐追赶的日子。依然地伤痛,但有一点已本质不同:他留了下来。(赵玫《一本打开的书》)

(9) 那二老仍然地听着,把手中拿的一把弯月形镰刀随意斫削路旁的草木,到了碾坊时,却站住了向他哥哥说:"大老,你信不信这女子心上早已有了

个人?"(沈从文《边城》)

2.2.2 "依然"在作状语时,可以在所修饰的动词或形容词之前,也可以置后,但必须是在修饰形容词时才能置后;而"仍然"却无一例外地必须置于所修饰的部分之前。如:

(10) 沈丽站在人群的后面,在呼啸的寒风中没有完全听清楚卢小龙在讲什么,她只是觉得卢小龙在做一件慷慨悲歌的事情,却依然保持了平静。(柯云路《芙蓉国》)

(11) 虽然已处绝境,羽的眼中,他的女人还是平静依然,看不出丝毫的慌乱。(断蝶《失语录》)

(12) 这就使小说的气氛,虽有悲壮之处,而大体仍然暗淡,显不出中国革命进行的伟大气魄与最后的必然胜利的前景。(茅盾《子夜》)

(13) 不过,我们仍然把享受掩饰为需要,不说吃菜,只说吃饭,好比我们研究哲学或艺术,总说为了真和美可以利用一样。(钱锺书《写在人生边上》)

下表说明"依然"作状语及在句中位置的情况:

表一

	作状语例句数	占总例句数的比例	状语前置例句数	占作状语总例句数的比例	状语后置例句数	占作状语总例句数的比例
依然	2607	99.2%	2587	99.2%	20	0.8%

注:这里的总例句数是2629。

2.2.3 "依然"和"仍然"后面均可以接形容词或形容词短语,如:

(14) 芳子的态度依然傲慢,高高在上,没把任何人放在眼内——当然,在这时势,她已是一个落网受审讯的汉奸了,任何人也不把她放在眼内。(李碧华《满洲国妖艳——川岛芳子》)

(15) 但她外面的样子依然安静,她相信自己的直觉,李大夫不是一个不懂分寸的男人,也不可能让任何一位他约出来的女性感到不舒服。(皮皮《比如女人》)

(16) 他那五根手指不停地在喉咙上擦揉,动作仍然迟缓而且手指僵硬。(巴金《寒夜》)

(17) 我们循男孩的手指眺望山口,群山仍然白雪皑皑,高原公路像一条灰布带垂在两座山的腰间,毛拉乌达,从荒原到荒原,从雪山到雪山,出了山口还是毛拉乌达。(苏童《苏童文集》)

例句(14)中"傲慢"是对"芳子的态度"的静态描写;例句(15)中"安静"是对"她外面的样子"的静态描写;例句(16)中"迟缓"是对五根手指动作的描述;这三句中的"依

然"、"仍然"若互换,就不能贴切流畅地表达出持续态了。当然"仍然"并非总是对动态持续态描述的修饰,它也可以修饰静态的描写。如例句(17)中"白雪皑皑"就是描写群山所呈现的冬日景象,此时的"仍然"可以换作"依然"。

2.2.4 动态助词"着"用在动词和形容词后面,表示动作正在进行或状态正在持续。"依然"和"仍然"后面均可以接"形容词/动词+'着'"结构。分而论之,所接"形容词+'着'"结构无一例外地都是表示对静态持续态的修饰(但这两个词接"形容词+'着'"结构的使用频率是有差异的,详见表二);接"动词+'着'"则有动态和静态之分。如:

(18)吆喝声传到了对岸山岭上又返传回来,船依然横着,纹丝不动。(贾平凹《怀念狼》)

(19)我也懒得再去理他们,仍然静静地歪着残伤的身躯靠在沙发上。(秦德君、刘淮《火凤凰——秦德君和她的一个世纪》)

(20)我的桌边依然贴着许多条子,只有"快乐地活在当下"不用张贴于座右,因为那正是我生命的态度。(林清玄《林清玄散文集》)

(21)让我惊愕的还是戴口罩的老人,他仍然被架着推挤着,他的目光从同伴的肩上挤出来,盯着我和父亲,我清晰地看见他的眼泪,那个戴口罩的老人满眼是泪!(苏童《苏童文集》)

例句(18)和(19)是接"形容词+'着'"结构,完全可以互换。例句(20)和(21)都是接"动词+'着'",但是(20)中"贴着许多条子"显然是对"我的桌边"的静态情形的描写,而(21)中"被架着推挤着"则是描述当时戴口罩老人所处的动作状态,这两句中的"依然"、"仍然"分别强调了静态和动态的持续,是最佳的搭配。我们对这两个词接"动词+'着'"结构所表示动态和静态的句子进行了穷尽性的标注(数据见表二)。

表二

词语	接形容词例句数	占作状语总例句数的比例	接"形容词/动词+'着'"总例句数的比例	接"形容词/动词+'着'"中修饰动态描述的例句数	占带"着"总例句数的比例	接"形容词/动词+'着'"中修饰静态描述的例句数	占带"着"总比例句数的比例	接名词性短语的例句数	占作状语总例句数的比例
依然	394	15.1%	270	61.36%	170	38.64%	11	0.42%
仍然	220	6.1%	534	85.99%	87	14.01%	10	0.28%

注:这里的"作状语总例句数"分别指:"依然"2607句,"仍然"3577句;"带'着'总例句数"分别指:"依然"440句,"仍然"621句。

2.2.5 在以往的研究中,通常人们认为这两个词后仅跟动词、形容词或相应的短语作谓语,而在实际语料的分析中,我们还发现了后面接名词性短语的例句,如:

(22)你看,云破月来,依然一片清光。(高阳《王昭君》)

(23)我记得你爸妈都身体好,模样显得好年轻!他们是不是仍然满头黑发?(席慕容《席慕容诗集2》)

3 句式语义的异同

"依然"和"仍然"的句式语义是指包含"依然"或"仍然"的句子所表现出来的语义。我们在对这两个词进行考察的过程中发现它们在句式语义的表达上有着异同。

3.1 我们在上一部分中对这两个词后所接的词和短语进行一个综合的比较,列表如下。后接形容词、接"形容词/动词+'着'"中修饰静态描述和接名词性短语的例句数的统计数字有力地突显其静态持续态,接"形容词/动词+'着'"中修饰动态描述的例句数的统计则突显其动态持续态。

数据显示"依然"比"仍然"更多地偏向于对静态状态的描述,后面的谓语是具有描写性的形容词或名词性短语的比率均高于"仍然";而"仍然"则更多地偏向于对动作状态的描述,接表动态持续态的"动词+'着'"的比率明显高于"依然"。究其根源,我们可以从《说文》中对"依"和"仍"的释义中找到答案:"依,倚也",明显是一种静态动作的描述;"仍,因也"本义为"因承沿袭",虚词"仍"是本义的引申义,其副词用例已见于先秦,后沿用于文言中。可见,从词源上来看,"仍然"理应更多地修饰动态动作,而"依然"更适宜修饰静态动作。

3.2 就这两个同义词的主体字来说"依"有"依从"、"遵循"的意思,也就是说必须有前因,这个"依"才能成立。我们可以推论,"依然"强调行为状态维持原样,不因别的因素影响而有所改变,表示情状的词语上文已有交代或隐含;而"仍"的意义除了表示"沿袭,依照",还有"重复,频繁"的意义。所以"仍然"还可表示事情或情况曾一度中断或发生变化,但后来又恢复了或将要恢复原状,有"照样、照旧"的意思。可见,"仍然"可以表示动作的间隔重复。如:

(24)马胜利背着手溜溜达达沿着走廊走到顶头,迎面是厕所,又向右看了看,是厨房,向左看了看,是李黛玉父亲原来的书房。他走到厨房里看了看,李黛玉跟了过来,马胜利依然背着手,看了看黑污晦暗的厨房内的煤气灶、碗橱、水龙头、案台和蒙着油污的窗户。(柯云路《芙蓉国》)

(25)水火也罢,木土也罢,我可不能忘记在我垂危之际,她陪伴我的日日

夜夜。你是我的亲妹子,不也就白天来看看,晚上仍然回你的储秀官吗?(凌力《少年天子》)

3.3 由于"依"和"仍"都有"按照,因凭"的基本义,所以这两个词也有着共同的意义。大量的例句显示出它们都能"表示在一段时间里某事始终保持原来的状况,没有发生变化",此时句中的"依然"或"仍然"都可以换成"还是,还",表示动作、行为、情况、性状等维持不变,还是老样子。如:

(26)写字台前坐着陈克明,侧着头,似有所思,嘴边依然浮着他那和善的微笑。(茅盾《锻炼》)

(27)半夜醒来,枕边还是猫均匀的呼吸声,对面还是放着那个白底粉色碎花的简易衣柜,床柜上大镜框里的自己仍然摆着那个一模一样的姿势。(断蝶《失语录》)

3.4 由于"依然"和"仍然"所关涉的状态和动作不受外在因素的影响,继续保持不变,就使得"依然"和"仍然"在表示延续意义的同时又含有转折的意味。在对语料的分析中,我们找到了与它们搭配频率较高的关联词。前面常用表示让步的词语"虽然,尽管"等,后面常用表示转折的词语"但,但是,可,可是,却"等。如:

(28)腿上虽有残疾,但依然能开车的田大勤,于是也便恢复了花匠兼司机的双重身份。(王晓玉《紫藤花园》)

(29)"喂,请问谁打传呼?"虽然估计到是程石,他仍然按习惯询问对方。(高和《越轨诉讼》)

特别要指出的是,"仍然"的例句中有这样的情况:按理甲乙两事互相影响,但事实上乙事并没有因甲事的产生而受到影响,这时"仍然"含有"照样,照旧"的意思。所以不需要借助关联词,"仍然"也能表示出转折的意味来。如:

(30)象征吞没了实体,过去吞没了现在,我们仍然乐于把巨额的金钱投诸于大量的装饰活动和器物上,例如政治节日期间,每个单位门口都被要求设置巨大的花坛,这种花坛只存在短短几天。(余杰《火与冰》)

4 固定格式

4.1 "依然"和"仍然"还有着共同的语法形式,都可形成"依然/仍然＋像/和……一样/一般",表示与另一事物比较后有着同样的状态,如:

(31)我只有在晚上进城才能见到苏宇,我们在一起时依然和过去一样很少说话,可我渐渐感到苏宇对我的疏远。(余华《在细雨中呼喊》)

(32)等到一切的纷纷乱乱都就绪了之后,才发现,我这多出来的一天仍然和平常的日子一样,只剩下在晚上在灯下的那一点点时间了。(席慕容《席

慕容诗集1》)

4.2 "依然/仍然＋如＋N"的形式主要用于静态持续态的描写,从使用的频率来看"依然＋如＋N"(15句)显然多于"仍然＋如＋N"(4句),再次印证了前面我们所得出的结论。如：

(33) 都是创造了永恒的艺术家,又同是艺术家旧日的家园,福克纳的苍凉、萧条,如遥远的悲歌;奥维斯的却灿烂、明媚,依然如天空中的太阳。(赵玫《门口的鲜花》)

(34) 无论这世界曾经怎样温柔与美丽,生命仍然如一条河流,无日无夜不在我们身旁悄无声息地流过。(席慕容《席慕容诗集1》)

4.3 我们在"依然"作状语的例句(共2607句)中找到了"依然如故"(25句)、"依然故我"(20句)、"依然如旧"(6句)、"依然如此"(4句);而我们在"仍然"的例句(共3577句)中仅找到"仍然如此"(5句)、"仍然如故"(1句)、"仍然如旧"(1句)。更有权威词典把"依然如故"、"依然故我"收录,并释义为"依然故我:仍旧是我从前的老样子;形容情况依旧,没有变化,跟'判若两人'相对";"依然如故:仍旧像从前一样"(《新华成语词典》,商务印书馆,2006)说明它们已成为固定的格式,词汇化已成为现实(例句如下)。而"仍然"还没有被大量地应用于这样的格式中,词汇化还有一个过程。

(35) 想到照相,那乱麻一团的往昔,就好像抽出了一个头似的。王琦瑶又问那照相间是否依然如故。(王安忆《长恨歌》)

(36) 他不断忏悔,不断下决心痛改,但事过之后又依然故我,这种敢作敢为而又敢于将这一切告诉世人,方显出郁达夫独特的个性和直率的性格。(谢泳《逝去的年代》)

5 结　　语

通过用法的考察,我们发现,在句法方面,"依然"既可以作副词又可以作形容词(个别词典说可以作动词值得商榷),既可以作状语又可以作谓语,作状语时可以后置,而"仍然"只能作副词,充当句子的状语且总是前置;两者都可以带形容词、持续性动词或"形容词/动词＋'着'"表状态的延续,都可以接名词性短语。"依然"和"仍然"在基本语义上虽有相似之处,但是在用法上还是有差异的,我们大致可以看出一种区别的倾向："依然"更倾向于对静态持续态的描述,在关联词的显性标志下可以完成转折意义的表达;而"仍然"更倾向于动态持续态的描述,能表示动作的间隔重复,且有更重的转折意味,即使没有关联词也能完成转折意义。"依然"和"仍然"还有着共同的语法形式,但"依然"的例句中更多地出现了"依然如故"、"依然故我"的固定格式。

参考文献:

[1] 北京大学中文系 1955、1957 级语言班. 现代汉语虚词例释[M]. 北京:商务印书馆,1996.
[2] 侯学超. 现代汉语虚词词典[M]. 北京:北京大学出版社,1998.
[3] 吕叔湘. 现代汉语八百词(增订本)[M]. 北京:商务印书馆,1999.
[4] 陆俭明、马真. 现代汉语虚词散论[M]. 北京:语文出版社,1999.
[5] 曲阜师范大学本书编写组. 汉语常用虚词词典[M]. 杭州:浙江教育出版社,1987.
[6] 商务印书馆辞书研究中心. 应用汉语词典[Z]. 北京:商务印书馆,2000.
[7] 商务印书馆辞书研究中心. 古今汉语词典[Z]. 北京:商务印书馆,2000.
[8] 王德惠、程希岚. 古今词义对比辞典[M]. 长春:吉林文史出版社,1989.
[9] 王功龙、刘东. "依然"和"仍然"的比较研究[J]. 辽宁教育行政学院学报,2005,(1).
[10] 张谊生. 现代汉语副词研究[M]. 上海:学林出版社,2001.
[11] 中国社会科学院语言研究所. 现代汉语词典[Z]. 北京:商务印书馆,2006.
[12] 中国社会科学院语言研究所. 古代汉语虚词词典[Z]. 北京:商务印书馆,1999.

"多亏"与"幸亏"的对比分析*

提　要：通过对同义词"多亏"和"幸亏"在句法功能上的各种用法的考察及其所处句子的句式语义的分析，可以看出，"多亏"是一个具有副词性特征的动词，"幸亏"是一个既起修饰作用又起连接作用的副词。它们在语义的立足点上有很大差别："多亏"主要用来对别人所给予的帮助表示感谢，"幸亏"主要是因某种有利条件而侥幸避免不良后果后的庆幸心理。两者在表达各自独特的语义时不能替换使用。

关键词：多亏，幸亏，用法，语义

1　引　　论

"多亏"与"幸亏"这两个词的差别，留学生较难把握，一些工具书对这两个词有解释，但过于简单，且不太统一。如：《现代实用汉语词典》直接把"多亏"解释为幸亏、幸好。而《现代汉语词典》和《应用汉语词典》中都解释"多亏"是由于别人的帮助或某种有利因素，避免了不幸或得到了好处，"幸亏"是表示由于偶然出现的有利条件而避免了某种不利的事情。但是我们在考察真实文本语料时却发现这样的句子，如：

(1)"那他们呢？""他们就蹲在树上，后来多亏来了部队，要不，也完了。"（冯延飞《希望的田野》）

(2)秀子伸了一下舌头，小声说："幸亏风大，不然我唱歌也被鬼子听见啦。"（冯德英《苦菜花》）

例句(1)是由于"来了部队"这样一个偶然的有利条件，避免了不幸；例句(2)是由于"风大"这个有利因素，所以避免了不幸。这样，根据以上工具书所给的定义，我们完全可以把例句(1)中的"多亏"换成"幸亏"，把例句(2)中的"幸亏"换成"多亏"。由此可见它们所给的定义根本没起到区分这两个词的作用。

《现代汉语副词研究》（张谊生）认为"多亏"和"幸亏"都是一种侥幸态的副词，而《现代汉语八百词》和《现代汉语词典》认为"多亏"是动词，"幸亏"是副词。这又

---

*　本文曾载于《新余高专学报》2008年第3期，原文题目为《"多亏"与"幸亏"的对比分析》。作者：王文娟、任海波。本次收录，修改了题目，正文也略有修改。

表现了各家意见的不统一,那么它们究竟是什么词性呢?

我们从 500 万字的真实语料中穷尽性地抽取了所有包含"多亏"和"幸亏"的句子,共计 972 个句子,其中包含"多亏"的句子 280 个,包含"幸亏"的句子 692 个。通过对它们的分析研究,我们试图弄清"多亏"和"幸亏"的用法及其在语义表达上的特点。

2 "多亏"与"幸亏"的用法

2.1 "多亏"和"幸亏"作状语

"多亏"和"幸亏"在句中主要充当状语。它们可位于主语之前,也可位于主语之后,而具体的频率表现却有所不同。如:

(3) 我不用一两句话搪塞他们。多亏李杰民适时引导,才未酿成"学潮"。(ZJWZ153)

(4) "祥禄,你……咱娘多亏有你这么个好女婿!"(沈家和《孽生缘》)

(5) 这下我算明白啦。幸亏八路军救出我来,不然早叫抓进据点啦……(冯德英《苦菜花》)

(6) 正好余校长来了,他看了看书说:"这个作者我认识,他以前也是民办教师,我和他一起开过会。他幸亏改了行,不然,恐怕和我现在差不多。"(ZJWZ033)

以上例句显示,"多亏"和"幸亏"都可以出现在主语的前面作状语,如上面的例(3)、(5),也可以在主语的后面作状语,如上面的例(4)、(6)。"多亏"和"幸亏"作状语的表现及各自与主语的相对位置可用下表来说明:

表一

	作状语例句数	占总例句数的比例	主语后作状语例句数及比例	主语前作状语例句数及比例
多亏	170 句	约 60.7%	4 句,约 2.4%	166 句,约 97.6%
幸亏	670 句	约 96.8%	6 句,约 0.09%	664 句,约 99.1%

从表一我们可以发现,"多亏"作状语的频率没有"幸亏"高,它们都主要是作句首状语。

2.2 "多亏"和"幸亏"后接"了"

继续考察语料发现"多亏"和"幸亏"可以接时态助词"了",例如:

(7)"当初我估计,这件事未必能办得成!"九红:"还多亏了你那几封信,要不然我过不了山海关!"(郭宝昌《大宅门》)

(8)闺女是老家儿的贴身小棉袄,不会错的。公玉东望着程奶娘高兴的样子,心中十分感慨:幸亏了这个外乡的大脚女人!(王一豪《瞭阳崮祭》)

此外,"多亏"和"幸亏"的后面还可以接上名词或人称代词,例如:

(9)黄建明安慰了一句:"我妈去世的时候多亏你和杨彤了。"(何可可等《永不回头》)

(10)幸亏邓小平,要不我们得是这个世界上多么傻逼的一群人哪。(冯小刚《我把青春献给你》)

"多亏"和"幸亏"接"了"和名词(或人称代词)以及作谓语的具体情况可用表二表示。

表二

	接"了"的例句数	占总例句数的比例	接名词(或人代)例句数	占总例句数的比例	作谓语的例句数	占总例句数的比例
多亏	72句	约25.7%	36句	约12.9%	108句	约38.6%
幸亏	4句	约0.6%	10句	约1.4%	14句	约2%

从表二我们发现,"多亏"作谓语的句子是108句,约占总例句的38.6%;"幸亏"作谓语的句子是14句,约占总例句数的2%。

分析表一和表二的数据,我们不难发现:"多亏"的动词性较强,因为真实文本语料显示它在句子中作谓语的概率达到38.6%,而"幸亏"的这种用法的概率只达到了2%。"多亏"作动词时,后面可以接宾语,也可以接时态助词"了";"多亏"作状语的概率达到60.7%,这说明它仍然有很强的修饰功能,这时,"多亏"的用法是副词的用法。"幸亏"作状语的概率达到97.6%,显然"幸亏"是以作副词为主,副词性较强。"幸亏"后面偶尔接"了"和名词,这可能是因为人们不区分"多亏"和"幸亏"的具体差异所致。

2.3 "幸亏"独用情况

《现代汉语虚词散论》中提到"幸亏"不能独用,但我们在真实语料中发现有8句是独用的,均出自不同的书目,例句如下:

(11)他想,这回没有被敌人的子弹打死,准得被哮喘折磨死。幸亏,没有被敌人发现。(ZJWZ239)

(12)这样他无异于被吊在了半空中,上不着天,下不着地。幸亏,3天后,中共中央回电表示欢迎他起义,他才大大地松了口气。(ZJWZ535)

"幸亏"的这种用法,虽然出现的频率不高,但是也显示了它的一种句法特征。而"多亏"在我们所考察的 280 个例句中则没有发现这样的用法。

3 "多亏"与"幸亏"的句式语义

多个工具书都解释"多亏"是表示由于别人的帮助或某种有利因素而免遭不幸或获得了好处,而"幸亏"是指因某种有利条件而侥幸避免不良后果。但是经过对 972 句包含"多亏"和"幸亏"的句子的句式语义进行了逐个分析,发现"多亏"和"幸亏"在句式语义的表达上,可以更准确、更具差异性。

3.1 "多亏"后接成分语义及与"幸亏"的替换

在"多亏"句中,"多亏"后面可接上表示不同意义的词或句子等,有的是生命体,有的是非生命体。具体分类情况请看表三对语料中 280 句"多亏"句的分析:

表三

"多亏"后接情况							
物			事				
生命体 18.2%	非生命体 3.2%	生命体+"的"+非生命体 11.8%	无主语 10.7%	非生命体主语 2.5%	生命体主语(感谢+庆幸) 46.4%	生命体主语(庆幸) 7.1%	
表"感谢"	表"庆幸"	表"感谢"	表"庆幸"	表"庆幸"	表"感谢"	表"庆幸"	

注:表三中"生命体主语(感谢+庆幸)"是为了和"生命体主语(庆幸)"区分出来,因为前者有两个侧重点,在"多亏"中侧重的是表"感谢",而后者只有表示"庆幸"的意思。

经统计,"多亏"句中表感谢生命体的有 214 句,约占"多亏"总例句的 76.4%。在这 214 句中,表示"感谢"的句子,除了"生命体"51 句不可以和"幸亏"替换,"生命体+'的'+非生命体"和"生命体主语(感谢+庆幸)"都可以和"幸亏"替换,共 163 句,约占表示感谢生命体总例句的 76.2%,替换后意思改变,表示感谢某事或非生命体,有庆幸心理。如例句:

(13) 梦莲见是公方忠,笑了:"哟,方忠哥呀。哦,多亏哥的成全,看,我成了压寨夫人了。"(王一豪《瞭阳岗祭》)

表示庆幸的句子中,"多亏"都可以和"幸亏"替换,共有 66 句,约占"多亏"总例句的 23.6%,例句如下:

(14) "真是重见了天日啦! 当初多亏听了政府的话,要不是搬出去,咱这

老骨头不知在着不在着!"(马烽《吕梁英雄传》)
替换后意思不变,仍表示感谢某事或非生命体,有庆幸心理。

由此我们发现,"多亏"主要表示"感谢",含有感激心理。在表示"感谢"的3类句子中,约有76.2%(生命体+"的"+非生命体,生命体主语(感谢+庆幸))可被"幸亏"替换,替换的比例较高,但替换后意思改变为"庆幸"。还有约23.8%(生命体)不可以替换,因为这些句子只表示感谢生命体,无"庆幸"的意思。

3.2 "幸亏"后接成分语义及与"多亏"的替换

"幸亏"句子的分类情况见表四。

表四

"幸亏"后接情况						
物			事			
生命体 1.4%	非生命体 0.7%	生命体+"的"+非生命体 0.8%	无主语 25.4%	非生命体主语 8.9%	生命体主语(感谢+庆幸) 27.3%	生命体主语(庆幸) 33.5%
表"感谢"	表"庆幸"	表"庆幸"	表"庆幸"	表"庆幸"	表"庆幸"	表"庆幸"

在"幸亏"的692句例句中,表"庆幸"的约占总例句的96.6%,它们可以替换为"多亏"的有195句,占表"庆幸"总例句的28.5%,如以下例句:

(15)"这一次幸亏杨部长的帮助、指示,不然的话,我不会有这样的体会……"(周而复《上海的早晨》)

替换后,意思改变,表示感谢生命体,含有感激的意思。

从表四我们发现:"幸亏"主要表示"庆幸",在"幸亏"表示"庆幸"的句子中,只有两类:"生命体+'的'+非生命体"和"生命体主语(感谢+庆幸)"可被"多亏"替换,占表"庆幸"的28.5%,替换后意思改变为表"感谢"。剩余的71.5%不可以替换。

3.3 "多亏"与"幸亏"的替换小结

根据以上讨论,我们可知:"多亏"表"感谢"时,有76.2%可以和"幸亏"替换,替换后意思改变为"庆幸";而"幸亏"表示"庆幸"时,只有28.5%可以和"多亏"替换,替换后意思改变为"感谢"。"多亏"的可替换率明显高于"幸亏"的。我们还发现它们有一个共同点:在"生命体+'的'+非生命体"和"生命体主语(感谢+庆幸)"这两类句子中,"多亏"和"幸亏"都可以互相替换。这是为何呢?经考察发现,这是因为"生命体+'的'+非生命体"和"生命体主语(感谢+庆幸)"都可以有两个不同的侧重点,当它们接在"多亏"的后面时,侧重点就是句中的生命体,当它们接在"幸亏"的后面时,侧重点就是句中的非生命体或事件,替换后意即改变。那么为什么"多亏"的替换比例高呢？仔细思考,不难发现,因为"多亏"是感谢生命体的,当句子中出现生命体时,和其相关的非生命体或事件出现的比例就比较高(这样的句子占表"感谢"的 76.2%),所以"多亏"和"幸亏"替换的比例就比较高了。而"幸亏"是表示庆幸,是针对一件事或某非生命体(这样的句子占 96.6%),很少用来针对某生命体的,我们在 692 句的"幸亏"语料中只发现 9 句这样的句子,所以"幸亏"可以和"多亏"替换的比例就相对很小了。它们互相替换后,意思均改变。

4 结　语

通过用法考察,我们发现,"多亏"既具有动词性又具有副词性,副词性更强一些,主要充当句首状语。"幸亏"是一种评注性副词,极少有动词性的表现,可以独用。"幸亏"在表示评注的同时,也兼有承上启下的照应功能,它相对于后面的句子而言,是一种评注性成分,相对于整个篇幅而言,则是一种连接性成分。

"多亏"和"幸亏"作为同义词,它们的基本语义是相同的,都表示由于某种有利因素而避免了不良后果或免遭不幸。它们的主要区别是在用法上,它们所处句子的句式语义不同表现了它们在语义表达上的互补性。通过对句式语义的考察分析,我们大致可以看出它们在语义表达上有一种区别的倾向:"多亏"更倾向于感谢生命体,含有感激心理;而"幸亏"倾向于针对事件或非生生命体,含有庆幸心理。"多亏"替换为"幸亏"的比率明显高于"幸亏"的替换比率。

参考文献:

[1] 陆俭明. 现代汉语虚词散论[M]. 北京:北京大学出版社,1985.
[2] 张谊生. 现代汉语副词研究[M]. 上海:学林出版社,2005.
[3] 中国社会科学院语言研究所词典编辑室. 现代汉语词典[M]. 北京:商务印书馆,2000.
[4] 商务印书馆辞书研究中心. 应用汉语词典[M]. 北京:商务印书馆,2000.
[5] 王继洪,陈鸣,任丽青. 现代实用汉语词典[M]. 上海:上海远东出版社,2001.
[6] 北京大学中文系 1955、1957 级语言班. 现代汉语虚词例释[M]. 北京:商务印书馆,1982.
[7] 吕叔湘. 现代汉语八百词(增订本)[M]. 北京:商务印书馆,1999.

"不妨"与"姑且"的对比分析*

提　要：本文对现代汉语副词"不妨"与"姑且"进行辨析。我们在一千多万字的现代小说语料中对包含"不妨"和"姑且"的句子进行了穷尽式的搜索。通过对语料的考察,我们发现"不妨"通常用于建议,表示"可以、没关系"的意思,说话人希望事情朝着一个好的方向发展;而"姑且"表示"暂时"的意思,通常指在没有办法的情况下暂时采取某个措施,含有让步的意味。

关键词：不妨,姑且,对比,分析

1　引　　言

"不妨"和"姑且"都是现代汉语副词。我们在以往的研究中没有发现对这两个词进行比较的论文,对于这两个词的比较仅见于一些虚词辨析的书籍文献。在这些文献中,我们发现了用这两个词互相解释的现象。《现代汉语虚词词典》(王自强,1998)对这两个词有这样的解释:

　　不妨[副]：(1)有"姑且"、"也可以"的意思,表示这样做没有什么妨碍,反而更好一些。

　　　　　　(2)用在重叠的动词或者以动词为中心的词组后面,表示这样做没什么关系。但是它前面得加个副词"也"。

　　姑且[副]：有"先"、"不妨"的意思,表示在不得已的情况下只好暂时将就一下,以后再作结论。带有让步的意味。

并且指出,"不妨"和"姑且"所指的活动都是还没有实现的。可是我们在真实语料中发现了这样的句子：

　　(1)"恐怕我猜不出来。""试试不妨。"(巴桐《商海争雄》)

　　(2)多谈两句,再上路不妨。(鹿桥《未央歌》)

　　(3)况且据你说,又是朋友情面,迟几天更不妨。(茅盾《多角关系》)

以上(1)、(2)、(3)句都是"不妨"用在重叠的动词或者以动词为中心的词组后面,表示这样做没什么关系。但是它们并没有在前面加上副词"也"。再如：

---

* 本文曾载于《语文学刊》2008年第1期,原文题目为《"不妨"与"姑且"的对比分析》。作者：缪韵笛、任海波。本次收录,正文略有修改。

(4) 然而我只能姑且这么办。(鲁迅《鲁迅文选》)

很明显,(4)句中的"姑且"与"不妨"并不是一个意思,这里的"姑且"放在"只能"的后面,表示没有别的办法的时候的一种让步。再看以下的句子:

(5) 对这个孩子——姑且把它称为孩子吧,不然叫它什么呢?(毕淑敏《血玲珑》)

(6) 英士姑且答应着,以后也就置之度外了。(冰心《冰心文选》)

在这两句中"姑且"所指的活动并不是没有实现的,而是已经实现了和正在进行的。

《HSK 词语用法详解》(黄南松、孙德金,2000)在解释这两个词时提到:

"不妨"只能用在主语后,而"姑且"既可以放在主语后,也可放在主语前。

这种说法未免有失考察,如:

(7) 雨快来了,不妨咱到知非那儿先呆会儿吧。(贾平凹《废都》)

在这一句中,"不妨"是放在主语之前的。

为了更好地辨析"不妨"和"姑且",我们在一千多万字的现代小说语料中对包含"不妨"和"姑且"的句子进行了穷尽式的搜索,共得到例句 538 个。其中包含"不妨"的句子 451 个,包含"姑且"的句子 87 个。① 通过本文的研究,我们试图弄清"不妨"和"姑且"的用法以及它们在语义表达上的特点。

2 "不妨"与"姑且"的用法

2.1 通过对语料的考察,我们发现,"不妨"和"姑且"在句中都可以作状语,修饰动词,并且都可以用在句首,如:

(8) 不妨设想一下,如果有人试问,中国人都过着挺艰难的日子,温饱都成问题,还搞什么"文化大革命"呢?(余秋雨《霜冷长河》)

(9) 姑且不论其真实与否,就其感情的实质来说,则是无深度的、无层次感的。(余杰《火与冰》)

"不妨"用在句首的句子有 18 个,约占总数的 3.99%;"姑且"用在句首的句子有 10 个,约占总数的 11.49%。

但是,"不妨"可以用在逗号或者句号之前,处在句尾,实际上"不妨"在这里是谓语;"姑且"没有这样的现象。如:

---

① 在语料中存在少量含有由"不妨事"、"不妨碍"、"不妨害"等包含"不妨"的词组所组成的句子,以及用短语"不妨"表示不妨碍的句子,均已删除。这里的数据是删除后得出的。

(10) 这告诉我们,大家且顾眼前也不妨,不久就会来个长久之计的。(朱自清《朱自清散文全编》2)

(11) 反正你是我盖了印的货,说了也不妨。(凡尘《鸳鸯梦》)

"不妨"的这种用法有18个,约占总数的3.99%。这样使用的时候,"不妨"的基本意思也没有改变,而且都可以用"没关系"来代替。当"不妨"表示这个意思的时候,一般使用"……也不妨"的格式,"……"部分除了是一般动词短语之外还可以是动词重叠。如:

(12) 对你说说也不妨,他来找张先生商量要紧事,真不巧,张先生出去了,幸而那些事,我也有点头绪。(茅盾《虹》)

2.2 "不妨"还可以向后与形容词组合后充当谓语,数量不多,仅有以下3句,约占总数的0.67%,如:

(13) 他买一架风琴来,自己先练习几天,然后教我们唱"男儿第一志气高,年纪不妨小"的歌。(丰子恺《丰子恺散文》)

(14) 富有实际经验的他很知道事业起点不妨小,可是计画中的规模不能不大。(茅盾《子夜》)

(15) 一味反映这种生活的诗,好像酸了的菜馒头的馅儿,干酸,吃不得,闻也闻不得,东坡好像是说,苦不妨苦,只要"苦而腴",有点儿油水,就不至于那么扑鼻酸了。(朱自清《朱自清散文全编》2)

在这三句中,"不妨"也是表示"可以"的意思。

2.3 在我们搜集的语料中,有相当一部分"不妨"是放在人称代词主语之后的,如:

(16) 对了,我们不妨放手干一干!(茅盾《子夜》)

(17) 三妹,你不妨收拾收拾随身衣服,说不定今天就有旨意,让你搬回掖庭。(高阳《王昭君》)

我们统计了这一情况中"不妨"在非第一人称代词单数主语之后的情况,发现这样的例句有117句,约占总数的25.94%。

"姑且"放在非第一人称单数的人称代词主语后的句子有12个,占总数的13.79%。如:

(18) 我讲的内容你们姑且听听,夏老师不会作为考试内容。(余杰《火与冰》)

2.4 我们还发现"不妨"后面可以接"也",如:

(19) 外村就有先办起夜校的,咱不妨也办个夜校。(铁凝《棉花垛》)

(20) 对于有用人物,我们不妨也给予一个名目,以便和文人分别。(钱锺书《写在人生边上》)

这样的句子共有8个,约占总数的1.8%。而"姑且"并无一例后接"也"的现象。

2.5 在我们搜集的语料中还存在这样一种现象,那就是"姑且"后面可以接否定形式,如:

(21) 相貌好不好,此刻无从印证,姑且不谈。(高阳《王昭君》)

(22) 精神上的惨苦,也姑且弗论。(鲁迅《鲁迅文选》)

这样的句子有 19 个,约占总数的 4.19%。"不妨"无一例后接否定的现象。

进一步观察语料后我们发现,"姑且"前后一般都有表示消极或否定意义的语句,如:

(23) 姑且定她不喜欢那本书吧,她应该是个有主见、不那么轻易就得到满足的人,否则难保不在遇见他之前先被别人勾搭走了。(王朔《我是你爸爸》)

(24) 话何尝不是呀,可是他们都在本报上有广告,我们不能不应酬一下,现在姑且仍旧挤在第四版里,待将来我们扩充半张"本埠增刊"时再移出来罢。(茅盾《蚀》)

这样的例子共有 52 句,约占总数的 56.77%。

2.6 在"姑且"的后接成分中,我们还发现了一种类似专有名词的特殊"称谓",如:

(25) 镇江什么事也没有发生可以说这是一个独创的文本试验,我姑且称之为"顶级文本"。(中跃《游戏现实》)

(26) 这个月十二日"中时"的副刊有一篇龙应台的文章(姑且称之为文章吧)。(龙应台《野火集》)

这样的例子有 8 例,约占总数的 9.2%。而在"不妨"后仅有 2 例,占总数的 0.4%。如:

(27) 合乎这种逻辑口味的整风,不妨称之为"掸灰式"整风。(牛汉、邓九平《记忆中的反右派运动》)

(28) 于是翻开几年前的通讯录,找到那位留学生留下的地址,那留学生姓麦克尔,不妨称之为麦硕士。(谢德军《大智慧》)

2.7 通过对语料的分析,我们发现有一部分由"姑且"引导的句子带有语气词"吧"或"罢"。如:

(29) 我认为根据"存在决定意识",不同地位的人看问题就会不一致,姑且称之为地位局限性吧,英明的领导就是要摆脱这种局限性,是有全面辩证的观点。(牛汉、邓九平《思忆文丛——记忆中的反右派运动》)

这样的句子总共有 13 个,约占总数的 14.94%。"不妨"引导的句子带有语气词"吧"或"罢"的只有 5 个,约占总数的 1.1%,如:

(30) 阿弥陀佛,为助两位施主早登彼岸,看来贫僧非献丑不可,施主不妨

出个题目吧!(朱邦复《宇宙浪子》)

3 "不妨"与"姑且"的语义特征

3.1 "不妨"的字面意思就是"不妨碍",《现代汉语虚词词典》(侯学超,1998)对"不妨"一词作了较为全面的解释:"副词,表示可以这样,没什么妨碍,没有什么不妥当。包含着说话人认为这样做更好些的意思。上下文多有不被妨碍的原因、事情。"《现代汉语虚词词典》(张斌,2001)也给出了这样的解释:"副词,认为这样比较好,表示建议的一种委婉的说法。"通过分析,我们也发现,"不妨"作为一个副词,表示"可以,没关系"的意思,通常用于建议。

我们发现几乎所有的"不妨"都能用"可以"或者"没关系"来替换,如:

(31)鸷禽猛兽以较弱的动物为饵,不妨说是凶残的罢,但它们从来就没有竖过"公理"、"正义"的旗子,使牺牲者直到被吃的时候为止,还是一味佩服赞叹它们。(鲁迅《鲁迅文选》)

这里的"不妨"能替换为"可以"。又如:

(32)这个不妨,不妨。反正各报都是一样,都不会登的。(茅盾《蚀》)

这里的"不妨"可以替换为"没关系"。

上面我们分析了"不妨"用在非第一人称的人称代词主语之后的情况,得出的结果是117句。我们对这117句进行详细考察后发现,在这么多句子中,有114句是建议,表示说话人认为这样做更好。

我们还提到"不妨"后面可以出现"也"。我们知道,"也"具有"类同叠加"义。也就是说,"也"后面出现的事情前文中已有提及,"也"后的部分与前文中的内容相同相似或者平行。我们对这样的8个句子进行了详细的考察,发现"也"所指的都不是具有消极意义的事物,而是表达了说话人的某种良好愿望或者表示同意的观点。

当"不妨"放在第一人称单数"我"后面时,我们通常可以在上下文中找到"不被妨碍"的原因,如:

(33)妹夫是自己人了,我不妨实在说。(高阳《王昭君》)

(34)你要是同意,我不妨找他谈谈。(陈放《都市危情》)

(33)句中,"妹夫是自己人"是"我"可以"实在说"而又不被妨碍的原因。(34)句中,"你要是同意"是"我"可以"找他谈谈"而又不被妨碍的原因。

而当"不妨"没有用在"我"后面时,我们常常能够在上下文中发现的并不是"不被妨碍"的原因,而是说话人提出建议的原因。如:

(35)这个分析是有道理的,我们不妨把眼光再放远些。(谢泳《逝去的年

代》)

(36)今年股市上最热闹的,据说就是资产重组嘛,你们不妨凑一回热闹,把平轧厂重组出去!(周梅森《中国制造》)

在(35)中,"这个分析是有道理的"是说话人提出"我们把眼光再放远些"这个建议的原因。(36)句中,"今年股市上最热闹的,据说就是资产重组"是说话人提出"你们不妨凑一回热闹,把平轧厂重组出去"这个建议的原因。

3.2 "姑且"有"暂时"的意思,表示在没有办法的情况下将就一下,含有让步的意味。

《现代汉语虚词词典》(侯学超,1998)解释说:"表示动作状态在短时间内起作用,暂时地……在后一分句前面多有采取该行为的原因,用在前一分句,在暂时承认某一事实的同时,下文或转折或顺接。"

通过我们对语料的考察,我们发现,"姑且"用在前一分句的情况有8句,约占总数的9.2%。在这些句子中,后一分句都是对前一分句的顺接,没有发现转折的情况。

几乎所有句子中的"姑且"都可以用"暂时"来替换。如:

(37)我不能释然,对这样一对恋人的经历,姑且就认为这是一个故事吧。(安顿《欲望碎片》)

在(37)句中,"姑且"替换为"暂时",句子的意思基本上没有什么改变,只是让步的意味稍微减少了一些。这也表明了"姑且"除了有"暂时"的意思之外,还含有让步的意味。

在上面的分析中,我们提到,"姑且"前后表示消极或否定意义的语句有52句,约占总数的56.77%,这些句子都表示在没有办法的情况下暂时采取的措施。我们又发现一部分由"姑且"引导的句子带有语气词"吧"或"罢",而"吧"或"罢"可以在表示让步时强化延宕的语气。这也凸显了"姑且"的让步意味。

"姑且"用在后一分句时,前面常常是采取某一措施的原因。如:

(38)看在他们跟当局作对的面子上,姑且饶你一命!(朱邦复《宇宙浪子》)

(39)第四版新闻原不过是社会上的一些龌龊的琐事,在总编辑看来,或者正是报上的一块烂肉,徒因别家报上也有,姑且让其存在,至于整顿扩充,那就未免多事了。(茅盾《蚀》)

(38)中,"饶你一命"是因为"看在他们跟当局作对的面子上"。(39)句中,"让其存在"是因为"别家报上也有",而"徒因"二字就更说明了前一分句是后一分句的原因。

3.3 通过对语料的考察我们还发现,"不妨"有451句,而"姑且"只有87句,这表明了"姑且"更加书面化一些,使用频率比"不妨"要低。

4 结　　语

通过分析我们得出结论:"不妨"和"姑且"这两个词区别很大,不可以用来相互解释。

"不妨"表示没有妨碍,有"可以"或"没关系"的意思,常用于建议,说话人常常是出于某种良好的愿望并期待一个好的结果。可以放在句首或句尾,可作状语修饰动词和形容词。当"不妨"放在第一人称单数"我"后面时,通常可以在上下文中找到"不被妨碍"的原因;而当"不妨"没有用在"我"后面时,常常能够在上下文中发现说话人提出建议的原因。

"姑且"表示"暂时"的意思,是在没有办法的情况下暂时采取措施,有让步的意味。一般作状语修饰动词,后面可以跟否定形式。"姑且"用在后一分句时通常也能在上下文中发现采取这一措施的原因。

参考文献:

[1] 侯学超.现代汉语虚词词典[M].北京:北京大学出版社,1998.
[2] 黄南松、孙德金.HSK词语用法详解[M].北京:北京语言文化大学出版社,2000.
[3] 吕叔湘.现代汉语八百词(增订本)[M].北京:商务印书馆,1999.
[4] 王自强.现代汉语虚词词典[M].上海:上海辞书出版社,1998.
[5] 徐　霞.表"类同叠加"的副词"也"的语义指向考察[J].天中学刊,2003,(4).
[6] 张　斌.新编现代汉语[M].上海:复旦大学出版社,2002.
[7] 张　斌.现代汉语虚词词典[M].北京:商务印书馆,2001.

"自然"与"当然"的对比分析[*]

提　要：本文在一定范围的语料中,对"自然"和"当然"从句法和语义两个方面进行了归纳分析,从中看出"当然"比"自然"具有更明显的副词特征。在语义表达上,"自然"更侧重客观性,侧重肯定事物发展的必然结果。"当然"侧重主观性,人们主观上肯定某种事实。

关键词：自然,当然,句法分析,语义分析

1　引　　论

"自然"与"当然"在作副词时,语义上都有相似之处。对"自然"与"当然"的比较可见于《现代汉语虚词例释》,"当然"有三种语义：1.表示肯定,这种肯定是不容怀疑的,事理上一定是这样的。2.表示某种推理的必然结论,或某种动作、行为引起的必然结果。常跟连词"因为"、"既然"呼应。3.表示补充。在这种用法里,"当然"作插入语,其后用逗点隔开。"自然"跟"当然"的第一、二类用法相似,没有"当然"的第三类用法。

笔者认为上述的解释都有不全面的地方,虽然"自然"与"当然"在语义上都可以表示肯定,但是在《现代汉语虚词例释》中有的例子两个词是不能互换的。例如：

(1)"修好了吧?"一个人焦急地问。"当然,师首长都亲自拿着铁锹干哪,馅不好还成……"(《短篇小说选》,1958)

例(1)中的"当然"不能用"自然"替换。

"自然"也可以表示补充说明,可见于《现代汉语虚词词典》(张斌主编)。例如：

(2)写文章必须有充实的内容,自然也要注重表达形式。

(3)我认为不值得和他一般见识,自然我也不能对他的行为毫不在乎。

例(2)和例(3)中的"自然"都可以用"当然"来替换,补充说明一个事实。

因此,本文从6379句包含"自然"与"当然"句子的语料中,从句法和语义两个方面对"自然"与"当然"再一次做了比较分析。"自然"和"当然"都可以作形容词,这不在本文的讨论范围之内。

---

[*]　本文曾载于《齐齐哈尔师范高等专科学校学报》2008年第6期,原文题目为《"自然"与"当然"的对比分析》。作者：江艳、任海波。本次收录,正文略有修改。

2 句法分析

2.1 作状语情况分析

"自然"与"当然"在句子中主要作状语。例如：

（4）乔致庸虽已年迈，但豪气不减，听了这个消息自然是大感痛快！（成一《白银谷》）

（5）自然，该让他知道的绝不瞒他，不该让他知道的必须守口如瓶。（肖尹宪《腕儿们》）

（6）当然在海边是很富有诗意的。（顾艳《杭州女人》）

（7）我能做的事当然会做，我不能做的事想做也做不了。（许春樵《放下武器》）

（8）今后我听你的，你让我讲，我当然得讲了。（陈玙《夜幕下的哈尔滨》）

"自然"和"当然"在作状语时，可以位于句中，也可以位于句首，但具体的使用频率不同。请看下面的表一：

表一

	总句数	（副词）作状语	占总句数比例	位于句首	占作状语句数比例	位于句中	占作状语句数比例
"自然"	2175 句	1426 句	65%	350 句	16%	1076 句	84%
"当然"	4204 句	3989 句	94%	2228 句	53%	1976 句	47%

从上表中可以看出，"当然"比"自然"具有更强的副词特征。在作状语时，"当然"主要位于句首，"自然"主要位于句中。

2.2 与动词和副词搭配分析

2.2.1 "自然"和"当然"可以与动词搭配。例如：

（9）父亲的这一股心劲，汝梅很快觉察到了，她自然是欣喜异常。（成一《白银谷》）

（10）龙大公子驾到，自然会有一番见教。（黄剑华《黑涡》）

（11）当然是央求绑匪，别打我老爸，别杀我老爸啦！（陈双娥《反绑架》）

（12）你当然知道，当普希金把这首诗送给他那女友的时候，正是他们要分手的前夜。（陈玙《夜幕下的哈尔滨》）

(13) 那一次,叫你们津号露了富,人家当然要先挑了你们打劫!(成一《白银谷》)

2.2.2 "自然"和"当然"可以与副词搭配。例如:

(14) 居民四分五散,三义里街办事处自然也就不存在了。(蒋子龙《人气》)

(15) 你退后九步,站到滴水下,自然就会心静了。(高峰、李森祥《王中王》)

(16) 典型的事当然也就没人再提了。(王山《血色青春04天罡》)

(17) 对朝廷的忧虑,当然不能在信中直说。(成一《白银谷》)

"自然"和"当然"分别与动词和副词搭配的使用频率不同。请见下面的表二:

表二

	作状语句子	与动词搭配	占总数比例	与副词搭配	占总数比例
"自然"	1426 句	815 句	57%	201 句	14%
"当然"	3989 句	793 句	19.8%	780 句	19.5%

从上表中可以看出,"自然"作状语时多与动词搭配,其中主要的动词有"是"(297句)、"会"(130句)、"要"(100句)。"当然"与动词和副词搭配比例较小,无论它位于句中还是句首。"当然"在句子中,多出现于主语之前,这样的句子有2202句。例如:

(18) 这时只有少数几个胆子大的人敢于搞私有,当然我就是少数几个人里面的一个。(许华忠《苦渡》)

(19) 我就在那时学会了抽烟,当然我只是偷偷地抽,没有什么瘾。(顾艳《杭州女人》)

(20) 当然我也难受过一阵。(李洱《午后的诗学》)

(21) 当然我不会这么做,但我手下人那么多,难免有几个见钱眼开的。(李晴宇《梧桐雨》)

2.3 问答句中的使用情况分析

"当然"可以单独使用在问答的句子中,作肯定回答使用,"自然"则不可以。这样的句子有174句。例如:

(22) 乔琦微笑一下,说:"这么容易呀?"霍彩霞说:"当然。"(黄剑华《黑涡》)

(23) "你一开始就认出我了?""当然!"(可蓝《提拉米苏加豆奶》)

(24)"我很好,你——有过得好吗?""当然!"(夏宛《玻璃鱼之恋》)

3 语义分析

3.1 表示肯定的语义

"自然"和"当然"在作状语时,语义上有相似之处,都可以表示肯定,这种肯定是不容怀疑的,事理上一定是这样的。两个词有时可以替换,句义基本上不发生改变。但是两者的侧重点有所不同。

"自然"更侧重客观事物发展的必然结果,这种结果是在一定条件下必然产生的事实。例如:

(25)因外力震动瘤子移位,也可能正好压迫住视神经,就像在爆破现场发生的事故一样,他自然就失明了。(蒋子龙《人气》)

(26)我问父亲,什么叫完婚。父亲说:"等你长大了,自然就知道了!"(高峰、李森祥《王中王》)

(25)因为瘤子的移位而失明,这样的结果是必然的客观结果。(26)随着人的年龄增长和人生阅历的丰富,明白很多道理就是顺理成章的事情。(25)和(26)不能用"当然"替换。

"当然"侧重人们主观上强调肯定某种事实。

(27)你当然可以做我的老师,例如在表演方面。(陈玙《夜幕下的哈尔滨》)

(28)我的所有作为除了尽力贡献组织外,当然最重要的,就是成为组织内最重要的人。(程庭《爱的嫌犯》)

(27)强调你可以做我的老师这一个事实,这只是个人的一个主观认识的结果。(28)个人主观上强调最重要的事就是成为组织内最重要的人。(27)和(28)不能用"自然"替换。

3.2 表示补充的语义

"自然"和"当然"都可以表示补充说明。例如:

(29)这样一来林尚志就不好意思再推了,只好先说。自然是按他昨晚想好的策略(政策和策略是党的性命),循序渐进避重就轻,先谈次要问题——他们打算在珠海呆多久。(刘向阳《私奔》)

(30)所谓毡窝,就是用擀羊毛毡的工艺,直接擀成的一种毡棉鞋,相当厚,又是整体成形,所以严实隔寒,异常暖和。自然,它的外形也就又笨又大。(成一《白银谷》)

(31) 她抓住他的手,是因为他拍摄的影片演出成功了,她太喜悦了。当然,除了喜悦,还有喜欢,一个少女对她的白马王子的喜欢。(黄剑华《黑涡》)

(32) 有时,是他们俩一块去购买,有时是分别去。当然,阿兰一个人去的时候多。(肖尹宪《腕儿们》)

"自然"和"当然"在这里具有了连词的特征,位于句首连接前后两个句子,后一句是对前一个句子进行补充说明,"自然"侧重于补充另一个新的事实。(29)句补充说明了他在说之前已经想好了策略。(30)句补充说明了毡窝的外形又笨又大。"当然"侧重对原有事实进一步说明,两句之间有递进关系,(31)、(32)中的"当然"有"而且"的意思。

3.3 有关表转折的语义

"当然"可以表示转折关系,"当然"也具有了连词的特征,有"但是"的意思,"自然"一般没有这样的语义。例如:

(33) 范进贵顺利地搭上一位,她珠圆玉润,身段酷似荷秀,当然她不能同荷秀相比,她哪里有荷秀的神韵!(雪原《如果女人不乖》)

(34) 斗争的胜利,将挽救无数的生命,请你接受考验,当然你也可选择放弃。(小军《邪性——北京黑帮的前世今生》)

(35) 尤其是莫南,在她被确定留校继续读书的时候,便在日记本里为自己的未来描绘了一幅灿烂的图画。当然,病魔的困扰也时时提醒她,要想有个美好的未来,必须战胜先天不足。(林海鸥《青春的童话》)

(36) 刘亚琴就是资产阶级。当然究竟鹿死谁手,她对自己的胜利缺乏信心。(李春平《情人时代》)

例(33)、(34)、(35)和(36)都不可以用"自然"替换,"自然"没有表示转折的语义。

4 结　　语

通过对6379句包含"自然"与"当然"句子的语料的考察,从句法和语义两个方面对"自然"与"当然"做了一次比较分析,可以看出,在句法上,"当然"的副词特征强于"自然"。在句法分布上,"自然"多位于句中,主要与动词搭配,"当然"多位于句首,主要在主语之前。句法上的差异主要是由语义上的差异造成的,两个词在语义上都强调肯定不容怀疑的结果。但是,"自然"侧重说明事物发展会出现的客观结果,所以主要与动词搭配,多位于句中。"当然"侧重强调人主观认识上的结果,主观的语气更加明显,所以"当然"多位于句首,而且多位于主语之前。

参考文献：

［1］北京大学中文系 1955、1957 级语言班. 现代汉语虚词例释［M］. 北京：商务印书馆，1982.
［2］吕叔湘. 现代汉语八百词（增订本）［M］. 北京：商务印书馆，1999.
［3］张　斌. 现代汉语虚词词典［M］. 北京：商务印书馆，2001.
［4］张谊生. 现代汉语副词研究［M］. 上海：学林出版社，2000.

"经过"与"通过"的对比分析[*]

提　要：在大规模语料的基础上,比较分析现代汉语介词"经过"与"通过"在句法特征和语义特征上的差异,同时还考察了两者可替换的条件。通过分析认为："经过"介引的介词短语中往往含有时间词或形容词,用以描述介引动作的具体过程,使之成为结果实现的必要条件；而"通过"的后接成分重在对实现结果必需的工具等的介绍,动作过程多是简单概括。"经过"后介引的成分客观地叙述了实现结果的条件,而"通过"所介引的成分则带有实现结果的主观目的性。

关键词：经过,通过,分析,比较

1 引　言

留学生在学习汉语的过程中,对"通过"和"经过"的辨析运用常常感到困惑。而在 HSK 等级词表中这两个词语均被归入甲级词,也就是说,留学生在初、中级阶段就会接触到这两个词。只因这两个词语意义相近,而且在很多句子里可以互换,所以对这两个词语加以对比研究则显得尤为重要。《现代汉语八百词》(吕叔湘,1999 增订版)、《现代汉语虚词例释》(北京大学中文系 1955、1957 级语言班,1982)、《现代汉语虚词词典》(张斌,2002)都收入了这两个词条并进行了分析。但我们在《现代汉语八百词》(吕叔湘,1999 增订版)中发现,"通过"除了被认为是动词外,还分析了其作为介词的词性和用法；而"经过"只列举了动词的词性和用法,不涉及介词的用法。然而在《现代汉语虚词例释》(北京大学中文系 1955、1957 级语言班,1982)和《介词与介引功能》(陈昌来,2002)中,都是把"经过"和"通过"作为介词来考察和分析的。鉴于此,我们对这两个词语分布的具体语境进行考察。在语料中,我们发现了这样的句子：

　　(1) 所以股东们十分团结,也很卖命。经过几年的努力,公司渐渐发展起来了。(ZJWZ497)

从例句(1)中可以看出,"经过"及其所引导的短语作为一个整体结构,在句中作状语。如果这里"经过"作为动词在句子中充当谓语,其位置应是相对固定的,一般放

---

[*] 本文曾载于《连云港职业技术学院学报》2008 年第 1 期,原文题目为《"经过"和"通过"的比较分析》。作者:刘晓曦、任海波。本次收录,修改了题目,正文也略有修改。

在主语之后。而本句中,此结构的位置相对自由,它既可在主语后出现,也可用逗号隔开放在主语之前。同时,我们还可从语义的角度对"经过"的词性做进一步的考察:例句(1)中"发展"这个动作和其后的补语"起来"才是主语要达到的目的或实现的结果,是本句语义的焦点所在,而"经过"及其所引导的短语只是作为实现结果的一个必要条件。由此可见,"经过"的动词性已明显减弱,虚化为介词。

本文着重对"经过"和"通过"作为介词的用法进行比较,研究语料主要是以一千三百多万字的当代小说为范围。通过对这两个词语句法分布的详尽考察,我们抽取了2074个含"通过"的句子,发现在1615句中其作为介词,占例句总数的77.9%;在1685个含有"经过"的例句中,"经过"作为介词的句子一共992个,占例句总数的58.9%。

基于以上的结果,我们查阅了《现代汉语虚词例释》(北京大学中文系1955、1957级语言班,1982),其对两者的解释为:"通过"主要是用来介绍出作为媒介的人、物、事、方式。"经过"主要是提出某个过程,由于这个过程的完成,使得某种情况得以实现,有明显的时间性。两者在具体句子中有着各自的特点。书中列举了以下例句,其中的"经过"不能换用"通过":

a 经过你的启发,我完全明白了。
b 经过了一年的努力,终于改变了原来的低产落后状况。

通过对以上例句的分析,我们发现b句中由于"经过"后加"了"可被视为动词,因此不可以作为介词和"通过"比较,而a句用"通过"替换成"经过"后,变成"通过你的启发,我完全明白了"也成立。这样我们就需要通过真实语料考察两者在用法和语义上存在的异同,分析两者何时可以替换,何时不能,并找出原因。

2 "经过"和"通过"的用法分析

2.1 "经过"和"通过"都是介词,它们的主要功能是连接词或短语组成介宾结构在句中作状语。例如:

(2) 它们大部分非常细小,用肉眼几乎看不出来。经过测量,有的竟然只有0.03毫米。(ZJWZ535)

(3) 经过几年的努力拼搏,这对年轻夫妇开始有了积蓄,在台北市的高尚住宅区置了房子,日子好过多了。(ZJWZ406)

(4) 女儿们的勤奋使母亲感到欣慰,但对丈夫的思念总使她难以释怀,长期的心情抑郁和流不干的泪水使她患上了青光眼,经过手术才保住了一只眼睛。(ZJWZ493)

(5) 而事实上"夫子之道"也多半是经过林语堂先生的彩笔介绍给外国人

的,这样一位人物,与其夫人共度 70 双寿,实在是一个不可忘记的盛事。(ZJWZ497)

从上面的例句中,我们可以看出"经过"分别与例(2)中的动词、例(3)中以动词为核心的名词性短语、例(4)中的名词和例(5)中以名词为核心的名词性短语组成介宾结构作句子的状语。

"通过"作为介词在句子中的使用情况与"经过"基本相同。如:

(6) 李金全通过电话与他们约定到酒店交接假证、折和密码。(ZJWZ450)

(7) 但即使当门生,也得有人介绍,而这介绍人也得不怕会惹恼顾竹轩的——于是,母亲便通过朋友的关系找到了李志清。(ZJWZ407)

(8) 企业每年通过"做账"到底能逃多少税?(ZJWZ499)

(9) 通过十几年的跟踪观察,潘教授用公式计算出野生大熊猫的出生率为 0.645 仔/年,而大熊猫饲养个体的平均出生率为 0.182 仔/年。(ZJWZ520)

上述例句中介词"通过"分别与例(6)中名词、例(7)中名词为核心的名词性短语、例(8)中动词和例(9)中动词为核心的名词性短语组成了介宾结构,在句子中作状语。但是对真实语料考察后,我们发现两者介引的成分不尽相同。"经过"后所介引的成分多是动词或是以动词为核心的名词性短语;而"通过"后则多是名词或是以名词为核心的名词性短语。对"经过"作介词的 992 个句子和"通过"作介词的 1615 个句子进行统计分析,其后接成分的比例如下:

介词 \ 后接成分	动词		以动词为核心的名词性短语		名词		以名词为核心的名词性短语	
	例句数	所占比例	例句数	所占比例	例句数	所占比例	例句数	所占比例
经 过	88	8.8%	791	79.7%	8	0.8%	52	5.2%
通 过	107	6.6%	254	15.7%	456	28.2%	798	49.4%

由上表可以看出:同是作介词的"经过"和"通过",在句法成分搭配上表现出明显的差异。在做这个数据统计的同时,我们还注意到介词后接成分中出现频率较高的词语,"经过"后多为:努力、调查、考虑、研究、思考、分析等;"通过"后多为:电视、法律、关系、网络、朋友、谈判等。

2.2 "经过"和"通过"引导的介宾结构作状语,既可以放在句首,也可以放在句中。当其位于句中时,两者使用的情况基本相同,一般直接放在主语后面或前后用逗号隔开位于后一个句子之前;而置于句首时,它们后边多需要用逗号与后面的成分隔开。这样的用法我们在以上例句(2)到例句(9)中都可以找到。譬如:例句

(2)、(3)、(9)都是介宾结构位于句首,例句(6)直接位于主语后。但在语料中,我们发现两者置于句首的比例有一定的差别,其中含有"经过"的例句是434句,占总例句数的44%;包含"通过"的例句是123句,仅占总例句数的7.6%。

2.3 在对例句的进一步考察中,我们还发现,由于"经过"后的词或短语多与动作行为相关,动作的完成需要时间,所以介词宾语中的修饰成分往往是时间词;而在"通过"的例句中,虽然介词宾语也有用时间词来修饰的,但是数量并不多。例如:

(10)经过10年的努力,狄德罗成为一个博学的人,同时结交了卢梭、孔狄亚克等一批优秀人物。(ZJWZ386)

(11)经过长达1年零4个月的审查,才作出了我同胡风集团没有组织上的联系、所犯"泄密"错误属于严重自由主义的结论。(ZJWZ533)

(12)一晃过去十几年,到1999年的时候,李兵已今非昔比。通过十几年的邮市炒作,现已拥有万贯家产。(ZJWZ397)

在语料中,我们找到"经过"后所接短语的结构与例(10)中带时间定语的介宾短语结构相同,这样的句子共有335个,占含有"经过"总例句数的33.8%;而在"通过"作介词的例句中,带有时间词的只有16个句子,仅占总例句数的1%。

2.4 此外,在考察的过程中,我们还注意到在"经过"作状语的句子中,常常伴随着副词,如:终于、已(已经)等。例如:

(13)就在他几近绝望时,这个教授辞了职,接替他的教授非常和善,他肯定了陆道真的论文,提出了具体意见。经过修改,他的论文终于通过了答辩。(ZJWZ401)

(14)这便是余寒告诉我们的全过程。经过一段治疗,"走火入魔"的余寒已完全清醒了,她大哭了一场。(ZJWZ380)

这些副词的使用,表明了"经过"所介引的条件对于句子结果的重要性,使状语部分成为实现最终目的的必要条件。当然在包含"通过"的句子中,我们也找到了类似的副词,但是只有6个句子,占例句总数的0.3%,而"经过"中有139个句子,占总数的14%。

3 "经过"和"通过"的语义分析

3.1 "经过"和"通过"是一组近义介词,在很多句子里可以互换,但是在有些句子里它们却不能替换。通过考察介词后所接的相同的词、短语的核心成分发现,在所考察的含有"经过"的句子中,有256句可替换成"通过",占例句总数的26%,而"通过"例句中则有135句可以替换成"经过",占例句总数的8.4%。如:

(15) 经过调查,王毅知道了这就是所谓的打工子弟学校,这种学校在北京有好多,但仍有一些孩子没有学上。(ZJWZ525)

(16) "10万"的数目让他若有所思。通过调查,单飞发现南浩江的妻妹过继给了于家,是"大鱼"的姐姐,两家一直有来往。(ZJWZ509)

(17) 经过数月艰辛的工作,提出了分配遗产的思路,即尽管邵先生没有明确的身后分配方案,但他想在前后4个配偶中"求平均"的态度,可视为遗产拥有者的基本意向。(ZJWZ509)

(18) 通过3昼夜的连续工作,警方查明该团伙共有61人,已抓获54人,几乎全部为德江县人。(ZJWZ460)

在例(15)、(16)中,句子的状语都由介词和"调查"组成,替换后句子仍然成立。在例(17)、(18)中,"经过"和"通过"分别与以"工作"为核心的名词性短语构成句子的状语,替换后句子也能成立。根据这些可替换的例句,我们发现这些位于介词后的词语或短语的核心成分如"调查、分析、工作、学习、研究"等,多是兼有名词和动词两种词性的词语。通过分析这些词语的语义特征及在具体例句中的运用,我们认为,当"通过"接此类词语可用"经过"替换时,"通过"后介引的多是表活动或是动作的词语。在寻找"经过"作为介词可替换成"通过"的条件时,根据"通过"后多接名词或是以名词为核心的名词性短语的考察结果和例句(15)、(16)、(17)、(18),我们得出,当介词"经过"后所接的成分带有名词这一词性时,多半可与介词"通过"互换。

此外,从这两个词介引的语义成分来看,它们多是表示条件或手段的。但是从以下的例句中,我们看到两者虽然可以替换但仍存在着细微的差异。例如:

(19) 经过15年的艰辛努力,中国终于走进了WTO的大门。(ZJWZ501)

(20) 她对采访的记者说,不奢望做一个"伟大的总统",但是希望能够通过努力,成为一个"好总统"。(ZJWZ488)

例句(19)的介词短语中用时间词"15年"和形容词"艰辛"突出了动作的时间性、过程性,即正是由于"努力"这个动作的完成才实现了"中国走进了WTO的大门"的结果,结合在第二部分中提到的副词"终于"的使用,可以得出整个介宾结构是句中结果实现的必要过程。而在例句(20)中,"努力"只是介绍了"成为一个'好总统'"这个结果实现的动作,整个介宾短语中没有对"努力"这个动作做具体的描述。同时,从以上的两个句子中,我们还发现由"经过"介引的介词短语是对"15年的艰辛努力"这一客观事实的陈述,而"通过努力"则带有实现结果"成为'一个好总统'"的主观目的性。

3.2 除上面提到可以替换的句子外,我们再来分析"通过"的例句中不能被"经过"替换的句子。在含有"通过"的例句中,有77.6%是介词后接名词和以名词

为核心成分的短语,他们中的大部分由于介引的是工具等语义成分,因此在这样的介宾结构中不能将"通过"换成"经过",如:

(21) 广告说,摩萨德正在物色一些电子和计算机领域里的优秀人才,男女不限,有意应聘者可通过传真或电子邮件提供个人简历。(ZJWZ534)

(22) 她说,于老已知道了《茶馆》复排演出的消息,他十分高兴。若有机会,他可以通过电视或其他渠道观看青年人的演出。(ZJWZ382)

例句(21)和(22)中,"通过"后介引的"传真或电子邮件"和"电视或其他渠道"都是表工具的语义成分。由于在这些例句中,"通过"后的成分只是对实现句子结果的条件的介绍,未提及任何动作,更谈不上过程,因此不能换成"经过"。而在以下含有"经过"的句子中,介词也不能换成"通过",如:

(23) 但抗战期间,经过日本飞机反复轰炸,蕲州城毁损严重,东长街也遭到严重破坏。(ZJWZ492)

例句(23)中"经过"介引的语义成分是表条件的,"轰炸"是形象的具体动作,其修饰语"反复"突出了具体动作所经历的过程,这些条件都是"通过"后的介引成分不具备的。同时,"经过"后"日本飞机反复轰炸"是对客观事实的叙述,而由"通过"介引的介词短语则带有主观目的性,在这种情况下,"经过"不能换成"通过"。

根据以上对"经过"和"通过"替换条件的考察,我们认为:"经过"介引的介词短语中往往含有时间词或形容词,来描述介引动作的具体过程,使之成为结果实现的必要条件;而"通过"的后接成分重在对实现结果必需的工具等的介绍,动作过程多是简单概括。"经过"后介引的成分客观地叙述了实现结果的条件,而"通过"所介引的成分则带有实现结果的主观目的性。

4 结 语

通过对"通过"和"经过"作动词和介词的句子进行分析,我们发现"通过"用作介词的频率明显高于"经过",可见"通过"的虚化程度比"经过"要高。

从对"经过"和"通过"的用法考察来看,"经过"后所介引的成分多是动词或是以动词为核心的名词性短语,且往往带有明显的时间性,而"通过"后则多是名词或是以名词为核心的名词性短语。两者介引的介宾结构在句中作状语时,或位于句中,或位于句首用逗号与后面的成分隔开,后一种用法在"经过"句中使用的频率比"通过"高。另外,出现在含有"经过"句中表结果的副词"已经、终于"等使用的频率也较"通过"要高。

从语义上来看,两者有一定的相似性,在含有"经过"的句子中,有26%可替换成"通过",而"通过"中则有8.4%可以替换成"经过"。在这些可互换的句子中,介词介引的核心成分多是兼有名词和动词两种词性的词语,介引的语义成分多表示条件。但是,由于"经过"后所接成分客观地叙述实现结果的条件,具有很强的动作性、时间性和过程性;"通过"所介引的多是介绍工具等词语或短语,带有实现结果的主观目的性,使含有"经过"和"通过"作介词的句子在很多情况下不可以相互替换。

参考文献:

［1］吕叔湘. 现代汉语八百词(增订本)［M］. 北京:商务印书馆,1999.

［2］北京大学中文系 1955、1957 级语言班. 现代汉语虚词例释［M］. 北京:商务印书馆,1982.

［3］陈昌来. 介词与介引功能［M］. 合肥:安徽教育出版社,2002.

［4］张谊生. 现代汉语虚词［M］. 上海:华东师范大学出版社,2000.

"现在"与"目前"的对比分析*

提　要：本文从语义和句法两个方面分析了"现在"和"目前"这两个常用的时间名词之间的异同，得出如下结论："现在"和"目前"有很多不同的地方，主要集中在语义方面。句法上，两者基本具有一样的功能。

关键词：现在，目前，语义，语体，句法

1　引　言

"现在"和"目前"是现代汉语中使用频率非常高的两个时间名词，在 HSK 的词表等级中，都属于甲级词，可见这两个词对于留学生来说，应该是首先需要学习的。对于两者的把握看起来是比较简单的，也是比较容易掌握的。在实际教学中，我们发现这两个词的讲解似乎也并不困难，也许正是这个原因，关于这两个词的论文比较少见。其实这两个词也是有一些差别的，如果没有差别的话，两者应该在任何情况下都可以互换（即两者的逻辑关系应该是恒等的）。但实际情况并不是这样，我们可以先来看以下两个例子：

（1）现在陈独秀第四次被捕了，依然引起了广泛强烈的社会反响。据当时陈东晓说："陈独秀的被捕，这乃是目前中国政治上一件非常重大的事件。"（ZJWZ414）①

（2）我正要离开，见老太太张着手，大声地说："哦，每样东西上面标有价钱，你是现在给还是等下送来，不要急。"（ZJWZ367）

以上句子中出现的"目前"和"现在"并不见得可以互换，这就说明，两者还是有差别的。这个差别到底是什么呢？两者的差别有多大呢？《应用汉语词典》对"目前"的解释是："（名词）眼前；现在（区别于'先前'、'以后'）。"对"现在"的解释是："（名词）目前；说话的这个时候（区别于'过去'或者'将来'）"。北京语言大学汉语水平考试中心主编的《汉语 8000 词词典》对"目前"的解释为："（名）指说话的时候。"对"现在"的解释为："（名）这个时候，指说话的时候，有时包括说话前后或长或短的一段

---

*　本文曾载于《现代语文》2008 年第 8 期，原文题目为《"现在"与"目前"的比较分析》。作者：王刚、任海波。本次收录，修改了题目，正文也略有修改。

①　文中例句后的 ZJWZ 表示《作家文摘》，数字代表总期数。

时间。"

从上可以看出,这些解释虽然给出了这两个词的意思,但都没有能够很好地解决有时不能互相替换这个问题。为了解决这个问题,我们从《作家文摘》中抽取了500万字的语料,从中提取了含有"目前"字样的例句210条,含有"现在"字样的例句252条,然后进行整理筛选得出合法①的含有"目前"的例句203条,含有"现在"的例句246条。对它们进行了逐个标注,然后对两者进行对比分析。

2 "目前"和"现在"的语义分析

我们首先对两者的可替换性进行了标注分析,结果发现,246条含有"现在"的例句中有96条中的"现在"可以替换为"目前",比率为39.02%,203条含有"目前"的例句中有140条中的"目前"可以替换为"现在",比率②为68.97%。从这里可以看出,在实际应用中"现在"要比"目前"使用得更广泛。通过对语料的标注分析,我们看到两者的差异主要在语义方面。

2.1 一般说"现在"的时候,会暗示着"以前的时候不是这样的"突出前后的一种对比。而"目前"则更多的仅仅是一种陈述,没有明显比较的意思。比如:

(3) 作家,像那些拥有大量读者群的作家就很好。现在的文学更应该是给人生活乐趣,丰富人的生活,不该总是那种沉闷的。(ZJWZ362)

(4) 不过有报道说,这种说法已经遭到托马森否认。白宫发言人西沃特19日也在记者招待会上声明,克林顿目前无意主持电视节目。(ZJWZ413)

以上的例(3)中,使用"现在",句子有一种比较的意思。而例(4)中,使用"目前",句子中不包含比较的意思。

2.2 有些句子中的"目前"和"现在"是可以互换的,但是互换之后原来的句意会发生一些细微的改变。相比"现在"来说,"目前"是一个单方向的词,就是说,它有一个相对的起点,好比是数学上的射线,但是"现在"是双向的、延续的,好比是数学上的直线。例如:

(5) 1月6日早晨,公司领导决定将他送往北京中国人民解放军第307医院,那是中国目前治疗核辐射伤害最权威的医院。(ZJWZ418)

---

① 所谓的"合法"是指语料中出现的"目前"、"现在"字样是作为一个词出现的,而不是其他的成分,因为在我们搜索到的例句中也有这样的句子:他的出现在我们看来是不可思议的。这个句子里的"现在"就不是"合法"的例句。

② 此时的"比率"指的是含有"现在"一词的句子中,"现在"可以替换为"目前"的句子数占含"现在"例句总数的比率。

(6) 百万件文物,几代人的心血。新中国成立之前,相当一部分珍贵文物被国民党政府运往台湾,目前存放在台北故宫。(ZJWZ438)

(7) 况且你又办了请长假的手续,厂子又勿是旅馆,想来就来,想走就走。阿珍拍着大腿说,我请的是长假呀,又勿是辞职唠,我现在想回厂做生活了,你要勿安排我,我就勿走,死也死在你办公室里。(ZJWZ362)

(8) 老者含笑颔首:"我告诉你,不要看他的书嘛。当年外国的美学还没有进来,大家看他的很稀奇,现在,那些书都介绍进来了,你可以直接看原著。最好是英语原著。"(ZJWZ357)

例(5)和(6)两句基本没有比较意义,而例(7)和(8)两句中的比较意义就比较明显。当然,这不是绝对的,但是倾向性是显然的。

2.3 "现在"还隐含有"马上,立刻"的意思,表示一件事情需要马上就开始做,例如:

(9) 今天到会同志们的任务有三件:一是拟定新华社的新闻报道方案,由新华社的同志负责;二是为中央军委起草一个向党中央关于陈毅治丧问题的请示稿,由军委办公厅的同志负责;三是草拟一个悼词稿子,由总政治部的同志负责。现在就在会议室内开始工作,晚饭前完成稿子送审。(ZJWZ367)

(10) 他接着又说:"怎样才是正确的呢?我现在给大家做做看。"接着,他就开始示范。(ZJWZ358)

而"目前"没有隐含这种意思。

3 "目前"与"现在"的句法功能分析

3.1 两者作介词宾语的情况

"现在"作介词宾语的例句有 26 句,例如:

(11) 在当今这个世界,你这套理论绝对行不通。我说,不,要是行不通,工厂就不会像现在这么兴旺,工人也不会像现在这么齐心。(ZJWZ364)

(12) 我一向认为,无论什么时候,一个人能够多读点书、多学点知识总是好的。希望你从现在起就开始有计划地复习功课,准备参加高考。(ZJWZ364)

"目前"作介词宾语的例句有 11 句,例如:

(13) 这位刚刚被同济大学聘为教师的作家,在 80 年代也曾是个先锋人物,但现在,他正在大叹做作家的苦经:"我不清楚网络文学写手的稿费怎样,我们传统作家的稿费是很低的,希望靠码字儿赚钱,在目前还比较困难,能赚到钱的只是极少的几个人。"(ZJWZ417)

(14)据悉,到目前为止,数易其稿的《我这一辈子》仍未令马军骧满意,他还在抓紧开拍前的时间做最后的修改。据悉,该剧已定于今年9月开拍,如今万事俱备,只欠男主角的扮演者了。(ZJWZ374)

3.2 两者作主语的情况

"现在"作主语的例子有6句,例如:

(15)她认为我下海办实业有三大有利条件,第一我是"文革"后恢复高考的首批进入上海财经学院经济系的高材生。现在毕竟进入了90年代,在商海中仅仅靠冒险已经不行了,80年代兴起的一些民营企业家如今纷纷落马就是强有力的证明。(ZJWZ362)

(16)……只是现在还不是秋天。8月来到了。(ZJWZ413)

而"目前"作主语的例子几乎找不到。

3.3 两者作定语的情况

"现在"作定语的例子有17句,例如:

(17)文学是沟通心灵的。以你现在的心态,能有闲暇关注文学吗?(ZJWZ362)

(18)我们一行找到了这里,请求现在的屋主人准许我们进去看看。来开门的是一位身穿旧警服的上年纪的人,他不修边幅,衣服久未洗涤,看来有些潦倒。(ZJWZ357)

"目前"作定语的例子有22句,例如:

(19)与这个多少算得上好消息的目标相比,中国内地的媒体市场,形势仍然不明朗。虽然如此,但中国的媒体研究者分析:从目前的格局来看,新闻集团至少是最具潜力的。(ZJWZ415)

(20)芒德尔认为,欧元目前的表现正如他希望的那样:"我很高兴,欧元的汇率先降了下来,因为对欧洲货币高估太多,失业率很高,美元对欧元的汇率大幅度上涨对欧洲是件好事,因为它使欧洲变得更有竞争力。"(ZJWZ360)

3.4 两者作状语的情况

"现在"作状语的例子有197句,例如:

(21)我所知道的文学作品和普通人所知道的差不多,说出来意义也不大。比如知道现在正热的王朔和金庸。(ZJWZ362)

(22)他内心在感叹:或许自己早该留上小胡子或者把头发染一下,他的女朋友曾这么建议过,他还嘲笑她呢,不过现在他已在认真考虑这个主意。(ZJWZ357)

"目前"作状语的例子有168句,例如:

(23)周艺凝告诉记者她对未来的设想。她是刚从目前就读的新加坡美华中学回北京亲戚家度秋假的。(ZJWZ416)

(24)30年代步入影坛的众多的影星,随着岁月的消逝,大多数已经作古,目前尚健在的屈指可数,路明即为其中之一。(ZJWZ361)

从语法功能上看,"目前"与"现在"的主要语法功能都是作状语,其次是作定语或者宾语,作主语的情况则十分罕见。理论上说,这两个词在句法功能上基本是平行的。那么"现在"有作主语的现象,"目前"也应该可以有这样的现象,但是在我们分析的语料里却未能找到,可见这种情况是罕见的。

4 "目前"与"现在"的语体差异

两者在语体上也有些差别,相对"现在"来说,"目前"多用于书面语,显得更为正式。例如:

(25)俄共党员仍在奋斗,现在的俄共重建于1993年2月,有党员54.7万名,是俄最大的政党。目前,俄共在俄罗斯所有89个联邦主体中都建有党委,其下又设有2305个地区党委和17316个基层党小组。(ZJWZ412)

(26)吴跃雄违背妻子的意志,采用暴力手段强行发生性关系,其行为显然构成强奸罪。目前"婚内强奸"与"婚外强奸"在法律上还没有一个明确的界定,考虑到吴跃雄与王某是夫妻关系,因此给吴一个"折中"的判决较妥:判决吴的行为构成强奸罪,但可以免予刑事处分。(ZJWZ418)

这个也可以解释前文提到的"现在"相对来说要比"目前"使用广泛的现象。

5 结 语

综上所述,"现在"和"目前"有很多不同的地方,主要集中在语义方面:"现在"突出前后的一种对比,而"目前"则更多的仅仅是一种陈述,没有明显比较的意思。"目前"是一个单方向的词,"现在"是双向的、延续的。"现在"还有"马上、立刻"的意思,表示一件事情需要马上就开始做。语体方面,"目前"多用于书面语,显得更为正式。句法上,两者基本具有一样的功能,主要是充当状语,其次是定语和宾语。

参考文献:

[1]北京语言大学汉语水平考试中心.现代汉语8000词词典[Z].北京:北京语言文化大学

出版社,2000.

[2] 商务印书馆辞书研究中心.应用汉语词典[Z].北京:商务印书馆,2000.

[3] 中国社会科学院语言研究所词典编辑室.现代汉语词典(第5版)[Z].北京:商务印书馆,2005.

[4] 吕叔湘.现代汉语八百词(增订本)[M].北京:商务印书馆,1999.

[5] 张 斌.现代汉语虚词词典[Z].北京:商务印书馆,2003.

[6] 童 莉."目前"仅解释为"说话的时候"不妥[J].语言文字应用,2001,(2).

后　　记

　　本书的辑集出版主要是为了完成本人所承担的上海市教委科研创新项目的结项工作。对这一结项工作拖延已久,内心深感不安。唯有付梓出版才能了却一桩心事。

　　2004年秋季,我开始在上海师范大学对外汉语学院招收硕士研究生,在指导研究生选题和研究的过程中,我开始关注现代汉语近义虚词的用法问题,对这个问题的关注,导源于对外汉语教学的实践。那时,我积累的现代汉语语料达到了一定的规模(5亿多汉字),于是,非常想用语料库的方法深入探讨一下现代汉语近义虚词在用法上的异同问题,这些问题在前人的研究中,或者是疑难问题,或者是被忽略或被轻视了的问题。我先是动手撰写了一、两篇论文,进行了初步的尝试。在此基础上,于2006年秋季,我提交了课题的申请报告。2007年课题的立项获得了批准,那年我正在韩国诚信女子大学教汉语,在教学之余撰写了两篇有关此课题的论文发表在韩国。与此同时,也指导我的研究生们撰写此类论文。

　　用语料库的方法来做语言研究可不是一件容易的事情。我们的研究过程基本上都要经过以下几个步骤:1.根据特定的选题,在备用语料库中选择研究用语料。2.在确定的语料范围内,穷尽性地抽取包含所要研究词语的句子。3.建立数据表,根据需要的分析角度设立若干个分析要素,对每个句子进行分析,并且把分析的结果标注记录在数据表中。4.根据需要说明的问题,对已经标注的数据表进行相关的数据统计。5.用数据来分析说明观点,给出用法规则,完成论文撰写。看起来只有五个步骤,不算多。但是第三步的分析标注记录工作是十分耗时费力的。这是论文写作的基础工作,这部分工作的成败直接关系到论文的质量,通常这部分工作的时间要占去整个论文写作时间的四分之三以上。

　　从2003年底以来,我用语料库语言学的方法撰写研究论文达到14篇,其中已经发表的属于本课题研究的论文有9篇,我都收录到了这本书中。从2004年以来,我指导研究生参与本课题的研究,联名发表的论文也有15篇左右,此次辑集,选择了其中的11篇论文。合计20篇论文,与项目申报书中预定的目标取得一致。我在申请课题的时候强调了本课题是对语料库语言学方法的探索和实践,每一篇论文都独立探讨一些问题,运用的都是语料库语言学的方法。所以,本书所体现的统一性是在方法上,而不是在其他方面。由于以往在发表论文时大都忽略了注明其与课题的关系,所以现在就不得不把它们辑集起来,做一个统一的标注。

　　本项目原来应该是在2009年底就结项的,可是,由于我原计划只想全部用自己独自完成的论文来结项,而当时又觉得独自发表的论文还不够多,于是得等等。可没有想到,自我从 2008 年 5 月起担任了学院的一些行政管理工作后,能够专心研究的时间越来越少,于是进展十分缓慢,一拖再拖。如今接受朋友们的建议,决定把我指导研究生参与本课题所完成的联名发表的论文一起收录。从 2005 年以来,我的研究生中参与过本课题研究工作的人至少有:王刚、叶美千、窦金霞、刘建东、杨煜舒、李璇、周洪艳、王文娟、缪韵笛、李树、江艳、郭英华、刘晓曦、李冰、谷帅、赵可红、陈玉潇等。我在本书收录的论文里都一一注明了与我联名发表论文的作者名。在本书论文辑集的过程中,朱顿同学帮助我整理统一了全部文稿的格式。在此要对以上各位以及所有为本课题花费过时间和精力的我的研究生们致以诚挚的感谢。

学校社科处的江家鸣老师对我的课题进展情况十分关心,并给予了大力支持,在此谨致谢忱。我还要特别感谢学林出版社的李晓梅编辑,没有她的鼓励和督促,我的辑集工作可能还会再拖。感谢她为本书的出版所付出的辛勤劳动。本课题在进展的过程中,我的不少朋友和同事给予了诸多的关心和支持。最后,我要衷心感谢所有关心和支持过我的朋友和同事们。

任海波

2013 年 3 月

总　　序

　　这套丛书的作者都长期从事现代汉语语法的教学和研究。笃学深思，各有所得。丛书涉及的范围很广，从整体上看，重点在于通过语法结构的分析，达到深入理解语句的目的。

　　通常认为句子属于三维结构，即包括句法、语义和语用。三者的关系怎样，向来有不同的看法。丛书作者以句法为基点，从而阐述语义和语用，这符合认知的规律。表达汉语句法结构的要素，一般认定是语序和虚词。其实，在语言分析的实践中，许多学者已经扩大了形式要素的范围，以"标记"代替虚词。虚词当然是重要的标记，但标记不限于虚词，丛书中可以找到这方面的实证。顺便说一句，我以为汉语的句法形式的要素，除了语序与标记之外，还有"节律"。例如单双音节的搭配常影响结构关系。

　　从认知的角度考虑思维活动，历来都关注从感性到理性的过程。其实，高级思维活动还有一个重要的环节，那就是"悟性"。简单地说，从感性到理性是从具体到抽象，这是思想上的一次升华。从理性到悟性，是从抽象到具体，不过，这里的具体不是前边那个具体的回归，它们的范围并不相同。可以认为，这是思想上的另一次升华。丛书中论述"量"和"空间"等问题体现了这种观点。

　　目前的语法研究，目标集中在规范化和现代化。语言现代化的内容很广泛，机器翻译和人机对话是主要内容之一。在这方面有许多问题亟待解决。丛书作者在信息处理方面、在短语的规范化方面都作出了有益的探索，正适应了当前的需要。

　　丛书的选题，有些是很少有人讨论过的，给人以新的领会；有些选题是多次见于论著的，作者提出新的见解，能给人以启迪。不同的选题之间有很多互补的地方，这大概也是构成丛书的依据吧。

张　斌